"保险与经济发展"丛书

Insurance and Economic Development Series

数字时代的保险消费者保护

Protecting Insurance Consumers in the Digital Age

国际保险监督官协会、保险普及化倡议组织、欧洲保险和再保险联合会、全美保险监督官协会 发布

王向楠 编

池义春 王锦霞 王向楠 译

中国社会科学出版社

图书在版编目(CIP)数据

数字时代的保险消费者保护／王向楠编. —北京：中国社会科学出版社，2020.5
("保险与经济发展"丛书)
ISBN 978-7-5203-7202-2

Ⅰ.①数… Ⅱ.①王… Ⅲ.①保险—消费者权益保护—研究 Ⅳ.①D912.284.04

中国版本图书馆 CIP 数据核字(2020)第 175350 号

出 版 人	赵剑英
责任编辑	王 衡
责任校对	朱妍洁
责任印制	王 超

出　　版	中国社会科学出版社
社　　址	北京鼓楼西大街甲 158 号
邮　　编	100720
网　　址	http://www.csspw.cn
发 行 部	010-84083685
门 市 部	010-84029450
经　　销	新华书店及其他书店
印　　刷	北京明恒达印务有限公司
装　　订	廊坊市广阳区广增装订厂
版　　次	2020 年 5 月第 1 版
印　　次	2020 年 5 月第 1 次印刷
开　　本	710×1000 1/16
印　　张	17
字　　数	262 千字
定　　价	98.00 元

凡购买中国社会科学出版社图书，如有质量问题请与本社营销中心联系调换
电话：010-84083683
版权所有　侵权必究

前　言

出版本书的目的

　　提升保险业发展水平的一个根本目的是改善保险消费者的福利状况。这需要保险业健康且较快地发展以提升保险产品服务的供给能力，也需要在消费者权益保护上强化理念和健全制度。近年来，中国保险业在产品设计、定价、宣传展业、客户管理、理赔、投诉处理等各环节的消费者保护工作上取得了很大进展，保险人、中介人、消费者和利益相关者之间的良性生态系统正在塑造成型。当然，这项工作还有很长的路要走。

　　数字技术在第四次工业革命中发挥着主导作用，将复杂多变的"信息"转变为可度量的"数据"，对保险业产生了重大影响。这方面的影响在国内外的理论、政策和实务界均得到了高度重视。然而，无论是数字化对保险消费者权益的影响，还是消费者保护措施的实施效果，深入的政策或学术研究目前还很少。造成这种现象的原因包括：目前，学者和出版人可能还未意识到此话题的重要性；这是一个新兴且快速变化的领域，学习研究需要一定的时间；学者研究缺乏可用的数据；等等。

　　研究在数字时代如何保护保险消费者涉及的问题很多。例如，数字技术改变了保险业的哪些方面？给消费者带来了哪些积极的和消极的影响？哪些消费者的权益被侵害了？哪些权益侵害风险需要出台政策措施加以限制？立法、监管、消费者教育、救济等工具如何发挥作用？如何平衡创新与保护？为了回答这些问题，我们首先设计了结构体系，然后通过搜集整理和编译有一定学术价值和认可度的相关文献资料，最终形成了这本书。截至本书定稿时，在图书零售的主要网站上，还鲜见有关"数字（或科技）+保险+消费者"的著作。因此，本书具有一定的新意。

本书的内容包括理论研讨、案例分析、法律规范、实操模板等。本书不仅为金融保险监管者和政策制定者在制定相关政策时提供国际镜鉴，也能帮助保险从业者在利用数字技术时增强合规的意识和能力，同时还能为相关领域教育和研究工作者提供参考。

保险业的独特性

在数字时代，很多行业在消费者权益保护问题上都面临不小的挑战，而保险业又有其特点。一是数字网络技术对保险业的影响程度高。这些影响包括：提升传统保险运行的效率、创造新的保险产品服务以及新建或改良保险行业的基础设施。二是保险业的数字网络风险暴露程度高。这是因为，保险业是典型的数据密集型行业，存储的个人和组织的数据信息比其他大部分行业要细得多且质量也更高，涵盖了客户的多种个人隐私、财务特征、经济活动等方面的信息。三是数字网络风险对保险业的影响大。这是因为，数字网络风险的传染性较强，而保险业"先收款、后付款"、负债期限长，控制数字网络风险使公司能够保持良好的声誉对于稳健经营特别重要。

本书的逻辑顺序

本书的内容分为三部分——"保险业的数字化趋势及其影响""数字时代保护保险消费者权益的监管"和"数字时代保险消费者权益保护的其他制度安排"，这三部分也对应于本书的上、中、下三篇。

本书的资料来源

本书内容来自在保险领域有影响力的四个组织公开发布的成果，其中两个为国际性组织，一个为洲际性组织，一个为国别性组织。

国际保险监督官协会（International Association of Insurance Supervisors，IAIS），成立于1994年，总部位于瑞士巴塞尔，目前由140多个国家和地区的200多个监管机构组成，这些国家和地区的保费收入总和约占全球保费收入的97%。该组织致力于制定和推动实施全球保险业的监管原则、标准和其他支持性材料，也为成员之间交流保险监管和保险市场运行的经验和观点提供平台。该组织的宗旨就是推进对保险业的全球一致的监管，打造公平、安全及稳定的保险市场，保护保单持有人并促进金融稳定[1]。

保险普及化倡议组织（Access to Insurance Initiative，A2ii）致力于让世界上被保险排斥和得不到充分保险服务的人获得保险，使他们能够合理有效地安排生活，减少在风险面前的脆弱性。该组织最关注小额保险，其次是普惠保险，也关注改善保险市场发展的整体环境。该组织最主要的服务对象是国际保险监督官协会，也为其他监管组织和其他主体提供决策支持[2]。

欧洲保险和再保险联合会［European (Re) Insurance Federation, Insurance Europe］的总部位于比利时布鲁塞尔，目前由37个国家和地区的保险行业协会组成，服务涵盖了各类保险或再保险的承保人。2018年，欧洲保险业的保费收入超过1.2万亿欧元，对经济活动的投资超过10.2万亿欧元，该组织的成员国的保费收入总和约占全欧洲保费收入的97%。该组织的目标包括持续推动欧洲保险人及再保险人关注战略性问题，提升公众对保险人及再保险人保障民生、推动经济增长和发展等功能的认识，推进建设一个竞争和开放的市场以更好地服务欧洲消费者和企业客户[3]。

全美保险监督官协会（National Association of Insurance Commissioners，NAIC）由美国50个州、哥伦比亚特区和5个属地的主要保险监管

---

[1] 详见该组织网站：https://www.iaisweb.org。
[2] 详见该组织网站：https://a2ii.org。
[3] 详见该组织网站：https://insuranceeurope.eu。

者创建和管理。该组织成立于1871年,据称是美国第一个由国家政府官员组成的协会。虽然美国保险监管依据各州法律进行,但是该组织制定监管示范法文本,协调各州关系和对外交往,可视为美国保险监管界的代表。该组织的成员和核心资源共同构成了美国的国家保险监管体系[①]。

本书的编排过程

本书的编排分为如下三步。

第1步,明确全书体系。如前所述,我们关注三大块内容——"保险业的数字化趋势及其影响""数字时代保护保险消费者权益的监管"和"数字时代保险消费者权益保护的其他制度安排"。

第2步,收集整理资料。我们从主要国际保险组织的网站,以及保险业最发达的几个国家和地区的行业性组织的网站,寻找与本书主题相关的英文文献资料,再基于整合构建书稿体系的需要、资料的质量等因素,筛选出如下的12篇文献:国际保险监督官协会发布的2篇文献资料:"Issues Paper on Policyholder Protection Schemes"(2013年10月);"Issues Paper on Increasing Digitalisation in Insurance and Its Potential Impact on Consumer Outcomes"(2018年11月)。保险普及化倡议组织发布的2篇文献资料:"Regulating for Responsible Data Innovation: The Role of Insurance Regulators in Dealing with Risks"(2018年10月);"Insur Tech-Rising to the Regulatory Challenge, A Summary of IAIS-A2ii-MIN Consultative Forums 2018 for Asia, Africa and Latin America"(2019年)。欧洲保险和再保险联合会发布的7篇文献资料:"Financial Education in a Digital Age Initiatives by the European Insurance Industry"(2017年3月)、"Big Data Analytics: An Insurance (R) evolution"(2017年6月)、"Template for Data Breach Notifications under GDPR Explanatory Document"(2018年3月)、"GDPR is around the Corner Time for Final Checks by Insurers"(2018年5月)、"GD-

---

① 详见该组织网站: https://www.naic.org。

PR: What Are Your Rights as a Consumer?"（2018 年 7 月）、"Q&A on the Use of Big Data in Insurance"（2019 年 1 月）和"Response to EC Stocktaking Exercise on Application of GDPR"（2019 年 4 月）。这 7 篇文献资料的平均篇幅较短。全美保险监督官协会发布的 1 篇文献资料："Insurance Data Security Model Law"（2017 年第 4 季度发布法案，法案的实施情况更新于 2019 年第 2 季度）。

第 3 步，将这 12 篇文献资料进行整合，构成本书的 12 章。首先，将其中 4 篇文献资料分别拆分为两个文档①，连同剩余的 8 篇文献资料，共形成 16 个文档；然后，将这 16 个文档合并为本书的 12 章，其中有 10 章各由 1 个文档构成，有 1 章（第四章）由 2 个文档构成，有 1 章（第九章）由 4 个文档构成。

各章的内容概述请见随后的"摘要"。各章内容的发布者、作者及其所属机构、致谢等信息请见各章的第一个脚注。

阅读本书应注意之处

其一，有主次地看待数字技术对保险消费者的影响。数字技术虽然会给保险消费者带来多种负面影响，但主要还是改善了保险消费者的福利状况。例如，数字技术让更多弱势群体获得了可负担的保险（"被排斥"是消费者面临的最大风险），改善了消费者体验，为很多传统风险和新型风险创造了承保的条件，降低了保险运行成本，推动了销售追溯、信息披露等机制的建设，提高风险预防和损失抑制的能力等。

其二，权衡"短期"和"长期"的关系。有些数字技术的应用在短期内会损害到消费者权益，但是从长期看，通过促进行业健康发展和不断升级技术本身以及形成生态系统，最终会提升保险消费者的福利水平。

---

① "一分为二"的 4 篇文献资料是"Issues Paper on Increasing Digitalisation in Insurance and its Potential Impact on Consumer Outcomes""Regulating for Responsible Data Innovation: The Role of Insurance Regulators in Dealing with Risks Relating to Consumer Data Protection and Privacy""InsurTech-Rising to the Regulatory Challenge, A Summary of IAIS – A2ii – MIN Consultative Forums 2018 for Asia, Africa and Latin America"和"Q&A on the Use of Big Data in Insurance"。

这需要有一定"前瞻性"和"基于生态视角"的监管。

其三，分析数字技术对保险消费者的影响应不限于"保险业"。数字技术催生了一些发挥（部分）保险功能的新型主体，如网络互助平台。它们的主业可能并非保险，但会直接或间接地影响保险消费者的权益①。这是中国保险业必须面对的问题，国际上没有多少成熟的经验可以借鉴，需要政策制定者和监管者密切关注。

其四，虽然数字技术发展迅猛，但并非是"从无到有"的新事物。例如，从数据中提炼模式（或称为"数据挖掘"）的做法已经被使用了好几个世纪，这也是保险业非常擅长的工作；又如，著名经济学家 Thomas Sargent 在 2018 年北京举办的世界科技创新论坛上表示，"人工智能其实就是统计学"。对于数字技术带来的影响及其应对和监管，应当充满信心。

其五，为了确保消费者和保险公司充分受益于数字技术，任何监管框架都应当支持创新。监管框架应当对技术进步和市场发展具有较大的灵活性，以降低监管突然或反复变化带来的不确定性。此外，要对保险数字科技活动进行评价和监管，还需要具备保险和科技等方面的专业素养。

其六，书中的很多观点尚未经过严谨的检验。这主要是缘于数字技术的复杂性以及相关信息披露不足。一方面，说明这些观点更多是基于案例或少数经验的初步分析结果，是"启发性"的；另一方面，也说明学者和出版人应当对这些问题投入更多的精力，尤其是要加强严谨的定量分析。

致　谢

对于本书的出版，我们先要感谢英文文献的发布机构及作者，也要感谢中国社会科学院创新工程学术出版资助。本书的译校工作得到教育

---

① 从理论上讲，平台可能使用消费者在网络互助等服务上的行为信息而给其推介"次优"的保险。

部人文社会科学重点研究基地重大项目（编号：16JJD790061）的支持，特致谢。

最后，我们的理论造诣和实践经验有限，本书会存在错误或不妥之处，所以敬请相关专家批评指正。

王向楠　池义春　王锦霞

摘 要

本书分为上、中、下三篇，每篇均包括四章。

上篇题为"保险业的数字化趋势及其影响"，按照分析的主体分为四章。具体而言：第一章是国际保险监督官协会的观点；第二章是保险普及化倡议组织的观点；第三章是欧洲保险业的观点；第四章是三个国际组织联合论坛的观点[①]。这四章的内容虽然有一定的重叠，但是其内容由于分析主体不同，所以各有特点。第一章比较严肃地分析数字化对整个保险业的影响，第二章更关注保险消费者面临的风险，第三章更关注大数据问题且侧重阐述其积极影响，第四章的行文则比较随意。

中篇题为"数字时代保护保险消费者权益的监管"，其主要分析了保险监管者如何在数字时代开展保险消费者保护工作。第五章、第六章、第七章和第八章分别对应衔接第一章、第二章、第三章和第四章，即第五章建立在第一章分析的基础上，是来自国际保险监督官协会的观点；第六章建立在第二章分析的基础上，是来自保险普及化倡议组织的观点；第七章是建立在第三章分析的基础上，是来自欧洲保险和再保险联合会的观点；第八章建立在第四章分析的基础上，是来自三个国际组织联合举办的论坛的观点。相对而言，第六章的内容最为丰富。

下篇题为"数字时代保险消费者权益保护的其他制度安排"，分析了除"监管"之外的其他制度。欧盟对消费者隐私和数据保护采用综合立法模式，因而第九章介绍欧盟《通用数据保护条例》对保险消费者权利

[①] 国际保险监督官协会、保险普及化倡议组织和小额保险网络组织（Microinsurance Network，MiN）联合举办的3次关于"保险科技——监管面临的挑战"的论坛。

和保险人义务的规定,并分析了保险市场受到的影响。美国对保险消费者隐私和数据保护采用了部门立法模式,因而第十章介绍全美保险监督官协会的《保险数据安全示范法》的内容及其在各州的实施情况。第九章和第十章对中国正在制定的金融消费者隐私和数据保护法规具有重要的参考意义。提升消费者的金融保险素养和一般性素养能够增强消费者的自我保护能力,同时减少了某些误解。因此,包括中国在内的一些国家的金融消费者保护部门很关注消费者的金融保险素养问题,第十一章分析欧洲保险业对金融保险消费者教育的实践和看法,特别关注了数字化趋势。第十二章分析保单持有人保障计划,它是保护消费者的最后一道防线。

目　　录

上篇　保险业的数字化趋势及其影响

第一章　国际保险监督官协会的观点 ……………………………（3）
　　第一节　概述 ………………………………………………………（3）
　　第二节　产品设计 …………………………………………………（7）
　　第三节　市场推广与分销 …………………………………………（13）
　　附　　录　影响保险业务的数字技术与新型商业模式 …………（25）

第二章　保险普及化倡议组织的观点 ……………………………（28）
　　第一节　概述 ………………………………………………………（28）
　　第二节　引言 ………………………………………………………（29）
　　第三节　数据带来的机遇和好处 …………………………………（31）
　　第四节　消费者重要的数据风险 …………………………………（33）
　　附　　录 ……………………………………………………………（42）

第三章　欧洲保险业的观点 ………………………………………（44）
　　第一节　大数据对保险业的影响 …………………………………（44）
　　第二节　大数据分析：保险的变革 ………………………………（49）

第四章　三个国际组织联合论坛的观点 …………………………（51）
　　第一节　数字技术将改变保险的游戏规则 ………………………（52）
　　第二节　新兴数字技术带来的消费者风险 ………………………（54）

中篇　数字时代保护保险消费者权益的监管

第五章　国际保险监督官协会的观点 ……………………… (59)
  第一节　监管应对 …………………………………………… (59)
  第二节　结论与建议 ………………………………………… (71)

第六章　保险普及化倡议组织的观点 ……………………… (73)
  第一节　概述 ………………………………………………… (73)
  第二节　保险监管者的应对 ………………………………… (76)
  第三节　实施工具 …………………………………………… (85)
  第四节　保险监管者的其他考虑 …………………………… (99)
  第五节　保险监管者的可用策略 …………………………… (100)
  第六节　国别案例研究 ……………………………………… (104)
  附　录 ………………………………………………………… (112)

第七章　欧洲保险业的观点 ………………………………… (113)
  第一节　已有的法规 ………………………………………… (113)
  第二节　对保险业使用大数据的监管案例 ………………… (115)
  第三节　下一步行动 ………………………………………… (118)

第八章　三个国际组织联合论坛的观点 …………………… (120)
  第一节　保险业需要什么 …………………………………… (121)
  第二节　监管建议 …………………………………………… (122)

下篇　数字时代保险消费者权益保护的其他制度安排

第九章　消费者隐私和数据保护的综合立法：欧盟《通用数据保护条例》对保险业的影响 ……………………………………… (127)
  第一节　《通用数据保护条例》下保险消费者的权利 ……… (127)
  第二节　《通用数据保护条例》下保险人的义务 …………… (128)

第三节　《通用数据保护条例》的数据泄露通报模板 …………（130）
　　第四节　欧洲保险业实施《通用数据保护条例》的情况 ………（136）

第十章　消费者隐私和数据保护的部门立法：美国《保险数据安全示范法》 …………………………………………………（153）
　　第一节　关于《保险数据安全示范法》的条款 …………………（153）
　　第二节　关于《保险数据安全示范法》的说明 …………………（163）

第十一章　金融保险消费者教育：欧洲保险业的观点 …………（167）
　　第一节　引言 ………………………………………………………（167）
　　第二节　金融教育的国家战略 ……………………………………（172）
　　第三节　欧洲与全球的发展情况 …………………………………（173）
　　第四节　教学与培训 ………………………………………………（178）
　　第五节　数字渠道的金融教育 ……………………………………（178）
　　第六节　政策建议 …………………………………………………（185）

第十二章　保单持有人保障计划 …………………………………（188）
　　第一节　引言 ………………………………………………………（188）
　　第二节　保单持有人保障计划 ……………………………………（191）
　　第三节　保单持有人保障计划的功能 ……………………………（212）
　　第四节　跨境问题 …………………………………………………（218）
　　第五节　保险集团、金融集团和传染风险 ………………………（221）
　　第六节　监管考虑 …………………………………………………（223）
　　第七节　结论 ………………………………………………………（228）
　　附　录 ………………………………………………………………（229）

参考文献 ……………………………………………………………（244）

词汇缩略及译文 ……………………………………………………（253）

上 篇

保险业的数字化趋势及其影响

第一章

国际保险监督官协会的观点[*]

第一节 概述

数字化正在改变保险经营。诸如移动设备、物联网（Internet of Things, IoT）、大数据、人工智能（Artificial Intelligence, AI）、聊天机器人、分布式账本技术（Distributed Ledger Technology, DLT）、智能顾问等技术影响着整个保险价值链，从产品设计、承保、定价、市场推广和分销，再到理赔和对客户的持续管理。

本章旨在根据保险核心原则（Insurance Core Principle, ICPs）19——经营行为探讨不断加强的保险数字化趋势对消费者和保险监管的影响。该原则关注产品设计、承保以及保险价值链中的市场推广、销售和分销。人们认识到，数字化的影响可能会因不同国家和地区现有法律框架的不同而存在差异。

就产品设计而言，数字化可能影响诸如按需保险（On-demand）、基于使用的保险（Usage Based Insurance, UBI）和以汽车、住房、可穿戴设备等生成的消费者数据为基础的保险的保障性质。如果保险人能够适应市场不断变化的需求，便可能服务更广泛的客户群（包括目前未获得服务或被服务不足的人群）。例如，保险人将获得的诸如机动车使用的数据用于给产品定价。风险定价可以更贴合客户的使用和风险状况，它们影

---

[*] 编译者注：本章内容来自国际保险监督官协会发布的探讨型论文 "Issues Paper on Increasing Digitalisation in Insurance and its Potential Impact on Consumer Outcomes"（2018 年 11 月）的前一部分。

响到保险人制定的价格和预留的准备金。

就市场营销和产品推广而言，数字化会影响提供给消费者的信息。无论如何使用数字技术，消费者获得的信息均应当及时、清晰、准确并且不具有误导性。

客户数据的更大可得性以及分析技术和数字化开发工具的发展，使得保险人和中介能够识别贯穿整个保险价值链的机会，从而减少与客户摩擦，提高效率，通过数字技术改善客户体验。

利用社交媒体可以帮助保险人和中介更好地触达目标市场。这可以降低营销成本。例如，它为保险人和消费者提供更快捷的沟通方式，从而改善客户体验。然而，社交媒体应用程序可能对消费者是不透明的。例如，为消费者提供基于其互联网使用行为信息的产品（信息的收集未经其同意），这种不透明性可能让消费者在无意识的情况下被"推着走"。因此，存在这样一种风险，即客户会在保险人的说服下购买不符合他们最佳利益的产品，含附加产品。

一种特殊的新兴销售方法是采用智能机器人的建议。这可以促进客户对产品的可及性。然而，它需要正确地设计底层算法，充分获得并使用客户数据。而且，这取决于算法的精密度和数据源的充分性。它可能不具有销售人员与客户面对面交流的一些好处，如识别犹豫。此外，算法的设计和操作缺陷可能造成向特定客户销售不（完全）符合其利益的产品的风险。

另一项产品推广和销售的发展是使用比价网站（Price Comparison Websites，PCWs）。这些网站可以根据消费者输入的信息给出关于产品、供应者、价格的自动化建议和方案。保险人和保险产品信息的可及性和可比性的增强和易于使用的在线系统都让客户受益。然而，比价网站所有人/运营商的身份及独立性的透明程度却可能成为问题。如果消费者仅关注价格，却忽略保障范围等其他要素，那么他们可能面临所选产品与自身需求不相符的风险。

一般而言，创新会影响信息的呈现与披露。它提供了一种可能性，即在相关时期内以可用的方式向消费者提供信息。然而，顾客可能对大量的信息难以阅读和理解，如在顾客使用智能手机时，大量信息变得难以读取和不易理解。保险人应当留心消费者产生错误观念的风险,所以也应注意通过数字方式表达"知情同意"存在的缺陷。

由于数字化改变了保险产品的设计和分销方式,监管者应当监控这些发展,吸引保险行业内外的利益相关者参与其中,并考虑出台保护消费者权益的新监管措施。监管者面临的一项关键挑战是,考虑一个平衡的做法,既要促进创新,又要依据法律和监管规定来保持一定水平的消费者保护。监管者将可能面临初创企业和大型科技公司等新的保险市场参与者。与传统的保险公司相比,这些新的市场参与者对客户利益和合规文化有着不同的看法。监管者应当认识到这一差异,并采取积极的措施,如教育这些新的参与者。监管者面临的其他挑战是,开发新的工具和技术来监管不断数字化的公司,加强与金融和其他领域的机构合作,保护监管参量以避免监管套利和增强信息安全。

监管者应当考虑采取适当的措施,如发布指引,来推进保险人和中介负责任地使用新技术,确保客户得到公平对待。

被一些观察者称为"第四次工业革命"[①]的数字化正在迅速改变社会和经济,其变革的速度和范围都非常显著。它具备从根本上改变每个国家几乎所有行业的潜力[②],其中包括保险业。保险人对新技术和现成数据的使用导致保险的定价、营销、产品设计、理赔等方面的变革已发生并在持续进行中。

从产品的设计、承保和定价,到产品的市场推广和分销,再到理赔和持续管理客户关系,整个保险价值链的变化非常显著。这些实例五花八门、多种多样,所使用的数字技术有机器学习和人工智能、分布式账本技术(如区块链)以及应用程序——远程信息处理、智能顾问、P2P保险和平台商业模式等(见图1—1)。

远程信息处理和可穿戴设备等提供的数据使得保险人能够根据消费者的更多信息来设计和定价产品。人工智能和机器学习的发展使得提供

---

① Schwab, K., "The Fourth Industrial Revolution: What It Means, How to Respond", 2016, https://www.weforum.org/agenda/2016/01/the-fourth-industrial-revolution-what-it-means-and-how-to-respond/.

② Schwab (2016).

特定客户的"目标"营销；智能理财顾问，人工智能和聊天机器人；互联网销售和比价网站；社交媒体、智能手机/设备直接分销渠道	使用智能理财建议、聊天机器人和人工智能的自动化（包括非人力）产品服务中心；大数据能够在客户提出要求之前预测他们的所需所想；持续的实时客户沟通和承保	平台商业模式；为顾问提供客户的全方位（360度）信息；使保险人能够聚焦高价值客户的持续实时数据；非结构化数据（如语音）分析和学习
市场推广和分销　　定价和承保　　产品管理　　索赔处理　　与客户互动		
遥感勘测，让客户和保险人更好地了解风险（可穿戴设备、物联网、智能手机等）；大数据实现更精细且更准确的定价以及更快的承保；区块链技术无缝管理和即时验证数据源；点对点（Peer-to-peer, P2P）保险模式；针对特定客户的细分产品，包括基于使用的保险；基因数据，对定价和可用性有潜在影响		利用大数据和区块链进行欺诈检测；区块链为可靠及时获取索赔信息提供便利；评估流程中的人工智能和无人机；给予在线/智能设备索赔寄存的理赔成本效益、人工智能/自动化评估、优化支付、降低劳动成本等；供应链管理效率，纵向集成索赔流程

图1—1　数字化与保险价值链

自动化建议和推进欺诈识别成为可能。比价网站能够为消费者提供更多关于可选产品的信息。新技术能够加快理赔处理等流程，同时提高效率并降低成本。

数字化可能让消费者获益，也可能造成待客不公。监管者应当根据保险核心原则19中对经营行为的规定，对此风险予以关注。此类风险包括保险人与消费者面对面接触减少、消费者对产品或服务及供应商了解不足、安全性风险、对日益增多的消费者数据潜在滥用、对一些消费者的潜在排斥等造成的影响。收集关于保单持有人的数据可能导致更细致的风险分类进而影响风险分担原则，可能引发围绕特定保险产品的可负担性问题，甚至导致排斥①。

① IAIS（国际保险监督官协会）的报告，FinTech Developments in the Insurance Industry（金融科技在保险业的发展）的第10段，2017年3月。

因此，监管者应当（最好以新的方式）仔细监控消费者受到的影响，从而确保监管机制在保护保单持有人权益的同时，继续让消费者从技术和创新中受益。对于满足保险核心原则19，这一点至关重要。

本章旨在考虑数字技术在保险领域日益广泛的应用所带来的影响，尤其是消费者受到的影响，并讨论数字化对保险监管的意义。人们认识到，数字化的影响会因司法管辖区不同的现有法律框架而存在差异。应当区分应用程序和这些应用程序使用或生成的数据/信息。

本章研究和梳理了国际保险监督官协会在金融科技和保险科技方面的已有工作，在此基础上分析本文的话题。本章将重点关注保险价值链的产品设计、承保、市场推广和分销等内容。数字技术日益广泛的应用会对保险价值链的其他方面所产生的影响，国际保险监管官协会将在其他材料中进行说明。

后续讨论以下两个部分：第二节分析数字化对产品设计和承保的影响，并就数字化对产品设计的影响进行了举例说明；第三节分析智能理财顾问和比价网站，阐述数字化对营销和分销的影响。

第二节　产品设计

一　数字化对产品设计的影响

数字化正改变着整个社会的风险格局，从而为新产品类型和新产品线的开发创造了需求和可能性。在数字时代，消费者的需求在迅速变化，对在任何时间、任何地点和以任何方式获得服务和解决方案的期望也与日俱增。新技术为新的消费趋势和习惯提供了支持，例如，通过可穿戴设备、智能手机、智能家居等实现更多的互联互通，通过共享经济获得更多的可选项。这些趋势和习惯正影响着保险人为其保单持有人设计产品的方式。

新技术驱动的变革不仅为保险人和中介带来新机遇，同时也给其带来了新的风险和挑战。消费者对新险种和新产品的需求会增长。数字化带来了各样机会，保险人和中介不仅可以更好地服务客户，满足其不断变化的需要，而且也可以将其作为一种手段，更好地触达服务水平低下的市场。

数字化可能推动保险产品的设计从分销型（供给驱动）向消费型（需求驱动）转变。尽管这一转变可能带来巨大机遇，但是它也可能是保险人将面临的一项挑战，即如何满足消费者日益增长的新风险的承保需要，或者说采用哪种方式承保新风险。

数字化正影响着保险产品的开发、设计和承保方式。技术进步可以帮助人们开发适应性更强或更贴近消费者需要的产品，创造出新的保险产品。

第一，大数据。它意味着更多的风险评估数据能够使得承保活动基于更精细的数据，这反过来改进数据的准确性，允许更迅速和更契合风险的承保。这需要与个人隐私问题相权衡。

第二，人工智能。它可以为风险评估和承保创造新的可能。例如，人工智能可以利用客户的保险历史数据和消费者行为数据来推荐保险产品和引导保险流程，保险人则可以将算法与人工智能结合使用。

第三，物联网。它可以创造出注重预防或场景化的新型保险产品。例如，传感器将能监控家庭耗水模式，检测潜在的漏水情况，在地下室被淹没前切断水流，从而防止重大损失和昂贵的索赔。[①] 此类工具可改良与客户之间的互动，同时为客户提供价值。但是，如果来自设备的数据（如警报）被用于增加保费或变更现有的保障范围，那么它可能会引发人们的担忧。

第四，远程信息处理。在物联网背景下，远程信息处理涉及电信、传感器和计算机科学，它通过电信设备发送、接收、存储和处理数据来实现干扰或操纵远程目标。

第五，分布式账本技术。它能够无缝管理多个数据源，并实现数据源的动态验证。智能合约（如根据预先存储在区块链中的条件自动执行理赔付款程序）有成为完全数字化和完全自动化产品的潜力。它可用于

---

① Bain&Company, 2017, "Digitalization in Insurance: The Multibillion Dollar Opportunity", Henrik Naujoks、Florian Mueller、Nikos Kotalakidis.

农业参数/指数保险①。如果人们证明这是一项可行的技术，那么便可以通过一份与合约相关的共享的、透明的信息记录，使得合同各方拥有一个以"端到端"（End-to-end）承保和索赔管理为基础且无须中介的不可变的审计线索。这种方式改变了保险业②。

在下一节中，我们将通过3个案例来分析数字化影响产品设计的收益和风险。

二 数字化影响产品设计的案例

（一）背景

改变保险产品性质的数字化案例数不胜数。接下来，我们提供3个广泛和重要的案例，分别涉及共享经济、基于使用的保险和按需保险。

这些案例大多显示的是数字化为保险产品设计带来的根本性变革。但是也有某些案例表明，数字化只是促进了保险产品的小变化（见专栏1—1）。

专栏1—1 来自英国和荷兰的案例

1. 英国

英国的金融科技初创企业Cuvva成立的初衷是填补一项市场空白，即为那些不经常开车但是又想向别人借车的司机提供以小时计费的机动车保险。Cuvva提供了一款应用程序支持客户自助下单，让客户在几秒内就能够办好保险保障。Cuvva通过一款移动应用程序来管理销售、服务和理赔的首次通知。

推出首款汽车共享产品后，Cuvva又推出了一款专为拥有汽车但是很少开车的司机设计的新产品。客户在不驾驶时仅需要支付很小一笔保费为其爱车投保，而在开车上路时只需通过该应用程序为自己的驾驶时间

---

① Martin Eling, Martin Lehman, 2017, "The Impact of Digitalization on the Insurance Value Chain and the Insurability of Risks", University of St. Gallen, The Geneva Papers.

② Strategic RISK Europe, "How Digitalisation will Transform the Risk and Insurance Industry", Dieter Goebbels, Country Manager Germany and Regional Manager Central Europe at XL Catlin.

支付一笔额外费用。

2. 荷兰

Clixx 是荷兰保险人 OHRA 推出的一款为租赁汽车提供投保机会的产品。该产品按天购买。如果租赁车辆已经完全投保，那么 Clixx 的保费低于只含法定责任保险的租赁车辆。

(二) 共享经济

传统保险的保护措施和保障范围可能与共享经济中的需要和采取的方法不符，因而，新的共享模式正带来一个独特的挑战。目前市面上的许多保险产品是基于一种商品的独家的法律或经济所有权。共享经济是以商品的共享使用为基础。此外，传统保险产品一般旨在为一种商品的个人或商业用途提供保障；无论是否获得赔偿，这些传统产品均不提供部分时间的保障。

适合共享经济参与者需要的保险保障范围对于共享产业的进一步发展和赢得消费者认可非常重要。为培育共享经济和充分转移潜在风险，供应者和用户等共享经济参与者需要更合适的保险保障。

当前，试图通过传统方式获得保险的共享经济参与者可能无法找到完全满足其特殊需要的产品。例如，为拼车公司（Uber）工作的司机以及作为房东参与共享托管服务（Airbnb）的房主未必能在市场上找到提供充分保障的保险产品。涵盖机动车和住房的传统保障措施通常不会延伸到将个人财产用于兼职业务的新兴共享行业。保险业已经开发出了满足其保障需要的产品。

当消费者是共享经济中的供应者或用户时，理解其所需保险保障范围的差异和限制是非常重要的。① 在向参与共享经济的消费者提供产品时，保险人同样要清楚此类限制。如果为满足共享经济而设计的保险产品无法提供与传统保险产品相同水准的消费者保护，那么保险业便面临混乱和声誉受损的风险。

---

① "Insurance Implications of Home-sharing: Regulator Insights and Consumer Awareness", http://www.naic.org/prod_serv/IHS–OP–16.pdf.

（三）基于使用的保险

数字化已被用于机动车保险。就产品设计而言，数据收集和分析工具赋能传统的机动车保单，能获取机动车的相关数据。在特定情况下，UBI 保险产品的设计包括保险人与消费者之间各种形式的实时反馈数据传输和事后反馈数据传输。就定价而言，保险人的不变定价是基于车辆生成的数据，而这一数据又与被保险人对车辆的使用状况密切相关，包括车辆位置、行驶方式、行驶时长、司机等。UBI 保险产品还生成用于理赔的数据，从而发现或核实损坏事件。

保险人大多使用远程信息技术获取车辆使用状况的数据。他们可以通过这一技术识别出细微的驾驶习惯（如已行驶里程、硬刹车次数、行程次数、目的地等）。这些数据使保险人能够为单个客户设定更具个性化的费率。

远程信息技术可以用基于智能手机上的传感器和全球定位系统（GPS）信号的应用程序，从而使这一功能依靠智能手机的性能。然而，因为由保单持有人以外的其他人驾驶车辆会影响他们的数据和保费计算，所以此类个性化可能会存在局限。因此，重要的是，消费者需要获得合适的信息，针对使用了 UBI 程序的保险产品做出正确的决定。此外，消费者应当关注这些项目的参与者是否自愿选择参加。可以帮助消费者了解 UBI 程序特点的信息包含程序标准、收集的数据类型、数据使用情况（如作为理赔调查的一部分，已获授权查阅及使用数据的第三方）、得以接触这些数据的公司雇员、数据对保费的影响以及保费审查的周期。

专栏1—2　来自加拿大魁北克和荷兰的案例

1. 加拿大魁北克

2015 年，金融市场监管局（Autorité des Marchés Financiers，AMF）发布了对 UBI 程序的预期公告。此公告在向保险人、企业以及提供非寿险的代表强调有效管理使用 UBI 程序所发送的数据进行机动车保险承保风险的重要性。该公告还强调了与参与这一项目的消费者打交道时公平行事的必要性①。

2. 荷兰

在荷兰，共享经济中有一个趋势——提供的服务中已包含保险。例如，荷兰倡议的 Swapfiets（"交换自行车"）使得消费者每月可以用固定花费租赁自行车，而这一费用已经包含了可能产生的修理费和车辆失窃后购买新车的费用。客户无须购买额外的保险产品。

（四）按需保险

受"千禧一代"等新消费群体的态度和行为变化的影响，共享经济的出现正导致保险人的产品发生转变，保险人正努力回应人们对自我引导、"技术控"和高度个性化的产品服务的需要。过去，人们购买的大多数保险的保障期限和范围是固定的，通常为半年到一年。除旅行保险等少数情况外，保险人的系统和流程都是围绕此类产品和保障范围开发的。在共享经济中，消费者可能在一定的时间段内使用特定产品，但是并不拥有该产品。消费者希望能将保险保障限制在更精确的时间段（如只有在使用自行车时才为其投保）。为回应共享经济中的这两种所有权模式的变化，新的市场进入者和现有的保险人正通过开发新产品，调整现有的产品线、定价和客户服务经验来创造按需保险（见专栏1—3）。

专栏1—3　Trov

Trov 是一款移动应用程序，用户可以通过它收集和存储包括财产价值在内的个人信息。它与保险人合作，让用户能够在指定时段内为特定财产投保。用户可以通过滑动手机上的选项来开启或关闭保险保障。例如，他们可以选择仅在离家外出时为手机投保。

---

① https：//lautorite. qc. ca/fileadmin/lautorite/reglementation/assurances－inst－depot/notice automobile usage－based. pdf.

按需保险的关键在于暂时性。它为特定时段提供保险保障，并且可以随时开始和结束。用户确定他们需要保障的时段，获取该时段内的保险以满足其需要。"片刻"投保的能力使得按需保险给消费者量身定制保障范围，以便他们能只购买其需要的保险保障，且能迅速改变保险的保障范围。

然而，用户在参与时需要积极地开启或关闭他们的保障范围，以便从需求指向型保险中受益。无法持续进行可能导致投保不足或过度投保。保险人应当意识到这一点，然后加强把控，采取一系列措施来减轻它们造成的风险。这一系列措施包括：第一，主动提供信息，以此来提醒消费者其保障范围仍然有效或已经失效（后一点可能更重要）。采用人工智能以及运用行为经济学的知识优化此类信息的投送。第二，构建系统，让客户可在规定时间内反复开启和关闭保障范围。例如，客户可以在出门后激活手机投保，并且使用定位跟踪予以证明。第三，制定内置条款，在客户忘了开启保险时，为他们提供备份的保险保障。

第三节 市场推广与分销

一 市场营销与产品推广

根据保险核心原则19（经营行为），保险产品的市场营销与销售应当考虑客户的权益与需求。

保险人和中介应当在合同签订前以及合同履行过程中为客户提供及时、清晰和充分的信息（标准19.7）。监管者应当对数字化保险活动的透明性和信息披露做出要求，这与对非数字化方式经营保险业务的要求相同（标准19.7.23）。通过数字化方式进行市场营销与推广赋予消费者了解信息、增加自主权的新机会，但是也给保险业和监管者带来了新挑战，有必要深入研究具体的监管要求或行业应对措施。

专栏1—4　南非和澳大利亚的情况

1. 南非

《保单持有人保护法》（*Insurance Policyholder Protection Rules*）最近做了修订，无论是通过什么媒体发布，广告与市场营销方面的规则均是适用的。"广告"和"直接营销"的定义得以明确，并且其范围扩展如下所示。

"广告"是指，通过任何媒介，以任何方式进行的信息传播。"广告"可以单独投放，也可以与其他传播方式一起投放，旨在引起公众对保险人的保险业务、保单或相关服务的兴趣，或说服公众（或部分公众）以任何方式与保险人发生保单或相关业务的交易，但是并不就某一特定的保单或服务为特定的保单持有人提供具体信息。

"直接营销"是指，保险人或保险人代表通过电话、网络、数字化应用平台、媒体插入、直接邮寄或电子邮件等方式销售保单，向被保险人提供包括保险人要求被保险人签署保单或相关服务业务时所需要的所有信息，如申请表格的填写与提交、投保单、订单、要求以及其他相关合同信息，但是不包括发布广告。

2. 澳大利亚

澳大利亚证券投资委员会（Australian Securities and Investments Commission, ASIC）发布的《广告经营优秀实践指引》（*Good Practice Guide on Advertising*）①涵盖了数字化广告，包括在线广告、流媒体、社交媒体等。需要强调的内容包括：第一，在"高度信任"环境下广告的特别影响力，以及应当清晰区分广告与其他内容（如博客）；第二，虽然在线广告能通过提供附加信息的链接而令客户获益，但是，这并不能弥补最初的广告产生的误导印象，也不能代替产品推广过程中的责任。

澳大利亚证券投资委员会已经针对许多可能存在销售误导的涉及自我管理的超级（养老）基金的社交媒体广告采取了措施②。

---

① http://download.asic.gov.au/media/1246974/rg234.pdf.
② http://asic.gov.au/about-asic/media-centre/find-a-media-release/2016-releases/16-041mr-asic-stops-potentially-misleading-smsf-social-media-advertising/.

（一）好处与机遇

保险人和中介越来越重视在产品设计方面利用远程信息技术、人工智能和大数据等数字技术改善市场营销、产品推广和分销，提高获客能力。精准营销（Targeted Marketing）就是其中一个例子，它是指为个人客户或潜在客户专门设计的营销信息。

数字化营销可减少保险人或中介的营销成本，节省可能由客户承担的费用。大数据的使用有利于更好地了解客户，以便确定个性化的营销方式与合适的信息披露程度。

提高客户相关数据的可及性、提升分析能力和增加数字化调度工具，有助于保险人和中介通过数字技术在整个保险价值链中减少客户摩擦、提高效率、改善客户的整体体验。保险人和中介可以在市场营销活动中将强化客户体验作为一种产品差异化。例如，一家叫 Covera[1] 的魁北克新公司的营销策略是承诺通过数字化方式来解决标准保险的续保流程问题，这是公认的客户痛点。

使用社交媒体公司精准传播产品宣传资料，是获取活跃在社交平台上目标客户的常用方法。保险人通过使用社交媒体进入市场，使得营销看起来不那么像"冷广告"，而更像信息共享、娱乐或信息娱乐（Infotainment）。美国的三家企业（Gecko、Allstate's Mayhem 和 Progressive's Flo）通过促销吉祥物让保险客户以及那些拥有社交媒体的人快速认出自己[2]。

为了克服与保单持有人沟通碎片化的问题，保险人和中介可以利用数字设备和互联网与客户在整个保单周期中保持联系，而不是仅仅在承保或理赔时才联系客户。例如，有些保险人开始为客户提供风险预防工具，例如，提供一个免费的水分与湿度检测仪，它能在检测到问题时发送通知、短信或电子邮件提醒客户。这些创新做法都是新型数字品牌营销策略的一部分。这些工具的设计并非是为确定保费或保障范围提供数

---

[1] https://covera.ai/.
[2] http://www.digitalistmag.com/customer-experience/2017/04/13/social-media-in-insurance-marketingtoday-050304031616；https://www.theguardian.com/technology/2017/may/01/facebook-advertising-data-insecure-teens.

据，而是为了吸引并留住客户。

（二）潜在风险

社交媒体平台的使用和其他数字化营销活动，以及越来越多的数据被收集和使用，可能使得客户在不知情的情况下被广告诱导或引导。例如，保险人、中介和第三方市场营销人员可能通过特定的搜索引擎或点击被赞助的链接锁定客户，或者通过强调或限制某些信息以促使客户采取某些行动，从而引导客户。

通过社交媒体进行精准营销有时可能让客户感到困惑，他们难以分清社交媒体上的中性观点与保险人提供的产品推介资料的区别。

数字化营销与移动应用也可以用于实时应对个人情况，包括消费者的情绪，如个人安全感缺失或陷入困境，或者遇到生命中的重大事件。就保险而言，它是用一种无形产品去缓解个人恐惧，这种类型的情绪框架值得关注。

专栏1—5 新加坡、澳大利亚和法国的情况

新加坡的Policy Pal反映这些细微的变化。

1. 新加坡

这是一家帮助消费者通过移动应用，用数字化方式管理、理解并购买保单的初创企业。Policy Pal通过了金融监管局的沙盒，目前已是金融监管局注册的保险经纪人。

2. 澳大利亚

澳大利亚媒体披露的一个典型例子：2017年5月，脸书（Facebook）对一家大型澳大利亚银行表示，他利用用户的情绪与不安全感而使广告商获得潜在利益[1]。早在2012年就有媒体报道，脸书在美国科学院院刊（*Proceedings of the National Academy of Sciences*）上发表了一项研究成果，该研究通过对689000名用户信息推送，发现一项称为"情绪感染"的流

---

[1] https://www.theguardian.com/technology/2017/may/01/facebook-advertising-data-insecure-teens17 See: http://www.pnas.org/content/111/24/8788.full.

动会让用户变得更积极或更消极——如果减少积极表情，人们发出的正面的帖子会减少，而负面帖子会增加；如果减少负面表情的话，结果则相反①。

3. 法国②

提供从业人员监管期望，并解释规则是如何运用于社交媒体的，审慎监管局（Autorité de Contrôle Prudentiel et de Résolution，ACPR）在2016年11月发布了一份适用于银行业和保险业的建议，从2017年起实施。

首先，通过社交媒体发布的广告资料应当满足关于信息披露与呈现方式的规则。

其次，从业人员在运用社交媒体时，应当避免开展不公平的商业活动。例如，不能在社交媒体上发布误导性观点（不管是好的，还是不好的），不能花钱买"赞"（likes）或"粉丝"（followers）。

此外，按照审慎监管局的建议，从业人员还应当在社交媒体上设置信息披露操作程序③。

一段时间以来，在销售另一种产品时搭售保险产品的促销活动已经成为监管者关注的对象。然而，运用数字化方式销售保险产品为这种做法提供了便利。一个常见的例子是，消费者在线购买航班机票时会被搭售旅行保险。此时，虽然说让客户了解旅行保险的选项可能是为顾客权益着想，但是在客户机票购买过程的末端进行促销以及所采用的信息传递方式，可能让顾客认为应当买附加的保险产品才能完成机票购买。这就造成了被动购买，以及购买不需要的风险保障。

---

① http://www.pnas.org/content/111/24/8788.full、https://www.mckinsey.com/industries/financial-services/our-insights/insurtech-the-threat-that-inspires.

② 法国关于为商业目的使用社交媒体的建议 2016-R-01。

③ https://acpr.banquefrance.fr/fileadmin/user_upload/acp/publications/registre-officiel/20161116-Annexe_Reco_2013_R_01.pdf.

专栏1—6 英国的情况

金融行为监管局（Financial Conduct Authority，FCA）在2014年对非寿险附加产品做的一项市场研究表明，附加产品的分销方式确实能够影响消费者的行为和决策。消费者通常关注主要产品的销售，许多人会被引导去购买一些他们不需要或不了解的附加产品。金融行为监管局还发现消费者并不了解他们所购买的产品——19%的人根本不知道他们拥有该研究中所提到的附加产品。这些发现表明，因为消费者对附加产品的质量和价格的信息掌握不充分，所以在购买过程中通常很晚了解此类信息，因而妨碍了他们的选择。鉴于这些发现，金融行为监管局制定了两个措施来解决这些具体问题：禁止在没有获得用户事先同意的情况下进行销售（Opt-out Selling），要为附加产品的购买者提供充足的信息。

二 智能理财顾问

（一）顾问的类型

从本质上说，智能理财顾问能自动生成理财建议。实践中，智能理财顾问可以分为以下几种类型。第一，全智能理财顾问：智能理财顾问完全取代传统的理财顾问。"顾客旅程"完全数字化，理财建议也是自动生成的。人类的唯一任务就是开发和维护智能理财顾问系统，防止算法失灵。在此过程中完全没有面对面的交流。第二，部分智能理财顾问：理财建议是全自动生成的，但是也有传统的理财顾问提供咨询答疑服务。第三，混合顾问：智能理财顾问和人类互动。例如，"顾客旅程"是全数字化的，而顾问是由人类提出的，还可能是面对面的。第四，传统的面对面顾问：技术只作为辅助工具，如用于展示图片和动画。

（二）智能理财顾问的好处与机遇

智能理财顾问能够提高理财建议的可及性和连贯性。可及性是指，大多数消费者能够轻松获得理财建议，包括在家就能持续获得建议，可减少消费者的成本。此外，还可以通过技术提高建议的一致性。当出现新的金融产品或产品条件发生变化时，算法会立即将这些变化因素考虑在内。如果程序设计正确，数据充分且精确，那么智能理财顾问会持续提供有价值的建议。智能理财顾问还有助于克服人类顾问出现的认知偏差或能力不足。智能理财顾问的另一个好处是，客户对机器人要比对人类顾问更可能披露一些投保前已存在的问题，如心理健康问题。这样就能鼓励客户提供更多信息，让客户获得更合理的保险保障。

智能理财顾问可以作为网络或电话销售之外的另一种销售形式，无须为客户提供建议。在产品的整个生命周期中，智能理财顾问也是一种可以用于增强与消费者沟通的方式。

与传统顾问一样，智能理财顾问也应当有一套可靠的跟踪审核机制。由于本身的固有特性，智能理财顾问也会有一套通过技术进行的自动化跟踪审核方案，而不需要人工操作。如果技术能实现可靠的、高质量的审核跟踪，智能理财顾问就能更容易做到建议的可追溯性与可审核性。对于所有给出的建议，智能理财建议的提供者要能够深入理解所使用的数据、算法和呈给客户的信息。这样可使得智能理财建议具有可追溯性和可重复性，让客户以及之后的顾问和监管者能够查阅建议是如何给出的。

专栏1—7 荷兰的情况

在荷兰，为不同类型的金融产品提供智能理财建议的做法已存在数年了。然而，2017年以前，智能理财顾问仍只适用于一些简易产品，如车险。2017年以来，智能理财顾问也逐渐应用于一些复杂的金融产品，如伤残保险。根据开发者的反馈，智能理财顾问面临的一个挑战是，在没有人类顾问可以答疑的情况下，如何确保客户完全理解智能理财顾问提出的问题。

（三）潜在风险

根据保险核心原则19，给消费者提供的建议应当考虑客户披露的内容。所有的建议都应当清晰、准确和易理解。为客户提供的建议应当以书面形式或耐久且方便获取的其他媒介形式,保存在"客户档案"中①。

然而,为了保证智能理财建议做到公平待客,有必要强调一些具体问题。智能理财顾问并不能解决传统的面对面咨询存在的所有缺陷。例如,智能理财顾问不能克服由于可选择的产品有限所带来的问题,也不能克服由于产品的复杂性造成的问题。

如果是全自动化的咨询,客户可能没有机会问问题,除非向在线智能客服机器人咨询。因此,智能理财建议的被误解风险要大于面对面的建议。缺乏与人类的交流也可能导致难以识别出客户出现的自相矛盾。

人类顾问能很快识别客户的犹豫不决,而智能顾问却难以做到。然而,智能理财顾问可以设计一个算法,当客户不停地反复点击页面并提示弹出窗口时,算法能立即检测到并询问客户是否需要额外的帮助或解释。然而,如何检测出犹豫是智能理财顾问面临的一个更具有挑战性的问题。

就像传统的咨询一样,在全自动的咨询过程中,客户也要对最后的决定负责。然而,在面对面咨询中,顾问能和客户讨论一些犹豫不决的问题,然后排除掉所有疑惑与担心,而全自动的咨询就无法做到这一点。因此,在全自动咨询过程中限制可能出现的咨询偏差是有益的,这样能够避免消费者由于追求较低的保费而做出非最佳的决策。

不正确的程序算法可能造成深远的影响。因此,在交付使用前,一定要仔细设计并测试好算法,并充分进行后续维护。智能理财顾问的程序算法设计应当保证其建议对客户是公平的。错误的算法或有缺陷的人工智能工具会导致建议的不一致性或不恰当性。这样的工具及其所依赖的数据也可能进一步加深既存的偏差。

三 比价网站

保险比价网站(又称"数字化比较工具")提供多种保险产品和保险提供者的信息,原则上可以让消费者对众多的保险人和/或中介进行比较和选择。选定要购买的保险产品后,网站会引导客户到相应的保险人或

---

① 保险核心原则的指引 19.8.6。

保险中介的网站完成交易。

现在在许多国家和地区，电器、机票等产品都形成了比较完备的比价网站。比价网站也是有些保险市场上一个重要的分销渠道。

虽然比价网站有多种不同的获利方式，但是大部分网站都是向成功达成交易的保险人或保险中介收取佣金，通常每笔保单设定一个固定的金额。比价网站通常不拥有自己的客户关系资源，这一点和其他的中介有显著的区别。

不同国家和地区对比价网站有不同的监管要求，这主要取决于它们所从事的活动与经营模式，它们还可能会被认为是中介。在有些国家和地区，比价网站需要遵守保险中介的规定。

（一）好处与机遇

比价网站通过将大量的产品和价格信息汇集在一起，帮助消费者在保险市场快速比较、评估并选择保险产品。如果能实现这样的潜力——用相关的教育工具客观呈现可靠的信息，那么比价网站就能够通过帮助消费者来促进市场竞争。尽管大多数保险人为它们的产品提供了网站访问入口，但是比价网站可以让用户随时随地地访问，进一步方便消费者购买。比价网站的另一个好处是，消费者只需要一次性输入信息，就可以获得多个卖家的产品与报价——相比于在不同保险人的网站购买时每次都要输入个人信息，这具有明显优势。从这个意义上讲，比价网站能够促进竞争，降低市场营销与承保的成本，最终降低保费。

（二）潜在风险

通过保险人或保险中介的网站进行的数字化销售存在一些共性风险，例如，消费者应当在没有帮助的情况下指导自己并获取信息。当然，也有许多风险。例如，比价网站面临的一个风险是，由于补偿机制或所有权结构导致的与网站上显示的特定产品提供商之间未公开的利益冲突。这些利益冲突会让网站只显示某些产品并/或引导消费者购买有利于网站而不利于消费者的产品。

比价网站没有被要求披露具体的信息，从而可能缺乏透明度。不透明的地方有潜在利益冲突、与产品提供者的佣金安排、比价网站的所有者/运营者或产品提供者的真正身份等。这反过来可能影响消费者做出明智决策。消费者在进行产品比较时通常并不关注所咨询的供应者的数量，以及推荐的标准（在比价网站可进行推荐的情况下）。消费者可能相信比价网站提供的信息是客观和完整的，而实际上比价网站只是提供了一些有限的或有偏的信息，从而引导消费者去购买某种特定的产品。

另一个主要风险是，消费者在挑选产品时只关注价格，从而购买了不能满足其风险保障需求的产品。还有一个风险是，消费者可能认为，他们从比价网站获得了有用的建议，和/或所有呈现的结果都能满足他们的保障需求，从而基于比价网站提供的信息而购买了不合适的产品。

在使用比价网站的过程中，还发现了一些可能损害消费者权益的特定风险，包括性能不可靠或系统失灵（如技术和/或数据崩溃导致的）。由于少数几家比价网站占据了大量交易，如果算法不能得到正确的结果或呈现准确的产品信息，就会造成深远影响。在比价网站市场份额比较集中的市场，甚至可能引发某个产品线的系统性问题。

可以预计，如果一家比价网站出了问题，其他网站会填补上来。然而，有些细分市场/产品线的集中度过高，仅存在一家比价网站，所以可能损害消费者权益。

专栏1—8　荷兰的情况

2014年，荷兰金融市场管理局（Autoriteit Financiele Markten，AFM）发布了一份关于比价网站质量的新闻稿。主要内容如下。第一，基于对荷兰的5家主要比价网站的研究表明，比价网站提供的服务符合客户权益。通常，比较是基于客户偏好进行的，并按产品的价格和质量排序。第二，没有迹象表明比较是基于保险人给比价网站支付的佣金。但是，若消费者能够借助比价网站触达这款产品，那么保险人只有在支付佣金时才会进入前3名。第三，需要改进的是关于信息的规定、前3名的生成方式、保费的一次性折扣以及默认选项。

2018年，荷兰金融市场管理局发布了另一份关于比价网站服务的新闻稿。第一，比价网站有时提供的财务建议仅是用于推广其服务。然而，比价网站考虑的问题很有限，所以它们不适合给顾客提供财务建议，但是，顾客却以为收益了财务建议。第二，一个比价网站提供建议的例子是，它给出"3个最适合你的抵押贷款"。这是可以作为财务顾问，但是可能因为没有足够的客户导入而不符合咨询规则。第三，在5个常见问题的回答中，金融市场管理局解释了比价网站的服务什么时候可以当成财务顾问。在接下来几年时间里，有些市场参与者会从仅执行指令转向充当智能理财顾问。

四　信息披露与明智决策

标准19.7要求保险人和保险中介在合同签署前后全程为客户提供及时、清晰和充足的信息。产品信息披露是适应数字化渠道和习惯的关键要求。

（一）好处与机遇

在线服务的一个优势是，产品供应者可以利用直观可视的方式展示产品特征。例如，不同时期的保费可以以一种易于理解的图表形式展示，而且当客户输入新的信息时，图表可以随之动态调整。其他的产品特征也是这样。产品供应者尝试用最好的方式向客户披露信息，从而让客户更容易理解和使用产品。

当客户花很长时间在某个部分来回浏览，或过快地略过保单的某个重要条款时，可用聊天机器人[①]（Chatbot）来协助客户。这表明，客户可能希望获得机器人或顾问提供的额外信息或进一步解释，这取决于保单的复杂程度。

技术可以使用从多种数据来源获取客户的信息，进行相关的信息披露。此"虚拟的或认知客户服务代表"或聊天机器人的例子包括英国的Spixii，它能"说"6种语言，还有澳大利亚"火烈鸟Rosie"平台，它可以"从客户的业务中学习"以便回复客户[②]。

[①]　一款模拟人类行为在互联网上与人类用户对话的计算机程序。

[②]　https：//www. digitalpulse. pwc. com. au/how－insurtech－will－make－you－love－your－insurer/.

专栏1—9 美国的情况

美国保险人 Lemonade 使用了两款人工智能或"认知"系统与客户交流。一个叫"Maya",可通过移动设备与客户签约;另一个叫"Jim",它不需要任何帮助就能完成理赔。

另一个例子是 Insurify,它利用 Evia(专业虚拟保险代理人,Expert Virtual Insurance Agent),通过自然语言和图像识别技术收集汽车保险报价。客户想弄清楚一些条款时也可以和 Evia 进行交流。

通过技术进行"理解测试"有助于确保信息披露充分,并且其结果能够有效传递给被保险人。可利用技术,尤其是机器学习和聊天机器人来帮助客户理解产品信息。在线过滤程序和快速检测提问能协助评估客户的理解程度。可能还需要告知在线用户投入充足的时间,以便其充分理解协议的内容。

呈现的方式(如通过弹出窗口的形式)也能对客户理解信息、明确表态起到重要作用。此外,游戏化的产品销售信息——作为游戏或挑战的一部分进行披露——也能吸引消费者的兴趣,使得一些可能被忽略的信息能被消费者看到、理解并保留。

(二)潜在风险

数字化交易的时间效率和即时满足感意味着,客户希望体验更快的交易,尤其是在使用智能手机应用程序时。这会给保险人带来重大的挑战,保险人既要保证合同签署高效便捷、无缝对接,又要承担保单条款的信息披露不足的风险,两者之间需要平衡。

专栏1—10 荷兰的情况

荷兰对产品的可理解性的监管是产品报批程序的一部分。同样,对在线服务,客户通常应当阅读并确认已经理解该信息。当然,也存在一种风险,即客户在确认前还没有完全理解产品的细节。因此,监管者鼓励双方在约定产品条款时，要保证这些条款的完整性，同时也要尽可能易读易懂。

与面对面交流不同，数字化交流很难识别出误解，需要更多基于非语言交流的解释。

在数字化语境下，客户面临不同来源的海量信息，很难通过合理的方式辨认出可靠的产品信息披露，并区分产品信息披露与市场营销。此外，数字化工具可用于强调一些相关信息，但同时可能会忽略一些信息，使得消费者选择不合适的产品。

与非数字化信息披露一样，消费者也面临大量信息过载的问题，没有办法保证信息的准确性与合法性。

附录　影响保险业务的数字技术与新型商业模式

国际保险监督官协会的报告"金融科技在保险业的发展"中概述了保险业的几项重要创新[1]。

第一，数字化设备与互联网。本章提到的一些变化都是源于不断增加的数字设备的推动（包含计算机或微处理器的设备），如智能手机、平板电脑和"可穿戴设备"。这些设备均连接了互联网，使用了标准化通信协议的全球计算机网络。

第二，物联网（Internet of Things，IoT）[2]。它是指通过嵌入电子产品、软件、传感器、执行器和网络连接，将物理设备、车辆、建筑及其他物品的互联（也称"互联设备"或"智能设备"），使得这些物品能接收并交换数据。

第三，远程信息技术/遥感。在物联网中，远程通信是指电信、传感

---

[1] https：//www.iaisweb.org/page/news/other-papers-and-reports/file/65625/report-on-fintech-developments-in-the-insurance-industry.

[2] "物联网"一词被定义为信息社会的全球性基础设施，通过基于现有的和正在发展的互操作信息和通信技术将（物理的和虚拟的）事物联系起来，从而实现高级服务。参见 http：//www.itu.int/ITU-T/recommendations/rec.aspx？rec=y.2060。

器和计算机科学通过电信设备发送、接收、存储和处理数据,实现对远程对象的控制。遥测技术包括将测量数据从原点传输到计算和消费点,特别是不影响对远程对象的控制。在保险业,该技术主要应用于联网汽车、高级驾驶辅助系统(Advanced Driver Assistance Systems,ADAS)、健康监测和家居监测。

第四,大数据[①]和数据分析[②]。在保险市场上,大数据和数据分析应用于多个环节,包括产品供应、风险选择、定价、交叉销售、理赔预测、反欺诈等。

第五,比较工具与智能顾问。它是指在没有人工干预的情况下,提供自动的、基于算法的产品比较和建议的线上服务。

第六,机器学习与人工智能。机器学习和人工智能使保险业的多个流程都能实时使用数据,尤其是在事故预测中(如车辆被盗、健康问题和不利天气事件)。人工智能的应用范围非常广,不仅可以用于定价风险,还可以用于防范欺诈、自动承保、理赔和预防性咨询。

第七,分布式账本技术(DLT)。分布式账本实际上是一个可供多个网点、地点和机构共享的资产数据库。存放在账户中的资产的安全性和准确性都是通过使用"密钥"和签名等密码技术加以维护的,以控制哪些人可以在共享账户中做什么。一是区块链(Blockchain)。它是一种去中心化的分布式账本,由不可篡改的、数字化记录的区块化数据组成,这些数据区块都被存储在线性链中。二是智能合约(Smart Contract)。分布式账本技术的创新点在于它不仅仅是一个数据,它还可以设定交易本身的交易规则(商业逻辑)。智能合约是一组计算机程序编码,可用于在分布式账本中促成、执行并实施谈判或协议。

第八,新型数字技术催生了新型商业模式。一是平台商业模式。"平台"是促进两个或多个独立的群体,如消费者和生产者之间进行交易的商业模式。为了促成交易,平台利用并创造大量的、可迅速扩散的用户

---

① 大数据是指存储来自不同来源的大容量的高速运转的数据。参见 IAIS "FinTech Developments in the Insurance Industry",2017 年 2 月 21 日。

② 数据分析是为发现有用信息、提出结论和支持决策而对数据进行检查、清理、转换和建模的过程。参见 IAIS "FinTech Developments in the Insurance Industry",2017 年 2 月 21 日。

和资源网络。平台本身不拥有生产工具——相反，它们创造了连接的方式①。谷歌、苹果、脸书、亚马逊、优步和阿里巴巴都是典型的平台商业模式。二是 P2P 保险。被保险人集聚资金，自我组织、自我管理他们自己保险的一种商业模式。虽然说这不是一个新概念，但是新兴技术（如分布式账本技术）为此模式的广泛应用提供了充分支持。三是 UBI 保险。这是由保险人和保险中介推出的一种将行为与保险费率紧密挂钩的新型商业模式。例如，在汽车保险中就有类似的 UBI 保险产品，客户只需要根据实际行驶里程来支付保费，而且驾驶员的行为也会影响保单的定价。四是按需保险。这是一种只承担某一特定时段风险的商业模式。

---

① https：//www.applicoinc.com/blog/what-is-a-platform-business-model/.

第 二 章

保险普及化倡议组织的观点[*]

第一节 概述

使用新数据带来的机遇和风险。过去十多年,新技术使得消费者数据的收集、存储和使用取得了长足发展。对保险业而言,使用数据使得行业有更多机会获取新客户,设计出能为客户提供更大价值的产品,从而提升经营效率。从这个意义上讲,越来越多地使用消费者数据有助于让保险更普惠。然而,随着数据的不断增多,通过非法和/或不道德的方式滥用数据的问题也随之增加,给消费者带来了风险。

因此,数据创新给保险监管者的传统做法带来了挑战。在如何监管消费者数据问题上,保险监管者乃至所有金融领域的监管者共同面临的两个困境是:既要支持数据赋能的创新,又要保护消费者免受它带来的风险冲击,以期给消费者带来最有利的综合结果;对于跨领域的数据收集、存储和使用所带来的风险,虽然他们并不具备完全监管权,但是也要尽到保护消费者的义务。而且,保险监管者传统角色的拓展意味着,

---

[*] 编译者注:本章内容来自保险普及化倡议组织发布的 "Regulating for Responsible Data Innovation: The Role of Insurance Regulators in Dealing with Risks Relating to Consumer Data Protection and Privacy"(2018 年 10 月)的前一部分。作者为 Jeremy Gray、Nichola Beyers、Jana de Waal 和 Mia Thom,由保险普及化倡议组织 2018 年 10 月发布。作者感谢 Stefanie Zinsmeyer(保险普及化倡议组织)对报告的宝贵贡献;审稿人 David Watts、David Medine(世界银行扶贫协商小组)、Denise Garcia、Denis Cabucos(菲律宾保险监管委员会)、Elias Omondi(肯尼亚保险管理当局)、Natalie Haanwinckel Hurtado(巴西商业保险监管局)和德国联邦金融监督局的有益建议;来自监管机构、专家团体和金融服务提供商的人士对此研究的支持。

他们可能缺乏对这些新风险的理解、管理和监督的专业技能。

本章考虑了这些困境，并为监管实现其目标提出了一些可行的方案。

本章分析了保险业在数据收集、存储和使用方面可能出现的6种对消费者有负面影响的结果：安全受影响，消费者面临或感觉将面临风险，并可能导致肉体或情感受伤或损失；被排斥，消费者无法获得对自己有用且可负担的金融产品；声誉风险，个体的品格或好名声遭到或认为会遭到破坏；财务损失，消费者承受经济上的损失；隐私损失，消费者决定谁有权使用自己的信息、物理空间或身体的权利被侵犯；被操纵，消费者的行为和决策受到不利的影响，自主权被故意破坏。

造成这些风险的原因包括以下5个方面：第一，数据治理和控制不足。由于行业或某家企业缺乏一种文化和战略，没有明确考虑消费者面临的数据风险，并积极想办法限制其在经营过程中可能对消费者造成的负面结果。第二，错误。消费者的数据非故意地存在虚假或误差。第三，不情愿或不知情的同意。消费者并不同意收集他们的数据，或者没有完全理解数据收集的含义。第四，未经授权的分享和使用。消费者的数据在没有获得消费者完全同意的情况下就被分享、披露或提供给第三方，或由外部机构管理或控制的消费者数据被用于信息收集目的之外的用途。第五，数据泄露。这类情形包括以"未经授权的方式"从事或涉嫌欺诈或其他犯罪，或者由于机器故障或电源故障、物理破坏、恶意软件、病毒、人为失误、盗窃等原因导致消费者的数据丢失。

第二节 引言

全球范围的技术变革速度前所未有，这无疑会影响社会和商业环境。据估计，2017年在互联网上每一分钟就有350万次谷歌搜索、1.56亿次邮件发送和751522美元的在线消费发生[①]。鉴于这些活动带来的海量数据，企业能够比以往获得更多的消费者信息。技术进步提高了计算能力

---

① Desjardins（2017）.

和计算方法，企业存储和使用大数据[1]的能力也大幅提升。虽说这些发展可能推动创新，改善消费者的价值，但是消费者也可能面临新的威胁，且这个威胁越来越近。2013年大约有5.755亿条数据记录被泄露，而在2017年，数据泄露的规模超过26亿条，相当于5年时间里平均每秒有82个记录丢失、被盗或被泄露，5年中增长了350%[2]。在这些事件中，69%被归类于"身份盗窃"，即消费者的个人信息被盗[3]。

鉴于数据环境的变化以及数据被盗风险的快速增长，监管者越来越需要既鼓励数据赋能的创新以提升价值，又需要保护面临风险的消费者，从而确保消费者自主决策和权益保护之间的平衡。消费者只有在以下情况下才能真正做到独立自主的决策：充分了解他们的数据是如何被使用的，以及数据使用会产生什么后果；有可靠的方式让他们决定数据的使用；有实际的选择权[4]。截至2017年，107个联合国成员国已经实施了隐私和数据保护法[5]。欧盟《通用数据保护条例》[6]（2018年5月实施）可能是隐私和数据保护监管的最好例子。

保险人经常收集一些特别敏感的信息用于推广其产品。数据越多越能创造价值，但是也可能造成数据滥用。健康数据就是一个很好的例子——保险人可能进行一些深层次的数据驱动行为，说服客户采用更健康的生活方式，但它也可能因此将某些人排斥在保险保障之外，或者数据泄露可能造成客户隐私被严重侵犯。这种情况不仅会出现在健康可穿戴设备和基因匹配越来越普遍的发达国家。这些数据也能从数字化程度更高的国家健康系统、更广泛使用的远程医疗、智能电话甚至定位数据中获得，它们可用于识别健康和冒险行为。这种趋势在许多发展中国家也出现了。

---

① 根据Gartner（2018）的定义，大数据指"需要新处理模式才能具有更强的决策力、洞察发现力和流程优化能力的海量、高增长率和多样化的信息资产"。

② Gemalto（2018）.

③ Ibid..

④ BaFin（2018）.

⑤ UNCTAD（2018）.

⑥ https：//eur-lex.europa.eu/legal-content/EN/TXT/PDF/？uri=CELEX：32016R0679.

本章旨在为监管者提供一个框架，帮助监管者促成企业进行负责任的数据创新。本章针对保险监管者应当如何推动负责任的数据创新提出了几个关键考虑要素。分析数据给消费者带来的收益和风险，帮助保险监管者根据实际情况提供一个监管框架，以应对日益增长的数据的收集、存储和使用过程中出现的问题。

为了研究和测试本章提到的各种框架，作者与监管者、行业专家和金融服务提供者进行了深度访谈，辅之以对消费者隐私和数据保护、潜在的风险与监管应对方面的桌面研究（Desktop Research）。一共举办了18次相关人员参加的研讨会。此外，咨询了10家监管者、15个司法管辖区、4位行业专家和4家金融服务提供商。本章附录列举了受访者名单。

第三节　数据带来的机遇和好处

数据能打开新的消费市场。纵览新兴市场，保险的普及程度还是很低的。2016年，新兴市场的保险深度平均为3.2%，新兴市场（不含中国）的保险业务份额只占10%[1]。由于缺乏可靠的消费者数据以及对他们面临风险的分析，保险人因这些不确定因素而通常需要收取更高的保费，这进一步限制了保险人了解消费者需求的能力，从而导致有些消费者得不到保险保障。使用新数据集可以让保险人更准确地进行风险定价，更好地了解消费者需要，从而设计更好的产品，并有利于更好地监控并减少欺诈行为的发生[2]。这意味着，使用新数据集将有助于提高保险的普惠性[3]。图2—1列举了我们最近关注的一些保险科技创新公司，其中许多公司的运营都是依赖收集新型消费者数据并对这些数据进行创新性使用。对消费者数据使用方面存在的大量限制将使得大量消费者被排斥在保险之外。

---

[1] Swiss Re.（2017）.
[2] Bhoola（2014）.
[3] Chen 和 Faz（2014）；Smit 等（2017）；Cheston（2018）.

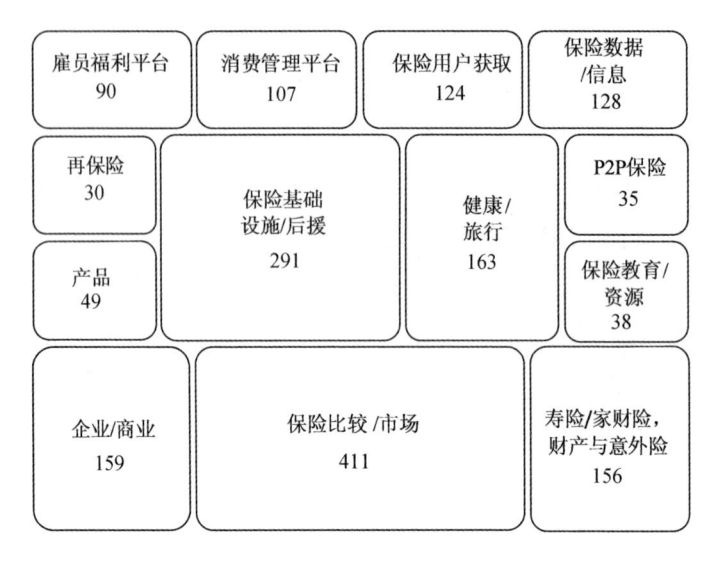

雇员福利平台 90	消费管理平台 107	保险用户获取 124	保险数据/信息 128
再保险 30	保险基础设施/后援 291	健康/旅行 163	P2P保险 35
产品 49			保险教育/资源 38
企业/商业 159	保险比较/市场 411		寿险/家财险，财产与意外险 156

图 2—1 保险科技初创企业概览

资料来源：企业跟踪（Venture Scanner），2018 年。

数据能够提升消费者的价值。保险科技的最新发展表明，数据的创新和使用可以提高消费者的价值，改善效率，解决价值链的问题，从而降低消费者被保险排斥的风险。例如，保险人在为低收入人群服务时面临的一个主要问题是缺乏消费者信息。新的数据和分析使得保险提供者更易于获得他们的顾客的信息，甚至能激励客户改变他们的风险偏好行为[①]。

数据是商业案例中管理成本和创新的关键。不同于竞争对手，成功创新的企业总是希望不断提高市场份额。在创新驱动方面，数据已经成为越来越重要的一个要素。例如，就大数据投资的直接结果而言，在受访的"财富 1000 强"企业的高管中，49% 的人表示他们的成本有所下降，44% 的人表示他们获得了新的创新途径。在保险业，这些好处是显而易见的。根据 Smit 等的观点，不管是在发达国家的保险市场还是在发展中国家的保险市场，数字平台、新数据和分析创新将成本节约和效率

---

① Ransbotham 和 Kiron（2018）；Castro 和 New（2016）；Smit 等（2017）；Chen 和 Faz（2015）。

提升功能引入产品的整个生命周期之中[①]。

数据能够解决被排斥的问题。对于发展中国家的保险监管者，数据最重要的意义在于，市场参与者使用消费者数据可能有助于减轻消费者面临的最大风险——被排除在保险之外的风险，事实上数据正在持续发挥这一重要作用。反之，如果过分限制数据收集和使用会降低提供者的获利能力，那么"数据缺乏"就会引发被排斥的风险。

第四节　消费者重要的数据风险

监管者应当寻求改善消费者受到的影响与数据使用的平衡。数据能让更多人获得价值更高、价格适中的产品，但数据也让消费者暴露在风险之中。因此，保险监管者需要找到一个平衡方法，既保护消费者权益，又限制消费者被排斥或消费者数据被滥用的风险[②]。

随着人们积累的数据越来越多，数据被滥用的可能性也大大增加。2017年发生了1200多起身份盗窃类泄露事件，涉及6亿多条数据记录[③]。这比2016年增加了73%。身份盗窃类泄露事件只是消费者数据被非法使用的一个类型。因此，我们不能低估由数据带来的各类风险。

数据泄露事件频发，代价巨大。数据泄露事件的频繁发生给企业带来了巨大成本。IBM Security 与 Ponemon Institutel 两家机构所做的《2017年数据泄露成本报告》披露了损失大小。该研究通过对发达国家和发展中国家的419家公司的调查发现，数据泄露的平均成本为362万美元。鉴于数据泄露的频次和平均成本均很高，公私领域的市场参与者都不能忽视此问题。保险人也是数据泄露的主要主体。例如，2015年，美国一家健康保险公司（Anthem）就遭遇了一起重大的网络安全事件。这次事件

[①] Smit, ed al. (2017).

[②] 监管者应当在许多新型创新科技问题上考虑类似的权衡。Wiedmaier-Pfister 和 Ncube (2018) 证明，移动保险具有快速扩大规模、提高效率、降低保险成本的优势，但是同时也会给保险监管者带来新的风险。这些问题在国际保险监督官协会2018年的应用型论文"数字技术在普惠保险中的应用"中有进一步论述。

[③] Gemalto (2018).

影响到了 7880 万条消费者记录，公司为此支付了 2.6 亿美元用于"提高安全和补救措施以应对此类漏洞"，并"同意为信息被盗窃的所有消费者提供信用保护"[1]。

在发达国家发生的大多数数据泄露事件都有记录，但是数据泄露并不仅发生在发达国家，仅在 2017 年，印度、南非、肯尼亚、墨西哥、尼日利亚、菲律宾等发展中国家均有数据泄露事件发生[2]。例如，2017 年，南非金融服务提供者和人寿保险人耆卫相互保险公司（Old Mutual）"破获了一起未经授权入侵系统的案件"，有些客户的个人信息被盗[3]。

数据被盗不是唯一对消费者不利的结果，全球范围还存在其他被操纵的问题。2012 年，脸书公司联合康奈尔大学和加州大学旧金山分校做了一项心理学实验，在没有获得 689000 位用户同意的情况下，操纵了他们的新闻推送[4]。实验反映出"大规模的情绪感染"问题，反映了社交媒体平台有操纵其用户的能力。随着时间的推移，操纵问题只会变得越来越重要，因为社交媒体平台涉及使用用户数据影响选举结果从而颠覆民主进程。例如，在第四频道（新闻）的一项调查中，一家与脸书公司有关联的政治咨询企业 Cambridge Analytica Political Global 的经理 Mark Turnbull 被曝承认操纵了"肯尼亚总统 Uhuru Kenyatta 竞选计划的每个环节"[5]。虽然他的说法并未得到证实，但是 Turnbull 关于操纵肯尼亚选举的声明表明，发展中国家的消费者也会因未经授权的数据分享和使用而面临被操纵的风险。

正如保险核心原则 19 关于"经营行为"的结果中所强调，政策制定者和监管者的最终目的是确保对消费者积极和公平的结果，这就要求监管者既要防止限制数据使用带来的消费者排斥风险，又要避免由于消费者数据的使用程度的不断提高而导致的消费者数据滥用。因此，对于监管者，第一步是要更好地了解影响保险消费者的风险范畴及其表现。本

---

[1] 加州保险部（2017）。
[2] Gemalto（2018）.
[3] Old Mutual（2018）.
[4] BBC（2014）.
[5] Crabree（2018）.

节简要概述消费者数据的相关风险,先是详细列举与消费者数据使用相关的负面结果,然后分析风险产生的主要原因。

一 消费者可能受到的负面影响

"对消费者的负面影响"指最终对消费者造成的有害或不利的结果。

虽然本节主要讨论个体消费者面临的直接风险,但是从数据到保险提供者自身产生的直接风险也是非常重要的,因为这些风险会给消费者带来巨大的间接影响。例如,如果发生系统性问题,牵涉几家保险人,那么从长远来看可能会影响消费者对保险业的信任,使得他们不愿意购买保险[1]。

基于国际保险监督官协会(2016,2018a,2018b)、澳大利亚精算师协会(Institute of Actuaries of Australia,2016)、McKee等(2015)、智能运动组织(Smart Campaign,2016)、世界银行(2017)、德国联邦金融监管局以及对利益相关方的访谈,以下列举6种保险消费者受到的负面影响。

第一,安全性降低。消费者面临或感觉要面临风险,并可能导致身体或情感受伤或损失。有时,保险人会通过在客户的车辆上安装一个电子设备来获取客户的物理位置信息。例如,南非Discovery活力医疗保健计划的DQ轨迹(DQ-Track)可以监测客户的驾驶行为,并用于确定保险事故发生的时间和地点。如果这类数据没有妥善保存、被分享或泄露,那么可能对消费者造成损害。

第二,被排斥。即消费者无法获得对自己有用且可负担的金融产品[2]。"被排斥"在保险业的表现之一是,通过定价把高风险的客户排斥在市场之外。对于已被证明无利可图的消费者,金融服务提供者向他们提供"不愿意支付的价格",这些消费者便"被价格排斥出了市场"[3]。换句话说,保险人可能向高风险的个人收取很高的保费,阻止他们购买

---

[1] Chamberlain等(2009),BaFin(2018)。
[2] 世界银行(2018)。
[3] A2ii(2016).

保险。还有些新型数据，如可预测疾病的基因测试①（可用于鉴定疾病和基因状况的风险因素），也用于确定哪些消费者应当"被价格排斥"②。美国人工智能公司Lapetus Solutions帮助保险人将"智能手机自画像"或"自拍"作为其保险办理流程的一部分，并用于"预测人的寿命"。这些数据如果未经授权就被分享或使用，就可能导致不公平和歧视。

即使消费者没有"被定价完全排斥在外"，一些新数据和自动化程序也会造成差异化价格，使得某些客户群体面临高额保费或购买保险的高门槛③。分析消费者的金融交易方式的变化可以使得保险人识别出客户人生经历的重大变化（如怀孕或离婚），这些变化可能导致保费增加④。此外，机器学习系统如果接收到不完整的或有偏差的数据也会产生有偏差的结果。例如，如果费率错误地与某个种族或某个社区的赔付状况相联系，那么一个用于预测索赔发生率的模型可能会基于以往的赔付信息，建议保险人向一个健康的被保险人收取更高的保费⑤。而且，相对于分享数据所产生的显著影响以及数据给供给方带来的利益，消费者从保险产品中获得的价值可能远远不足——出现"数据供应方与使用方之间的信息不对称"。供应方可能"榨取消费者剩余"而不利于消费者⑥。

"被排斥"还可能出现在数据没有被充分使用时，这可能缘于业务模式可行性的限制，包括数据驱动决策、高额的前期投资成本和熟练专家的要求、合伙关系问题、监管限制等⑦。后者是指监管禁止保险供应方收集、存储或使用那些可用于触达被服务不足或得不到服务的个人的数据，从而给金融普惠带来不利影响。

---

① 相反，保险人也担心，如果消费者能够获得基因测试结果，而保险人无法获得，便可能带来逆向选择。例如，2017年，《纽约时报》发布了一篇报道，谈到一个77岁的妇女发现自己的身体遗传了一种名为ApoE4的基因——该基因会增加阿尔茨海默病的发病率，于是该妇女购买了一份长期护理保险（Kolata, 2017）。

② The Economist（2017）.

③ BaFin（2018）.

④ Ibid..

⑤ De Brusk（2018）.

⑥ 消费者剩余是指，消费者愿意为某一产品或服务支付的最高价格与他/她在市场上实际支付的价格之差。（BaFin, 2018）

⑦ Hunter等，即将发布。

第三，声誉风险。即个人的人格或名声遭到破坏或认为会遭到破坏。保险人可能收集客户的健康方面的敏感信息，如是否得过难以启齿的疾病或身体状况不佳。如果这些数据的保护措施不足，或数据在不知情的情况下被分享、使用或泄露，那么，客户的名誉以及他们的职业地位就可能受到影响。

第四，财务损失。即消费者遭受经济方面的损失。这种情形可发生在某个保险产品的失败导致消费者无法获得某些服务（如教育和医疗）。例如，数据错误可能导致个人医疗护理服务的条款发生变化，从而影响消费者获得用于进行重要的诊疗程序的赔款。此外，数据错误还会导致个人教育保单发生变化，导致消费者在期待或需要之时享受不到保险待遇。2018年1月，据报道，人们可以从印度生物系统Aadhaar购买用户信息，允许购买者以印度唯一身份标识管理局（UIDAI）网站输入任何Aadhaar号码后获取用户信息，包括姓名、住址、照片、电话号码、电子邮件等[①]。截至2018年2月，至少发生了6起反映资金被"使用顾客Aadhaar号码"从银行账户盗取的案例，涉案总金额达1500万印度卢比，折合218865美元[②]。

第五，隐私泄露。即消费者决定谁有权获取和使用自己的基本信息、地理位置、身体情况的权利受到影响或侵犯。保险人从客户那里收集个人信息（如姓名、住址和联系方式），客户可与他们的保险人分享财务信息。如果保险人没有足够的存储能力，或者数据被泄露，那么消费者的隐私就可能被侵犯。2018年6月，南非金融服务提供者Liberty Holdings公司和客户之间的机密电邮遭到非法侵入。虽然该公司的发言人说没有客户受此黑客事件影响，但是，这一案例反映了金融服务提供者遭受网络攻击并导致消费者隐私泄露的程度之高[③]。

第六，被操纵。消费者的行为和决策受到不利影响，他们的自主权被刻意破坏[④]。操纵既不是通过明显的强迫，也不是通过理性的说服，而

---

① BBC (2018).
② Bennett Coleman and Company (2018).
③ Niselow (2018).
④ Noggle (2018).

是一种通过深谋远虑的方式限制消费者的选择，使得消费者以不利于自己的方式分配其资源[①]。这种负面影响与本书第一章中描述的"推着走"相关，即在基于其互联网使用行为但是未经其同意便提供产品时，这种不透明可能导致消费者在无意识的情况下被"推着走"。

（一）数据价值链

风险往往出现在数据价值链中。消费者面临的风险——尤其是这些风险的成因——都与数据价值链上的一个或多个环节的瑕疵有直接关系。表2—1列举和描述了数据价值链上的不同环节，即数据的收集、存储和使用。

表2—1　　　　　　　　　数据价值链

收集	数据收集（也称"获取"）可以描述为"在输入数据库或其他存储方式之前对数据进行收集、过滤和清洗的过程"
存储	数据存储包括"在数据的生命周期中进行积极管理，以符合有效应用的质量要求"，以及"灵活地保存和管理数据，以满足快速获取数据的应用要求"
使用	数据使用是指"将获取的原始数据用于决策和特定领域"，包括"对数据进行挖掘、转换和建模，为突出相关数据、综合和萃取隐藏的有效信息，以符合企业需求"。本章所定义的数据使用也包括"需要访问数据、分析数据以及用来整合数据分析工具的数据驱动的业务活动"。数据使用也包括数据交换分享与数据披露，使得外部相关方可以使用

资料来源：作者基于Lyko等（2016）和全球移动电信行业协会（Global System for Mobile Communications Assembly，GSMA，2018）的研究中的解释。

[①] 操纵显然对消费者有不利的影响。然而，需要强调的一点是，操纵有时也可以产生积极的消费者结果，包括利用基于行为科学的干预去推动个体做出符合需要的决策。例如，巴西的CityMile保险公司推出一个"基于用户的保险平台"，使得保险供应方可"收集驾驶员的驾驶行为数据，最终目的是促使他们改变危险的驾驶行为"（Smit等，2017）。

（二）风险成因

数据收集、存储和使用对消费者造成的负面影响主要源于以下 5 种原因。以下列举的风险成因并不是相互排斥的，也不是与结果一一对应。例如，失控可能导致安全风险、财务受损和隐私泄露，而这些也可能由数据泄露而轻易引发。以下 5 种原因经常联合起作用，给消费者造成负面影响。

第一，数据治理和控制不足。这种风险成因的产生是由于行业或某家企业缺乏一种文化和战略，没有清晰地考虑消费者面临的数据风险，没有积极想办法限制在经营过程中对消费者造成的负面影响[①]。这种风险的产生通常是由于缺乏明确的协议，如消费者数据如何存储以及谁有权获取。为了保护隐私，确保消费者的数据安全，可以采取设置加密并/或匿名的方式。如果保险人没有设置只允许授权人员使用未加密或匿名的消费者数据的协议，那么相比于组织里使用消费者数据受限的情况，一些恶意的或不具备资格的内部人员的行为更容易对消费者造成负面影响。

第二，错误。这种风险成因会无意中造成消费者数据不真实、不准确。例如，在收集数据的过程中，消费者的健康数据有误（数据显示他们罹患某种疾病，而实际并没有；或者，数据提示他们携带某种基因变异，而实际并没有），这类信息可能会被用于向消费者收取高得难以承受的保费，从而将他们拒之保险市场的门外。

第三，不情愿或不知情的同意。只有在"个体同意提供数据……并且表示理解提供这些数据的含义"的情况下，保险人或金融服务提供者才可以说获得了知情同意权。不情愿或不知情的同意作为一种风险成因可以解释为，消费者不同意收集他们的数据，或者没有完全理解数据收集的含义。值得关注的是，即使是消费者同意提供数据，但是，如果其结果不是让他们能获得产品，那这就不是严格意义上的自愿。为此，《通

[①] 这些控制措施不仅是针对保险人，也是针对那些拥有保险消费者信息的主体。如在美国，有些保险人把数据存放在某个具有同等法律地位的办事处，如医疗信息局（Medical Information Bureau）用于保险承保。同样，肯尼亚 2015 年开始实施的综合人口注册系统（Integrated Population Registration System，IPRS）也连接了多个政府部门，存储所有的个人基本信息。

用数据保护条例》背景陈述（Recital）的第42条规定，"如果消费者没有真实的……选择或在不受损害的情况下无法自由拒绝或取消同意，就不能视为真正的同意"。

第四，未经授权的分享和使用。如果消费者数据在没有获得消费者完全同意的情况下被分享、披露或提供给第三方，或由外部机构管理或控制的消费者数据被用于信息收集目的之外的用途，就出现了"未经授权的分享和使用"[1]。例如，如果保险人把他们客户的联系方式提供给第三方，后者在没有征得客户允许的情况下使用此信息进行市场营销，就构成了未经授权的分享与使用。消费者数据也可能被用于以不公平或偏见的方式对个体进行歧视，如基于种族、年龄、性别、病史等信息。

第五，数据泄露。这类风险成因包括以"未经授权的方式"从事欺诈或其他犯罪活动，或者由于机器故障或电源故障、物理破坏、恶意软件、病毒、人为失误或盗窃等原因导致消费者数据消失[2]。即使保险人有合适的存储协议，也可能发生数据泄露。将它与"数据治理和控制不足"并列为成因，是因为后者主要是由疏忽导致的。

表2—2完整地列出了消费者受到的负面影响及其原因。

监管者可以选择直接消除消费者受到的负面影响，也可通过识别并阻止风险成因来避免其给消费者造成负面影响。对这些风险的监管应对包括两种方式：直接处理消费者受到的负面影响，或想办法减少这些风险事件的发生概率和影响程度。

---

[1] World Bank（2017）.

[2] 数据泄露通常发生于网络犯罪或网络风险领域。国际保险监督官协会（2016）引用首席风险官论坛（CRO Forum）（2014）中对网络风险的定义——"网络风险，是指在网络环境中开展业务的风险，具体包括：使用和传输电子数据以及互联网、电信网络使用过程中的风险；网络攻击造成的物理损失；数据不当使用造成的欺诈；数据使用、存储、转移过程中的责任；个人、企业或政府的电子信息的可得性、完整性和保密性"。这个定义包括本书讨论的许多风险成因。鉴于本书论述的重点，去掉了其中一些因素。

表 2—2　　　　　消费者受到的负面影响、原因及监管对策

	风险成因	消费者受到的负面影响
风险	管理失控； 错误； 同意权受阻； 非法收集、存储和使用； 数据泄露	隐私泄露； 没有安全感； 价值缺失； 被操纵； 声誉风险； 财务损失
应对	直接处理风险成因	直接处理消费者受到的负面影响
	避免消费者受到负面影响。例如，欧盟《通用数据保护条例》要求数据加工人员实施恰当的安全措施以确保与风险相适应的安全水平（如个人数据加密）	要求供应方以对消费者负责的方式运作。例如南非的"公平待客"：监管者可以要求企业对因不合理的数据收集、存储和使用而给消费者造成的伤害承担责任

资料来源：本章作者。

第一，直接处理消费者受到的负面影响。直接处理消费者受到的负面影响需要在数据收集者、存储者和使用者之间形成一种以消费者为中心的决策文化。例如，南非的"公平待客"列举了 6 种消费者受到的负面影响，作用于"受管辖的金融企业（包括理财顾问）"与顾客打交道的每个环节——从产品设计和市场推广到建议、销售和售后[①]。把这些原则性（Principle-based）的要求运用到数据风险环境中并不是去解决风险成因，而是给供应方施加压力，促使他们全力维护消费者权益。这样的方式使得监管者具有广泛的权力，追究违规企业的责任，包括因不合理的数据收集、存储、使用等原因而给消费者造成的伤害。重点不是明确哪些数据被限制收集或数据该如何使用，而是关注这些原则是否用于合理对待消费者及其数据。

第二，防止出现风险成因。一个监管工具是，将数据加密以及让数据控制器达到最低安全要求，以解决控制不足这个风险成因。例如，欧

---

① FSCA（2018）.

盟依据《通用数据保护条例》要求应当对个人数据进行加密处理。《通用数据保护条例》第 32 条规定，数据处理人员应当实施合理的安全措施——考虑到实施的成本、性质和范围，以及个人权利受到影响的可能性。所采取的措施应当适当，以确保与风险相匹配的安全水平，加密处理就是其中一种。

附　录

附录 1—1　受访组织名单

机构名称	个人	国家和地区	组织类型
百慕大金融管理局（BMA）	Marcelo Ramella	百慕大	监管者
全国保险和债券委员会（CNSF）	Danise Garcia	墨西哥	监管者
（世界银行）扶贫协商小组（CGAP）	David Medine	全球	咨询机构
Consultcolors	Michael Rothe	英国	咨询机构
Discovery 有限公司	Leanne Jones	南非、英国、美国、中国、新加坡和澳大利亚	金融服务提供者
金融行为监管局（FCA）	Paul Worthington	英国	监管者
金融业行为监管局（FSCA）	Caroline da Silva, Farzan Badat, Jacky Huma	南非	监管者
普惠解决方案（Inclusive Solutions）	Jeremy Leach, Tyler Tappendorf	肯尼亚、卢旺达	金融服务提供者
菲律宾保险监管委员会（IC）	Denis Cabucos	菲律宾	监管者
保险监管局（IRA）	Elias Omondi	肯尼亚	监管者
非洲保险市场会议［Conférence interafricaine dESMarchés d'assurance（CIMA）］	Luc Noubissi	贝宁、布基纳法索、喀麦隆、中非共和国、科摩罗、乍得、科特迪瓦、加蓬、几内亚、赤道几内亚、马里、尼日尔、塞内加尔和多哥	监管者

续表

机构名称	个人	国家和地区	组织类型
达信非洲（Marsh Africa）	Christelle Marais	博茨瓦纳、埃及、马拉维、纳米比亚、尼日利亚、南非、乌干达、赞比亚和津巴布韦	金融服务提供者
NuvaLaw 公司	Hendrik Kotze	南非、荷兰和英国	金融服务提供者
私人	David Watts		咨询公司
私人	Louis de Koker		咨询公司
商业保险监管局（SUSEP）	Gustavo Caldas, Gabriel Costa, Natalie Hurtado	巴西	监管者
联邦金融监管局（BaFin）		德国	监管者
全美保险监督官协会（NAIC）	Gita Timmerman Timothy Mullen	美国	监管者

第 三 章

欧洲保险业的观点[*]

第一节　大数据对保险业的影响

本章旨在回应保险业应用大数据过程中经常被问到的一些问题。

一　数据对保险业务模式的重要性

数据对保险人至关重要。事实上，自从有保险业以来，保险人就一直在使用数据分析客户面临的风险。在大数据现象出现之前的很长一段时间，在相关监管框架内使用数据挖掘技术。

为了提供可靠的保险保障，保险人应当使用各种类型的信息进行复杂的风险评估和计算，尤其是使用统计方法分析历史事件，评估这类事件发生的概率。在产品设计阶段进行数据分析是为了让保险人了解并管理好开发新保单的风险。在销售之后，保险人的数据分析过程就是承保，评估顾客的风险。根据承保的结果，保险人可以为新顾客提供与其风险相匹配的保单条款和风险保障。

此外，承保过程还包括计算风险发生的概率以及分析每一位或每一类被保险人受到的影响。保险人依据这些计算收取保费。不可避免的是，预期损失存在一定的不确定性。例如，不同时期的理赔成本会发生变化。因此，保费包含附加的边际成本，让保险人为经营状况不好的年头积累

---

[*] 编译者注：本章的内容来自欧洲保险和再保险联合会（Insurance Europe），其中，第一节来自"Q&A On the Use of Big Data in Insurance"（2019年1月）的前一部分，第二节来自"Big Data Analytics: An Insurance (R) evolution"（2019年1月）。

一定的储备。

当前,新的数据挖掘技术使得欧洲保险人能为消费者带来更多的福利。特别是数据越来越容易获取,数据挖掘技术使得保险人可以进行更精确的风险评估。这意味着,保险产品可以更好地覆盖每位消费者的风险和满足他们的需要。设计新的、更成熟的风险模型可帮助保险人制定更有竞争力的费率,或者由于数据可用性的提高填补了信息缺口,使得保险人能够为过去不可保的风险提供保险。在这方面,数字化又会产生新的数据以及新的分析方法。

二 大数据的含义以及数据挖掘在保险中的作用

大数据通常被定义为"需要低成本的新型处理模式的、具有更强的洞察力和决策力的海量的存取速度快和多样化的信息资产"[①]。

大数据这个术语是技术专家在2000年根据快速增长的互联网可及性以及数字化、云技术与存储所带来的信息和数据的爆炸现象提出来的。

据统计,2010年,"每两天产生的信息量相当于自有文明以来直到2003年的信息总量"[②]。从那以后,数据产生的速度和容量又出现了大幅增长,并且还将持续。据预测,"到2025年全球数据量将达到163泽字节(1个泽字节相当1万亿个千兆字节)"[③],达到了2016年的16.1泽字节的数据量的10倍。

简单地说,从各种来源收集的巨量的、非结构化的数据集构成了我们所说的大数据。虽然大数据可以视为原始资料,但是它本身并没有实际价值,分析师需要进行数据挖掘才能从中提炼出可以理解的、有价值的结构化数据。在这个意义上,保险人可以将大数据处理用于其数据分析过程。

从数据中提炼模式(或称"数据挖掘")的做法已经有几个世纪

[①] Doug Laney, 2001, "3 - D Data Management: Controlling Data Volume", Meta Group.

[②] Eric Schmidt, "Google 的前执行主席在太浩湖(Lake Tahoe)的技术经济会议上的声明",美国加利福尼亚州,2010年4月8日。

[③] International Data Corporation (IDC), 2017, "Data Age 2025: The Evolution of Data to Life - Critical. Don't Focus on Big Data. Focus on the Data That's Big".

了。最初是运用数学和统计程序人工提炼的。然而,随着互联网的出现、数据可用性的不断增加以及技术的发展,数据挖掘技术变得越来越成熟。

今天,数据挖掘通常采用专门软件,如分析工具。这些工具可以对几十年的会计信息进行快速分类,找出特定经营期间的一组特定的费用或应收账款[①]。

三 保险领域使用大数据对消费者的好处

保险人将能够更好地分析产品是否如预期的那么有效,是否找到了目标客户,以及是否需要进一步改善等。大数据分析使得消费者可以得到更好的产品服务。此外,大数据工具的使用还可以通过匹配来自不同数据库的资源(如税务部门的数据、信用卡信息等),使得保险人能够更有效地检测欺诈行为,并可以更好地为消费者提供防止事故发生的建议。

大数据分析加上高质量数据的可用量增加,也可以帮助保险人承保以前不可保的风险。例如,从风险评估上取得的进展反映出,越来越多的高质量数据以及对风险决定因素的了解提高了保险保障的可得性。从这个意义上讲,大数据分析以及相关技术的不断发展有助于保险人填补风险评估方面的信息缺口,从而提高可保性以及保费计算方式的公平性。下面列举的例子可以证明这一点,而且,精确定价不仅意味着低风险的保单持有人可以支付更少的保费,保险人还可以降低他们在保险定价中附加的安全边际成本,这些成本在高风险的产品中通常更高。

大数据使得保险人可以给消费者提供更好的建议,采取防范风险的最佳措施,并减轻其影响。好的预防措施也可能对保险定价产生积极的影响。

大数据还会强化防欺诈系统。因为提高欺诈检测率将减少不合理的赔付,并降低个人保费,所以这将同时有利于消费者和保险人。

---

① Techopedia, 2018, "What Is the Difference between Big Data and Data Mining".

专栏3—1 消费者如何从大数据的使用中获益?

1. 保险人将根据消费者的情况定制产品服务

保险人一直在探索如何改善他们的产品服务,以便满足消费者的需要与偏好。例如,"随开随付"(Pay As You Drive,PAYD)汽车保险是一些欧洲市场上推出的使用大数据开发的首批定制产品之一。保险人通过遥感技术获得实时传输的数据,基于客户的驾驶行为给客户打折和提供额外选择,同时促进客户养成良好的驾驶习惯。

至于财产保险,新技术意味着保单持有人可以受益于定制程度更高的产品,同时提高驾驶员的风险意识和提供减损服务。这些都会对保费产生积极影响。

2. 使用大数据使得保险人可以根据实时风险评估提供产品服务

数据量的增加有助于保险人填补信息缺口。例如,在使用大数据之前,保费定价只能在续签合同之时才能修订。有了大数据,保险人可实时调整保费,从而及时为客户节省费用(如"随开随付"汽车保险)。

3. 大数据使得保险人可以承保高风险客户,提高了保险的可及性

今天,互联网平台使用大数据分析工具为高风险的群体商定保费折扣,而过去难以用可负担的价格找到合意的保险保障。例如,这类平台可以为癌症患者提供旅游保险,或者提供高风险运动的保险。

德国保险市场上开发了一款非常成熟的洪水风险分类系统,即使在高风险地区也能提供全面的财产保险。2017年,新增的数据进一步提高了德国洪水保险的可保性和可负担性。例如,在2002年10%的房屋被认为是不可保的,而今天99%的房屋都可以购买保险。

越来越多的数据加上医疗技术的发展使得在某些条件下向艾滋病毒携带者提供人寿保险成为可能。

4. 提高客户满意度

大数据使得保险人能够更好、更快地了解顾客及其需求。这大大提高了效率,减少了客户的负担——他们不再需要重复填写问卷。

5. 预防政策

保险人将能够就如何保护财产向客户提供建议。第一,财产保险:

保险人可以使用大数据分析结果,建议客户采取一些预防性措施提高财产的可保性。这对于洪水保险和其他天气相关的灾害保险尤其重要。第二,健康保险:当个人自愿接受监控时,保险人可以使用大数据分析来监控他们的健康状况,并为他们提供生活方式和健康方面的建议。因此,消费者越来越意识到他们可以采取一些预防措施,以减少与慢性病有关的风险并控制医疗成本。第三,汽车保险:保险人可以使用大数据分析来监控客户的驾驶活动,为他们提供如何改进驾驶的建议,还可以为他们提供油耗信息以及如何降低风险的提示。

四 大数据对保险业务模式以及风险分担的影响

（一）大数据对保险业务模式的影响

大数据分析在整个保险价值链（即产品开发、分销、客户服务、理赔处理等）中的应用仍处于起步阶段。例如,在一些全国性的保险市场上,大数据分析的使用仅限于营销活动。此外,为了能够最大限度地发挥大数据的潜力,保险人需要进一步开发风险模型,以便能够达到挖掘大数据价值所需的高级数据分析水平[1]。

目前,保险人正在探索改善保险业务模式,让消费者受益。大数据的特征——海量性、多样性、高速性、真实性和价值性——使得保险人可以获得客户更多的详细信息,从而更好地了解客户的偏好和需要,改善产品服务[2]。

（二）大数据对保险的风险分担原则的影响

有些人认为,保险领域使用大数据分析会增加风险池的粒度（Granularity）,可能破坏风险分担原则。然而,引入额外的风险分类并计算更趋风险导向的保费,并不意味着风险分担仅限于更小的群体。被保险人群体通常被划分为几个具有不同风险和保费水平的子群体,但是,风险仍然集中在整个保单持有人组合并跨越了所有风险类型。这就是保险的性

---

[1] Techopedia, 2018, "What Is the Difference between Big Data and Data Mining".

[2] Esko Kivisaari, N., 2017, "Big Data Is Coming, Are You Ready? Insurance Principle and Actuaries in the Age of Fintech", The European Actuary.

质：汇聚风险，让个人分担风险，没有人应当独自承担全部经济损失。一旦发生了影响群体的风险，保险人就应当分担风险，这些风险将通过每个人交纳的风险保费来分担。

此外，人们对创新型保险产品的使用和设计经常产生误解。例如，一个常见的误解是，认为基于使用的保险（Usage-based Insurance，UBI）（如"随开随付"的车险）完全是基于动态的行为风险模型。换句话说，人们通常认为，这些新产品完全是基于大数据分析的。事实上，"随开随付"产品一般而言是基于传统的承保程序，以及通过遥感设备提供的附加数据，不一定使用了大数据分析。

第二节 大数据分析：保险的变革

一 消费者：保险大数据变革背后的驱动力

大数据分析以及预测模型的应用在保险业已不是新鲜事物。多年来，精算师就通过分析大量的数据得出趋势并预测未来事件（如评估人们的预期寿命）并为产品（如寿险）定价。然而，技术进步带来数据量和计算能力的增加，加上高级数据挖掘和分析工具的使用，使得保险人有能力承保新的风险，为消费者提供定制化产品，提供更好的防灾减损建议。

二 平衡风险和收益

然而，有些保单持有人和消费者群体担心大数据分析会导致产品价格提高，从而将一些消费者排斥在保险之外。但是，目前还没有证据表明有部分群体得不到保障，或会受到不公正的对待。

相反，保险人非常乐意为所有人提供有吸引力的保险产品，让每个人都得到保障。

重要的一点是，现有的法律体系（如新颁布的《保险分销指令》与《通用数据保护条例》）就保护了消费者免受歧视和不公平对待。

更多的新数据能够提升保险人对风险的理解，并为其顾客提供更好的防灾减损建议。下面举例介绍大数据是如何让保单持有人受益的。

（一）定制化保单：汽车保险——车联网

车联网这类新技术凭借实时无线数据传送，可以为驾驶员提供定制化程度更高的保单（如按里程付费或按驾驶行为付费），也可以为某些驾驶员提供更低的保费。这是因为，数据让保险人更好地掌握驾驶员的个人驾驶行为，从而更易评估其风险。

（二）定制化保单：财产保险——智能仪表

新技术意味着保单持有人可以获得更好的量身定制的财产保险，增强风险意识，并获得额外的防灾减损方面的建议，这些都会对保费产生积极影响。这是因为，当基于财产的结构和所处环境的犯罪或天气风险来计算保费时，保险人通过使用成熟的工具分析更多的数据能够更精确地设计产品。

（三）预防：财产保险——洪水

预防是所有保险计划的基石之一，特别是对洪水和其他天气方面的灾害。有些财产如果没有较为充分的风险预防措施的话，很难获得保险。使用大数据分析可以让消费者了解需要采取哪些预防措施，才能让财产获得保险。

（四）预防：健康保险——可穿戴设备

有些保险人为慢性病（如糖尿病和冠心病）的患者提供疾病管理计划。有些保险人使用大数据监测个人的健康状况，并为其提供生活方式和医疗保健方面的建议。因此，消费者越来越了解他们需要采取的预防措施，降低与慢性病有关的风险，并控制医疗成本。

三　大数据问题

保险公司将在多大程度上使用这些新工具，将会产生什么影响，仍有待观察。最终，决定大数据分析如何改变保险的是消费者及其对产品服务的选择。

第四章

三个国际组织联合论坛的观点[*]

本章综述了国际保险监督官协会、保险普及化倡议组织和小额保险网络组织联合举办的3次关于"保险科技——监管面临的挑战"的论坛成果。对于保险业的数字化趋势及其影响,论坛主要形成了如下成果。

第一,数字技术是保险游戏规则的改变者。近年来,保险科技经历了快速发展,它通过为新产品、新业务模式和新市场进入者提供机会,改变了保险的环境。运用大数据以及改进前沿机器学习技术是创新最快的领域,数字技术将在不久的将来显著改变保险业。

第二,新数字技术有提高普惠金融的潜力。新技术能够降低管理成本,引进适合客户需求的新型业务模式,增强客户价值,从而让那些得不到服务或被服务不足的客户有机会得到充足的保险服务。

第三,建立信任是关键。对很多消费者而言,数字化支持的普惠保险产品是他们的首次保险体验。因此,新的数字产品对未来市场发展会产生显著的影响。但是,这些新技术也带来一些新的风险。例如,越来

---

[*] 编译者注:本章内容来自国际保险监督官协会、保险普及化倡议组织和小额保险网络组织联合举办的3次关于"保险科技——监管面临的挑战"的论坛的成果"InsurTech——Rising to the Regulatory Challenge, A summary of IAIS – A2ii – MIN Consultative Forums 2018 for Asia, Africa and Latin America"的前一部分。这三次论坛为:亚洲论坛,2018年3月20日,斯里兰卡科隆坡,由德国GIZ RFPI资助;非洲论坛:2018年5月9—10日,加纳阿克拉,由非洲保险组织(African Insurance Organisation)资助;拉丁美洲论坛:2018年10月24日,阿根廷布宜诺斯艾利斯,由拉丁美洲保险监督官协会(Association of Insurance Supervisors of Latin America, ASSAL)和阿根廷国家保险监管机构(Argentine National Insurance Supervisory, SSN)资助。

越多的消费者数据被收集也可能导致有些消费者被排斥在外，这便是使用算法的自动决策程序可能带来的歧视性结果。关键的一点是，在高级数据分析阶段应当有人工介入。其他方面的主要问题是网络安全与数据保护风险。

第一节　数字技术将改变保险的游戏规则

近年来，保险科技，即各种可能改变保险业的新兴技术和创新型业务模式得到快速发展。它们为新公司和新业务模式铺平道路，提高金融普惠性，从而改变保险业格局。

保险科技在全球范围的运用经历了两次高潮。在许多地区，尤其是撒哈拉以南的非洲，移动保险首次为数百万人提供了保险服务。进一步，手机以及其他数字技术正在通过个性化承保，通过新产品或通过与客户更频繁的交流，改变客户体验。保险人与保险科技的倡导者已经开始对流程进行数字化，包括最初的投保到保费收取，再到理赔。这将有利于降低管理成本，使得客户几乎可以通过移动钱包立即收到赔付款项。同时，已经出现了一些新型业务模式，如P2P保险。大数据、另类消费者数据和高级机器学习是全球发展最迅速的创新领域，在不久的将来将极大地改变保险业。

以下是数字技术运用的几个实例。第一，个性化销售的聊天机器人。聊天机器人是用来与用户沟通的计算机程序或人工智能，可用于基本的客户服务。巴西最大的网络小额保险经纪人ToGarantido的数字化销售都是通过聊天机器人完成。聊天机器人可通过高级机器学习不断掌握客户购买需求，并据此编制信息和产品推销。聊天机器人的使用降低了销售成本。

第二，产品比较的智能顾问。许多国家和地区早已建立比价网站，有利于消费者在同一个地方进行产品和价格的比较。然而，消费者应当自己决定哪种产品适合自己，而不需要进一步的建议。智能顾问能够进一步帮助提供自动化的、基于算法的产品比较和建议，基本上能全部或部分取代理财顾问的角色。如果消费者数据使用合理，并且算法设计充分的话，这种新型销售方式有助于客户获得更多的产品。

第三，用于填写索赔文件的聊天应用和社交网络。越来越多的自动理赔程序已经设计出来，类似 WhatsApp、微信和脸书这样的社交平台可用于发送索赔文件的电子版、文档、照片等。安盛保险展示了在不需要表格的情况下如何进行索赔——使用聊天应用程序进行理赔，用移动钱包可快速接收赔款。

第四，用于自动理赔的区块链技术。理赔程序是分布式账本技术在保险业的应用之一。例如，在航空保险中，使用智能合约可以自动生成赔付，不需要进行索赔或核赔。这是从第三方集中数据库直接导出的结果。将保险条款编入智能合约中，在满足相应条件的前提下（如航班延误一定时间）会自动触发赔偿。分布式账本技术能提高透明度，在事故发生后提供更多选择，从而提高合同的确定性，所以能够应用于许多领域。当然，这也不是万能药，因为在有些国家，不能连接到中央数据库。

第五，用于个性化承保的大数据与数据分析。大数据指可从许多数据来源——遥感技术、可能包含定位和联系方式的移动电话、社交网络或互联网等渠道获取的大量数据。企业使用这些数据了解消费者，设计更能适应个体需求的产品，从而精准投放广告。

第六，在保险市场，可使用数据分析定制产品、风险选择、定价、交叉销售、预测理赔和欺诈[1]。然而，随着数据量的激增，数据滥用的情况也越来越严重（见专栏4—1）。虽然许多发展中国家的保险人可能还没有大量使用这些数据，但是很可能在不久的将来使用：全球或地区的科技企业与数字化平台，以及移动网络运营商已经收集了现有客户以及潜在客户的个人信息[2]。

第七，用于自动承保与理赔的人工智能。高级机器学习（通过海量训练集数据进行自我学习的系统）已经被用于理赔中发现异常数据，处理索赔欺诈问题。Arya. ai 是一家专为公司开发人工智能应用的科技公司，他们表示正在研发一种深层学习系统（可自动学习与调节），可用于基于

---

[1] IAIS (2018a).

[2] A2ii (2018a).

数字化信息的自动理赔，基于风险画像与个性化定价的自动承保，通过多渠道推荐并利用人脸与手势匹配验证真伪来"了解你的客户"，从而提升客户定位。

数字技术已经产生了新的业务模式。一是按需保险，指通过定位服务等数字跟踪技术，在特定时间承保特定风险的一种业务模式，在普惠保险市场上只适用于乘坐公共交通工具时的个人意外伤害保险。二是P2P保险，将保险客户聚集在一起分担风险，集中资金，自己管理保险的一种合作模式。尽管这个概念可能过去已有，但是数字技术使得它具有更广阔的应用前景。三是基于使用的保险。这是由汽车保险人引进的一种业务模式，客户只需要按照实际驾驶里程支付保费。里程和驾驶行为可以通过车载通信设备（车联网）或通过手机应用程序进行跟踪。

第二节　新兴数字技术带来的消费者风险

对许多消费者而言，数字驱动的普惠保险产品是他们的首次保险体验。消费者可能对保险的概念不了解，导致他们可能很容易被销售误导。因此，新型数字化产品对保险市场的发展会产生重要影响。

一是人际交往减少。过去消费者对移动保险了解很少。通过功能电话、短信和移动网络运营商进行产品营销存在沟通方面的限制，许多客户不知道他们的保险人是谁，不了解保单条款与条件，不明白怎么索赔（A2ii，2018a）。新技术有望改善客户沟通，提高透明度，但是客户触点减少也意味着让客户理解产品非常重要。

二是金融排斥风险。随着新技术的发展，对消费者数据的收集、存储和使用在过去十年大幅增加。保险科技创新收集新型数据，目的是为了更准确地定价，加深对消费者需求的了解，并能更好地识别欺诈行为。然而，这也带来了一些新的风险：大数据和自动化流程促进了更精细化的定价，这会导致有些客户群体需要交纳更多的保费，甚至得不到保险服务（IAIS，2018a）。截至目前，虽然已经发现了一些风险，但是保险领域的例子还很少。然而，在小额贷款领域，客户数据已经被较多地用于评估信贷风险。① 这使得保险领域未来发生这种风险的可能性增大，未经授权的使用或分享数据也可能导致不公正和歧视。

三是算法透明度下降。算法和自动化决策也可能导致不公正和歧视，公司会说算法做出的预测是无法解释的。有些监管者已经表明他们将不会接受"黑箱"模型，并认为决策过程的透明度非常重要（BaFin，2018）。

论坛上讨论的一个重点话题是，人类介入高级数据分析和人工智能应用的必要性。在这个议题中，人工智能系统的组成及其运行规则是关键。

专栏4—1 数据保护在保险中的作用

大多数消费者都不知道他们的哪些信息被收集了、收集后会被用来做什么，也不太在意知情同意权（或者说，他们根本就没有选择权）。因此，只获得知情同意权并不是保护数据权利的有效方式。数据提供者没有足够动力保障自身数据的隐私权和安全性，那么，显而易见，就需要适当的监管来设定标准，划分责任，明确数据保护的实施机制［更多方法参见世界银行扶贫协商小组（Consultative Group to Assist the Poor, CGAP）］的报告《数据保护与金融普惠：为何说知情同意还不够》与《知情同意以外的数据保护方法》。

尽管保险监管者对数据创新的风险并非是唯一有权监管的机构，但是它们应当保护保险消费者，所以需要关注数据创新带来的挑战。为了促进信息沟通，保险普及化倡议组织（2018b）最近发布了一个关于保险监管者在这个领域的角色的研究。

四是网络安全与数据风险。随着越来越多的消费者数据被收集、存储并被第三方使用，以及高级数据分析技术的广泛使用，网络安全与数

---

① 小额借贷者通过手机收集了大量另类数据，包括定位信息、联系人列表、电话和短信记录、潜在客户与他人的交流方式、跟父母沟通的频率，以及从其他社交媒体获得的其他信息，以便评估其信用风险（CGAP, 2018）。

据保护的问题也变得越来越重要。正如国际保险监督官协会就此话题论述的,"对保险人而言,网络安全事件可能损害公司的业务能力、影响商业数据和个人信息保护,破坏人们对整个行业的信任"[①]。国际保险监督官协会还发表了一篇应用型论文《保险人的网络安全监管》[②]。

---

① IAIS (2016).
② IAIS (2018b).

中 篇

数字时代保护保险消费者权益的监管

第 五 章

国际保险监督官协会的观点[*]

第一节 监管应对

数字化既改变了保险业，也改变了全社会。监管者面对的是"变化环境中变化的目标"。数字化改变了保险产品的设计、市场推广和分销，所以监管者应当监控这些新发展，促使保险业内外的利益相关方（包括云服务供应商、数据供应商等非传统利益相关方）都来保护消费者权益。简言之，新的发展/风险变化要求监管做出相应的反应。下面讨论几个关键的问题。

消费者受到的影响。在数字化世界，对于监管者，最关键的是要了解已有的保险人和保险中介以及新的保险市场参与者（包括保险科技初创企业、大数据技术等）是如何影响消费者的。数字化和数据的使用可能有益于消费者，也可能让消费者受到不公平对待、歧视或者无法获得保险服务。测算与评估这些结果具有挑战性。监管者应当通过检查多方信息来设计其监管行为目标。

专栏5—1 一些国家和地区的情况

1. 澳大利亚

2017年9月，澳大利亚证券投资委员会发布了2017—2018年数据策

---

[*] 编译者注：本章来自国际保险监督官协会发布的探讨型论文"Issues Paper on Increasing Digitalisation in Insurance and its Potential Impact on Consumer Outcomes"（2018年11月）的后一部分。

略,以"连接各方以求更好的监管效果"作为宣传口号,目的是描述对数据、目的及其改善获取、分享并使用数据方法的愿景①。

2. 德国

德国联邦金融监管局(Bundesanstalt für Finanzdienstleistungsaufsicht, BaFin)于 2015 年设立了一个内部项目,其目的是,研究科技初创企业的商业模式及其在市场的表现。这个项目小组通过借鉴银行、保险和证券领域的经验,观察金融科技市场的最新发展,以及评估联邦金融监管局是否需要对数字化领域的新变化而调整监管程序。根据这个项目的研究成果,联邦金融监管局成立了一个创新中心,以便分析和评估即将开始的技术解决方式以及基于这些解决方式的新型商业模式。

此外,创新中心还协调成立了一个由联邦金融监管局内部各领域的人员组成的专家库,请他们根据监管要求来评估创新业务模式。他们的部分代表有来自银行、保险和证券监管机构的专家,也有来自牌照发放和追查无照运营部门的专家。因为综合了持续监督和发证审查方面的经验与专业技能,所以专家们可以对创新业务的模式和程序进行快速评估,无论这些模式是用于一个部门还是多个部门。

3. 加拿大魁北克

金融市场管理局创建了一个金融科技实验室,以加深金融市场管理局对新型业务模式和科技的了解,探索这些科技现在甚至未来可能的应用,并探讨金融市场管理局本身应当如何使用这些科技。

4. 法国

2017 年,法国中央银行建立了一个实验室。作为一个开放讨论与协作的空间,实验室将法兰西银行(又称"法国中央银行",Banque de France)和各家创新项目的发起人——初创企业、金融科技企业、机构参与者、大学等——联系起来,以尝试将新理念和科技应用于机构开展的活动。实验室的研究包括区块链(MADRE 项目)、物联网、人工智能等科技。

---

① http://download.asic.gov.au/media/4479255/asic-data-strategy-2017-20-published-19-september-2017.pdf.

审慎监管局正在开发一种用于监管经营行为的新工具：一个保险领域的创新数据库，可用于保障和监控科技创新、新型服务和承诺；一个带有内置分析工具的网络监听平台，可获取消费者在线上市场不良行为的信息。

2018年3月，审慎监管局成立了一个任务小组专门处理金融领域的人工智能带来的机遇与挑战。任务小组的成员来自银行、保险公司和金融科技公司，也包括数据保护局（Data Protection Authority）等其他机构。任务小组的主要目标之一是在2018年年底前发表一篇研讨论文，总结人工智能在金融领域应用的意义。

5. 英国

2014年，金融行为监管局成立了创新部，旨在鼓励为保护消费者权益进行创新。创新部为使用创新方式来提高消费者服务的公司提供帮助，并帮助公司更好地理解金融行为监管局的规则、程序和指引。创新部使金融行为监管局在预测市场发展趋势和潜在危害方面保持领先地位。

6. 美国

2018年，全美保险监督官协会和美国国家保险监督官（US state insurance supervisors）联合发布了"国家领先"的3年战略规划，通过汇集资源和精力来应对持续不断的挑战。如由消费者行为的急剧变化和巨大科技进步引发的市场风云。为了确保消费者保护跟上市场变化的节奏，它的一个目标是，优化市场数据与监管程序以加强消费者保护。这包括以下内容：重建全美保险监督官协会的市场行为的年度申明（Market Conduct Annual Statement），以及那些使用该申明的数据的应用，作为基于云端的解决措施；使用带有自助功能的商业智能工具；创建企业市场数据策略与分析数据仓库；重建全美保险监督官协会的消费者信息资源（Consumer Information Source，CIS）应用。

此外，美国国家保险监督官还试图了解保险市场上的新型保险产品服务，包括它们对消费者和其他利益相关方的影响。因此，全美保险监督官协会于2017年成立了创新与科技工作小组，帮助保险监管者了解其主要的发展变化，包括初创企业以及成熟的保险业参与者的新产品服务。根据这个工作小组的分工，全美保险监督官协会的大数据工作小组负责评估数据需求，为国家保险监管者合理监控市场，并为评估承保、定价、理赔和营销活动提供必要的工具。评估包括更好地了解现有的数据和工具，对额外的数据和工具提出合理建议。工作小组将根据这个评估提出收集、保存和分析所需的数据方法[①]。

权衡创新和业务关注点。数字化和创新具有巨大的潜能，可以帮助保险人和保险中介打造合规文化，并识别可能会给消费者造成的损害，从而实现更好地保护消费者的目的。然而，如果管理不善，可能造成损害消费者的重大风险。这些风险包括技术缺失、歧视、可及性和支付能力等问题[②]。监管者面临的一个挑战是要设计一种权衡办法，既要促进保险人的创新，又要依据法律和规则来保护消费者的权益。

专栏5—2　一些国家和地区的情况

1. 澳大利亚

证券投资委员会下属创新中心推动澳大利亚的行为监管者支持数字化，并参与金融科技/保险科技公司的管理。

证券投资委员会通过创新中心为保险科技公司提供非正式帮助，主要是在监管义务、总体监管框架以及证券投资委员会相关豁免权的合理选择等方面[③]。

2. 德国

除其他责任之外，联邦金融监管局创新中心还充当着市场现有成熟主体和初创公司的交流平台。它的主要目标之一就是收集和传播知识。联邦金融监管局的网页上设置了一个专用联系表格，公司创始人和金融科技公司可以提交关于商业模式之类的初始咨询或具体问题。虽然"联

[①] https://www.naic.org/state_ahead.htm.

[②] 许多问题都在2018年11月的应用型论文"Use of Digital Technology in Inclusive Insurance"（数字技术在普惠保险中的应用）中有所提及。

[③] http://download.asic.gov.au/media/4479255/asic-data-strategy-2017-20-published-19-september-2017.pdf.

系表格"这个词可能有点老套，但是对提高沟通效率很有用。其决定性因素是，可以快速找到联邦金融监管局——有着 2700 名员工的公立机构的内部负责处理相关商业模式的部门。

3. 法国

2016 年，审慎监管局成立了金融科技创新部，它是初创企业申请牌照的入口。这个部门负责评估金融创新带来的机遇和风险，并对现有监管实践的调整提出适当建议。审慎监管局的证券与市场管理局（Securities & Markets Authority，SMF）来协调行动。2016 年，两者设立了金融科技论坛，以引领金融科技专家就监管进行对话。

4. 加拿大魁北克

2016 年，金融市场管理局成立了一个外部咨询委员会——科技创新咨询委员会（Technological Innovation Committee），该委员会负责协助金融市场管理局识别并分析趋势和问题，以便确保在消费者保护和市场效率之间找到平衡。

5. 瑞士

金融市场监管局（Financial Market Supervisory Authority，FINMA）一直致力于解决金融科技公司的授权和监管的问题。创新趋势与理念需要在一个强有力的监管框架下才能运作良好，而在这个转换过程中，需要保护客户和整个金融系统。

金融市场监管局认为创新是瑞士金融中心的核心竞争力，所以对某些新的商业模式和技术采取本质上属于中性的做法。金融市场监管局检查了条例和通报中的具体规定，发现几乎不存在不利于技术发展的内容。

因为越来越多的金融中介通过互联网和移动设备与客户交流，所以金融市场监管局强化了这方面的监管，以便于客户通过数字化渠道进行登录。根据 2016 年 3 月 18 日正式生效的金融市场监管局的通报，在金融服务数字化以及对科技进行中性监管的背景下，尤其是在视频识别领域，需要对反洗钱尽职调查并要求做出解释。

在正式运营前，金融科技公司应当明确是否已经遵守反洗钱规定与授权要求。

一般而言，如果一个组织给客户的风险和危险提供了保险，这个组织就需要获得经营保险的授权。如果服务是人员之间自愿提供的，没有任何合同约束，那么可以不获得经营保险的授权。

6. 英国

2016年，金融行为监管局设立了沙盒（sandbox）监管，这是一个可在真实环境中和在金融行为监管局的监督和参与下，测试企业创新理念的空间。在沙盒接受测试的企业都应当遵守相关的监管要求，每个测试方案都设置了安全保障和风险缓释工具。沙盒旨在帮助企业以更快的速度和较低的成本在市场中测试他们的理念，同时帮助金融行为监管局了解创新可能带来的机遇和风险。在金融行为监管局沙盒的前4个队列（cohort）中，已经有约90家企业参与，其中包括相当一部分的保险公司。

监管技巧与工具。监管者应当向"数据驱动"和"数字化智能导向"转变。在数字时代监管市场行为中，除需要律师、经济学家、精算师、数学家和数据科学家之外，还需要不同的技能组合。组建跨学科监管团队在数字时代至关重要。监管者不仅要懂得技术和数字，还要了解与数据相关的风险。监管者需要新的技能去识别、监控和评估技术的新应用，了解市场结构与新主体的活动，并了解其对消费者的影响。此外，可以请第三方帮助他们的员工掌握这些知识和技能——如果这样做更有效的话。律师、经济学家、精算师、数学家和数据科学家需要合作才能更好地监管保险市场。从这个意义上讲，监管部门需要重新思考他们应该具备什么样的资格和技能才能"适应未来"。他们将继续在行业内开展人才竞争。

专栏5—3　一些国家和地区的情况

1. 德国

在过去相当长的时间里，信息技术专家已经成为监管团队的一部分。然而，为了更好地应对挑战——特别是由信息技术和网络风险带来的挑战,联邦金融监管局于 2018 年 1 月 1 日成立了一个独立部门,专门负责金融领域的信息技术监督。

2. 加拿大魁北克

金融市场管理局成立了一个专门的金融科技专家工作小组,其包括 60 多个跨职能团队工作的雇员。

3. 法国

随着专门团队/中心的创建,中央银行任命了一个首席数据官,在负责机构数字化变革的同时负责创新实验室。

4. 美国

作为全美保险监督官协会和美国国家保险监督官的"州领先"战略规划的一部分,消费者保护与教育这一主题应当跟上新领域和新技术的发展,并更多地了解保险科技和监管科技的领域。为推进这个目标,一些论坛和活动为州级保险监督官提供了教育和研讨的机会,研讨的内容包括:保险市场的变化,比如创新和技术等;召集了一个自动驾驶的保险论坛,参会人员就与自动驾驶有关的监管问题展开讨论;考虑建立一个网络安全保险研究所。

此外,全美保险监督官协会的创新与技术工作小组还组织探讨保险领域的创新与技术发展的问题,包括保险人和州级保险监督官是如何收集和使用数据以及新产品、服务和分销平台等问题,目的是让州级保险监督官了解这些变化是如何影响消费者保护、隐私、保险人和生产商的监管、市场动态以及基于州级的保险监管框架的。

尤其是,监管者需要认识到数字化是如何损害消费者权益的。例如,监管者在监督数字化领域方面形成自动决策的(自我学习)算法时可能遇到哪些挑战,这对于消费者保险和风险管理均是有问题的。

专栏 5—4 智能理财顾问

智能理财顾问为监管者提供了相关问题上有用的案例分析。因此,最近许多监管者都发布了他们处理智能理财顾问的指引，包括（德国：https：//www.bafin.de/EN/Aufsicht/FinTech/Anlageberatung/anlageberatung_no de_en.html）；澳大利亚（https：//asic.gov.au/regulatory-resources/find-a-document/regulatory-guides/rg-255-providing-digital-financial-product-advice-to-retail-clients/）；荷兰（https：//www.afm.nl/~/profmedia/files/onderwerpen/roboadvies-sav/viewrobo-advice.pdf）；英国金融行为监管局于2016年5月成立了咨询部，为开发自动化新业务或跨行业（含保险业）指引模型的企业提供监管反馈。反馈主要是让企业了解对他们的模式进行监管的内容。金融行为监管局还基于个别企业的经验，为所有开展自动化咨询业务（或指导性咨询）的企业提供工具和资源。

在制定指引的过程中，监管者需要考虑如何测量和验证建议的质量。监管者应当直接监管算法吗？应当监督调控结果——建议本身吗？应当要求保险人和保险中介进行自我审核并提供年度报告证明智能理财顾问提供的建议是恰当的吗？应当要求保险人和保险中介聘请外部专家进行审核吗？

根据实际情况，监管者需要组建专门的团队来研究这些技术问题，包括具有相应知识的信息技术专家。

与非数字化建议一样，监管者会要求保险人和中介采用合适的文档管理办法（包括保留所有版本的计算机程序）管理好相关数据档案。智能顾问需要保存计算机程序、使用的数据以及提供给客户的信息和建议等。

监管部门应当考虑如何拥抱新技术以助力监管，这也被称为监管科技解决方案[1]。

---

[1] 本章中，监督科技（Suptech）是指监管机构使用的技术（或金融科技），合规科技（Regtech）是指被监管的金融机构为合规和报告的目的而使用的技术（或金融技术）。

专栏5—5 德国和英国的情况

1. 德国

2018年上半年，联邦金融监管局、德国伙伴组织（Partnerschaft Deutschland）、Fraunhofer智能分析与信息系统研究所（Fraunhofer Institute for Intelligent Analysis and Information Systems）以及波士顿咨询小组（Boston Consulting Group）联合发布了一个关于大数据和人工智能的报告。[①]

随着关键技术的发展，数据的可及性越来越强，大数据和人工智能领域的准入门槛却越来越低，无论是现有的成熟主体还是新进入市场的主体，都能更加有效地开展工作，开发新的商业模式。然而，随着大数据和人工智能对金融市场的影响和渗透，监管者也面临新的挑战。本章从不同的监管角度阐述了技术驱动的市场发展，目的就是更好地理解这些挑战。

6个方面的观点与意义归纳如下。第一，金融数据创新竞赛已经如火如荼地开展。在金融系统的监管框架外可能造成对大数据和人工智能的系统性依赖。第二，虽然黑箱模型（black-box model）正在蔓延，但是黑箱模型不能妨碍正常的商业组织。第三，大数据和人工智能加速了自动化进程，但是责任主要是在高级管理层。第四，在大数据和人工智能的时代下，"透明客户"不仅仅是一个术语。使用大数据和人工智能是为了客户权益，而不是对抗客户。第五，客户信任是大数据和人工智能创新的催化剂，也是健全的金融系统的稳定器。第六，创新的速度越来越能够检验监管框架的适应性程度。在大数据和人工智能时代，人人机会均等，这意味着创新的速度应当符合灵活监管和技术中性监管。

2. 英国

2017/2018年，行为监管局和荷兰国际集团（ING）、澳大利亚联邦银行（Commonwealth Bank of Australia）以及品诚梅森律师事务所（Pinsent Masons）展开了合作，检验了是否可以使用自然编程语言和人工智能技术解释《金融工具市场指令2》（*Markets in Financial Instruments Directive*

[①] https://www.bafin.de/SharedDocs/Downloads/EN/dl_bdai_studie_en.html.

II）的规则，并自动设置和管理合规的程序。

不同主体。监管者还需要与尚未进入市场的企业打交道。这些企业与一直被监管的现有企业相比，有着不同的实体结构和消费者风险。这些新企业缺乏应对金融服务规则的经验和知识，并且他们基本的合规意识、风险文化和合规能力可能千差万别。这就需要采取积极的策略来为这些新主体提供服务，教育他们了解相关监管问题，并培养适当的合规意识。

资本充足的"大数据科技"平台企业可以进入分销市场。小的、灵活的但资本化缓慢的保险科技初创企业也可以寻求进入保险市场的机会。监管者需要了解这些可能缺乏监管知识和经验的新主体进入市场后带来的问题。

监管合作。在数字时代，金融监管部门之间的合作至关重要。因为数字化创新和风险没有边界，所以不同司法管辖区的监管者应当开展协作。对此，监管者应当跨地区、跨主体边界进行通力合作，认识新趋势并制定和实施新举措。其中包括考虑对消费者保护的影响，以及大量专注于价值链的市场营销、销售和分销终端的解决方案，加强市场行为监管者和审慎、隐私与竞争监管者之间的合作。监管者之间频繁和持续的交流互动非常重要。国际保险监督官协会持续支持和促进类似金融科技论坛这样的研讨活动。

专栏5—6 法国的情况

2018年，审慎监管局和国家信息安全局（Agence nationale de la sécurité des systèmes d'information，ANSSI）签署了一项协议。该局负责应对公私机构的网络安全威胁，尤其是对于关键信息系统，并在系统防御方面协调与政府的合作。

监管套利。监管者还应当认识到，一些新出现的产品类型虽然有保险的功能，但是在法律上并不属于被监管的保险产品范畴。这可能会让产品提供者逃避监管要求。对于消费者而言，如果产品开发方不能履行理赔承诺，那么他们可能无法得到赔偿或保单持有人保障计划的保护。

监管套利可能存在以下两种形式：从司法上，虽然某司法管辖区的消费者可以购买，但是产品不属于该地区监管者的管辖范围；从定义上，产品即使能发挥保险产品的作用，但并不具有保险产品的法律属性。

此外，由于保险产品和非保险产品或服务经常捆绑销售，消费者只能选择买或者不买，由此引发数字化和新技术领域的监管套利。

信息安全。存储、保护和第三方使用顾客数据及其分析结果也是一个需要面对的问题。随着数字化的稳步推进，网络风险和数据保护问题变得愈加重要，在这些问题上与相关部门合作非常重要。

专栏5—7　一个全球性案例

2016年爆发的勒索软件WannaCry和Petya事件反映出网络风险正在逐渐增多。保险人掌握的消费者特定行为数据及其分析结果有很高的价值。尤其是许多保险人为了提高效率、降低成本，通常把数据和分析存到"云端"并与第三方分享，而分享者很多都在海外。云服务更容易引起黑客的攻击。虽然与传统的内部保存方式相比，这些数据大多时候能够得到较好的保护，但是，如果云服务受到攻击，其结果就可能更糟糕，甚至会引发系统性问题。

消费者需要知道，他们的数据及分析都是安全的，没有被破坏或污染，而且他们要清楚地知道哪些人可以使用这些数据。这不仅是对隐私监管者的挑战，也是对金融服务监管者的挑战。

专栏5—8　欧盟和美国的情况

1. 欧盟

欧盟已经修改了其数据保护规则，简化了商业大数据的使用[①]，对数

[①] Information Commissioner's Office, 2017, "Big Data, Artificial Intelligence, Machine Learning and Data Protection".

据保护设置了高标准。2018年5月，随着《通用数据保护条例》（*General Data Protection Regulation*）[①] 的实施，欧盟出台了一系列针对欧盟范围内运行的公司（不管位于哪里）的数据保护规则[②]。

同时，欧盟还致力于加强网络安全监管，以应对与日俱增的网络攻击，并抓住新数字时代提供的机遇。2017年10月，欧洲理事会（European Council）号召采用与欧盟委员会（European Commission）9月推出的一揽子改革相一致的网络安全通用方案[③]。

2. 美国

全美保险监督官协会大数据工作小组的工作内容是，审查现有的监管框架的运行情况。这些监管框架是用来监督保险人及消费者使用非保险数据的。同时，在适当情况下，对一些示范法和/规则提出修订建议，主要包括对市场营销、费率、承保与理赔、数据提供方和中介的监管、对监管报告的监管、对消费者信息披露的监管等。

云计算的使用在保险业越来越普遍，为了驾驭相关风险，监管者越发需要改进这方面的监管框架和监管实践。大多数监管者主要是用现有的框架监管保险人在外包、治理、风险管理、内控和信息安全等方面的云计算活动，还有一些监管者提出了管理"云"的建议与期望。同时，大多数部门已经做好了正式或非正式的沟通安排，不断强化监管程序，以便更好地监控和评估云计算[④]。

云计算引发了一些具体的问题。例如：数据保存在哪个国家，如何核实？谁有权使用数据？有哪些关键控制？会不会存在没有足够多的云服务提供商，造成风险集中的问题？不同保险人的数据都保存在同一个

---

① 欧洲议会和欧盟理事会于2016年4月27日发布的 "The Protection of Natural Persons with Regard to the Processing of Personal Data and on the Free Movement of Such Data"（关于保护自然人的个人信息与数据的自由流动问题）欧盟条例（第2016/679号指令），以及废除指令95/46/EC。

② https://ec.europa.eu/info/law/law-topic/data-protection/reform/what-doesgeneral-data-protection-regulation-gdpr-govern_en#references.

③ http://www.consilium.europa.eu/en/policies.

④ FSI Insights, "Merging Prudential Approaches on Outsourcing to the Cloud: the Case of Insurance Companies".

服务器上，有没有可能发生利益冲突？

还有很重要的一点是，监管者是否能够立即并直接访问保存在云端的数据，就像从保险人或保险中介的自有服务器上获取数据一样。

专栏5—9　德国的情况

联邦金融监管局在其期刊（2018年第4期）上发表了一篇题为"云计算：关于信息权利、审核与监控能力监管的合规要求"的文章[①]。如果是外包给云服务提供商，那么联邦金融监管局就会与云服务提供商和保险人讨论有关外包合同的内容。

已经发布的一份有关保险人IT技术应用监管要求的通报，参见 https：//www. bafin. de/SharedDocs/Downloads/DE/Rundschreiben/dl_rs_1810_vait_va. html。

第二节　结论与建议

数字化创新能够改善客户体验，减少保险人和中介的运营成本。然而，从产品设计、承保和定价、市场推广和分销，到理赔和持续的客户管理过程，数字化也影响了对消费者权益的保护以及消费者被公平对待的程度。因此，在产品设计、市场营销环节都应当考虑消费者权益，包括符合消费者需求的产品、计算程序的设计和使用以及客户数据的使用。

为了适应数字时代、促进创新，监管者应当考虑如何确保创新不会以牺牲保单持有人和整个保险业的诚信为代价。

监管者面临的一个主要挑战是，既要促进保险人的创新，又要依据法律法规来保护消费者权益，需要实现二者的平衡。为促进符合消费者权益的创新，监管者应当充分理解创新的工作机制，以及他们是如何做到合理评估新产品及其商业模式的，理解IT技术的架构、基础设施和流

[①] https：//www. bafin. de/SharedDocs/Veroeffentlichungen/EN/Fachartikel/2018/fa_bj_1804_Cloud_Computing_en. html。

程的设计与功能，还有他们是如何满足保险人对风险管理框架的需求的。

监管者还应当通过开发新工具、新技能去监管数字化的保险人，加强与金融部门及其他部门的合作，维护监管边界，防范监管套利，强化信息安全。

国际保险监督官协会提供了一些资料。监管者应当考虑制定指引，引导保险人合理并负责任地使用新技术，使客户得到公平对待，并通过类似于人工智能和智能理财建议等机制，推出适合消费者且价格合理的咨询和服务。

第 六 章

保险普及化倡议组织的观点*

第一节 概述

消费者数据的使用是全球保险业最快速的创新与变革。事实证明，利用数据可以改善保险排斥的问题，特别是对于发展中国家。然而，数据供应商为消费者数据的收集、存储和使用带来了新兴风险——数据滥用。

数据会影响整个社会，需要全社会做出政策响应才能让数据使用带来积极结果。然而，保险监管者有责任为现有的以及潜在的保险消费者提供积极的结果。实现这个目标的策略和工具应当根据综合立法模式进行调整，同时考虑到保险监管者的权力和保险市场环境。

应当对具体情况做出反应：缘于数据格局的变化以及适应数字时代的需要，监管者们越来越需要维护消费者权益[1]，既要促进数据驱动的创新，又要保护消费者权益。在这个快速变化的时代，监管者应当了解他们所处的环境，确定最有效的监管策略和工具。数据的全球化特征需要

---

* 编译者注：本章内容来自保险普及化倡议组织发布的"Regulating for Responsible Data Innovation: The Role of Insurance Regulators in Dealing with Risks Relating to Consumer Data Protection and Privacy"（2018 年 10 月）的后一部分。作者为 Jeremy Gray、Nichola Beyers、Jana de Waal 和 Mia Tho。作者感谢 Stefanie Zinsmeyer（保险普及化倡议组织）对报告的宝贵贡献；审稿人 David Watts、David Medine（世界银行扶贫协商小组）、Denise Garcia、Denis Cabucos（菲律宾保险监管委员会）、Elias Omondi（肯尼亚保险管理当局）、Natalie Haanwinckel Hurtado（巴西商业保险监管局）和德国联邦金融监督局的有益建议；来自监管机构、专家团体和金融服务提供商的人士对此研究的支持。

[1] 关于经营行为的保险核心原则 19 讨论了保护保单持有人和促进公平的消费者结果的目标（IAIS，2017）。

全球层面协作的学习和监管方法。

监管者的角色是什么？数据风险无处不在，并且很少只影响单个部门。因此，保险监管者——任何其他金融监管者——从来都不是只要求解决这些风险，而是需要基于社会规范做出政策回应。很多国家都成立了专门的数据监管者，处理全社会的数据保护问题。然而，数据相关的风险在保险业可能具有特殊性，这意味着，尽管存在数据监管者，保险监管者也需要关注这些风险。保险监管者的核心任务之一就是，在消费者没有得到数据保护机构的有效保护时，让他们免受数据相关风险的影响。因此，保险监管者需要知道他们有哪些选项，以保证消费者数据不被滥用，也不被排斥在保险之外。

起点是理解消费者面临的风险。保险监管者首先需要理解消费者数据被收集、存储和使用给消费者带来哪些风险。消费者的数据状况处于快速变化中，这意味着监管者需要持续的监控和学习，以识别新的特殊风险，并认识到它们在不同情况下的表现形式。

了解在各种情况下该怎么办。监管者都受到所在国家和地区所采用的数据保护的法律框架的约束。就整体而言，有 3 种常见的立法模式：综合立法模式，即建立一个综合的数据保护监管框架，有时也会成立专门的执法机构，如欧盟和南非；部门立法模式，即由每个部门的监管者负责解决本部门的隐私和数据保护问题，如美国；没有立法，即没有制定专门针对隐私和数据保护的法律，如肯尼亚。

综合立法模式赋予每个监管者或多或少的自主权和责任，让他们在各自负责的部门内监管数据的使用。然而，各监管者仍然需要确定，如何根据特定市场中风险的性质和潜在状况进行监管，以及他们在能力范围内能做些什么。

四种监管策略。保险监管者可以使用四大策略来监管负责任的数据创新[1]（见图6—1）。这些策略决定国家对于数据的监管方法以及为了维

---

[1] 监管者可能涉及多种活动，因此，即使是同一类监管者，监管者积极介入并形成方法的程度也会有所不同。有时候，监管者介于两种模式之间，在有些方面比较主动，而在其他方面则比较被动。然而，对监管者采取的策略进行大致分类具有启发意义。

护消费者权益所需要的介入程度。有些国家和地区的监管者在数据法规生效前会采用混合模式。(1) 新建。在部门立法模式或缺乏隐私和数据保护立法的模式下，监管者的主要责任是，制定部门内部隐私和数据保护方案。因此，监管者可以主动为保险业制定数据监管方法。这可以通过起草并实施新法规或者积极与其他监管者协调来实现。(2) 调整适应。在综合立法模式下，监管者不用制定综合数据法规，但是可以对部门法规给予调整。监管者可以向政策制定者提出保险市场方面的风险及其影响的建议，与数据监管者协同监管以确保保险领域的监管到位。监管者也可以起草并实施专门的保险法规，作为现有数据保护监管的补充。(3) 委托。综合立法模式下的监管者也可以采取积极有效的方式把消费者数据风险的监管委托给数据监管者。如果认为综合监管已经有效处理了保险市场的特有风险，则可采用这种方案。(4) 冒险。在采取部门立法模式或者在没有立法的情况下，监管者可以保持沉默，或者明确表示不制定数据监管方法，这意味着，该部门没有规定采用何种立法方式来保护消费者的隐私和数据。此选项适用于数据相关的风险还没有成为迫在眉睫的威胁的市场的风险。

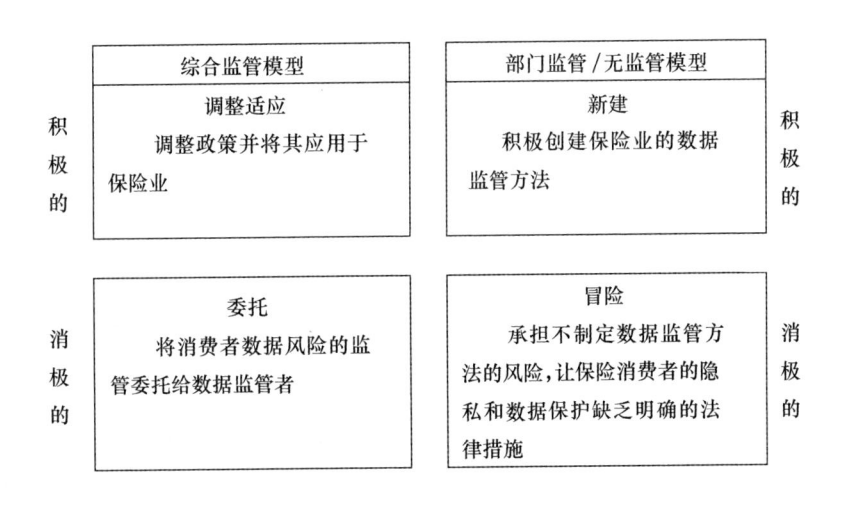

	综合监管模型	部门监管/无监管模型	
积极的	调整适应 调整政策并将其应用于保险业	新建 积极创建保险业的数据监管方法	积极的
消极的	委托 将消费者数据风险的监管委托给数据监管者	冒险 承担不制定数据监管方法的风险，让保险消费者的隐私和数据保护缺乏明确的法律措施	消极的

图6—1 可使用的监管策略

第二节 保险监管者的应对

保险监管者面临保险业因使用消费者数据而产生的风险,而数据保护问题远不限于保险业(或金融业)。从本质上讲,监管者在消费者隐私和数据保护上的应对是在全局性监管框架的引导下进行的,而后者是由政策制定者制定的。政策制定者的决策应当符合更广泛的社会规范。

专栏 6—1 隐私和数据保护的区别

个人数据得到保护的权力来自一般意义上的人类隐私权。隐私被侵犯通常包括(但是不限于)在没有法律许可的情况下房子被搜查、信息被拦截等。在许多国家,隐私权被认为是应当受到《宪法》保护的一项基本人权。数据保护立法有助于保护隐私权。在没有数据保护立法的情况下,也可基于隐私权的法规来保护个人数据。

隐私和数据保护在专业用语方面一直存有争议,不同的司法管辖区有不同的表达方式。例如,在提到信息隐私而不是人权隐私时,有的司法管辖区称之为"数据保护",而有的则称之为"隐私"。因为本章的最终目的不是要剖析这里的细微区别,而是要为保险监管者提供指引,所以使用"隐私和数据保护"这一说法,希望这一说法适用于所有司法管辖区。

保险监管者应当基于规定、市场和监管环境以及现有约束来决定监管方法。保险监管者的挑战在于,确定最合适的方法来应对由消费者数据的收集、存储和使用造成的风险。换句话说,保险监管者的应对措施应当为消费者带来积极的结果——符合规范、适合现有市场环境、在政策制定者确定的综合方法框架内具有可行性。

很显然,不同情况对应着不同的解决方案。没有一种方案可以"放之四海而皆准"。因此,下文将为监管者提供一些指引,以便了解现有的形势以及可采取的措施,表6—1列举了监管者需要考虑的一些关键要素,下面一一介绍。

表6—1　　　　监管者的决策树:保险监管者在处理与数据
相关的消费者风险时要考虑的因素

授权	市场环境	监管环境	实施工具
监管者的权力是什么? 监管者的权力是否包括消费者保护和市场活动? 风险管理的范畴是什么?	数据风险对消费者的影响有多大? 对消费者的负面影响是否已在某一特定的保险领域或经济中出现? 保险人是否已经在收集消费者的数据? 第三方是否在收集消费者的数据?	现有的数据保护监管框架是怎样的? 国家的社会规范怎样? 有哪些跨地区的监管方式? 主导的法律体系是什么?	规范 监督 合作 建议 增强意识 便于投诉 监测 测试和学习

资料来源:本章作者。

一　授权

监管者有哪些权力?监管者的产生及其权力和活动范围通常要依据议会法案来确定。监管者的法定权力决定了他们可以从事的活动类型,以及可以采取的干预措施。没有消费者保护或市场行为授权的监管者也没有权力处理由数据收集、存储和使用而造成的风险。当然,因为大多数监管者都要求考虑消费者保护风险,所以这只适用于少数的保险监管者。因此,即使在数据保护不归保险监管者管辖的情况下(如已经根据综合立法设立了数据监管者),保险监管者也依然有权保护消费者的权益不受由数据等原因造成的影响。本章第三节将介绍监管者在这方面可以使用的一些工具。

印度的保险监管与发展局（Insurance Regulatory and Development Authority，IRDA）等监管者还拥有第 3 种明确的授权——鼓励市场发展（即不限于审慎经营和市场行为目的）。对这些监管者而言，减少与消费者数据收集、存储和使用（见本书第二章第四节）相关的风险是一项明确的法律要求。然而，即使是没有明确的市场发展授权的监管者也应当平衡保护消费者权益与鼓励数据创新之间的关系，从而降低被保险排斥在外的风险。

二 市场环境：评估数据风险的重要性

假设保险监管者有权处理消费者的隐私和数据保护风险，接下来要考虑的问题就是现有的市场环境。市场环境可以表述为保险业的参与者和消费者之间进行互动的环境。了解这些决定因素可以使保险监管者确定他们应当采取何种风险应对措施。构成市场环境的因素，或"需考虑的因素"可以分为 3 点。

第一，本书第二章第四节"一 消费者可能受到的负面影响"中列举的情况是否已经出现。

通常情况下，在消费者受到负面影响的地区，保险监管者需要立即采取行动。给其他行业造成财务损失的数据风险事件一般会很快影响到保险业的消费者。因此，监控其他行业的数据风险事件也可以看作保险业对风险的短期预警制度。2017 年美国记录了 1453 次数据泄露事件，其中很多事件都发生在金融领域（Gemalto，2018）。例如，作为美国三大主要数据报告机构之一的 Equifax 就有 1.43 亿消费者的个人信息被泄露（Gressin，2017）。虽然南非在 2017 年只报道了 7 起数据泄露事件，但是金融服务提供者耆卫保险公司和利宝控股公司（分别在 2017 年和 2018 年）的数据泄露问题说明，南非保险供给者及其客户很可能成为数据相关风险的受害者。

第二，保险人是否已经在收集消费者数据。

保险人已经收集、存储和使用消费者数据的程度是保险监管者需要考虑的市场环境参数。它可以用来评估前述的消费者受到负面影响的可能性，即使这些风险在保险业或经济中尚未广泛出现。尽管消费者受到负面影响的情况大多发生在发达国家，但是发展中国家的保险人也已经在大量收集和使用消费者数据了。例如，基于对发展中国家的15个保险提供者的采访，Hunter等（即将出版）编纂了93个客户数据的使用案例。[①] 他们发现，各种客户数据已经被多种渠道收集并用于保险提供者的创新活动。

第三，即使消费者数据没有被保险业的参与者收集，有没有第三方收集消费者的数据。

即使保险人目前暂未大规模介入数据价值链，第三方收集、分享和使用消费者数据的程度也构成了相关市场环境的影响因素。例如，社会化媒体平台和移动网络运营商（Mobile Network Operator，MNO）具有巨大的市场力量，并已经在新兴市场获得了大量的消费者数据集，这些数据将来也会被保险公司使用。这种市场环境参数可通过分析一个国家人口互联的程度来确定——社交媒体的使用和移动电话、智能手机和互联网的普及等都可分别作为替代项。例如，根据皮尤（Pew）研究中心（2018）所做的2017年春季全球态度调查，使用社交网站的成年人的全球比例的中位数为53%。如图6—2所示，在许多发展中国家，包括阿根廷、土耳其、智利、越南和墨西哥使用社交媒体的成年人比例超过或等于这个中位数。在撒哈拉以南非洲地区的尼日利亚、塞内加尔、加纳、肯尼亚和坦桑尼亚，成人使用社交网站的比例通常低于目前的中位数。然而，据预测，到2025年整个撒哈拉沙漠以南的非洲地区的移动电话深度（占人口百分比）将从2017年的44%上升到52%，移动互联网的深度将从2017年的21%上升到40%（GSMA，2018）。

即使在最新兴的保险市场，也有相当一部分人——包括大部分现有保险用户——已经连接到互联网，并使用社交媒体。这意味着他们的个人信息已经被收集、存储和使用。因此，尽管有的国家和地区还没有出现消费者受到负面影响的情况，但仍建议保险监管者分析数据风险对消费者有多大的影响。最后，了解市场环境将有助于决定行动的紧迫性和

[①] 客户数据被定义为（Hunter等，即将发布）"提供深入了解个别客户或客户群体的特征的数据，包括他们是谁，需要什么以及他们的行为方式等"。

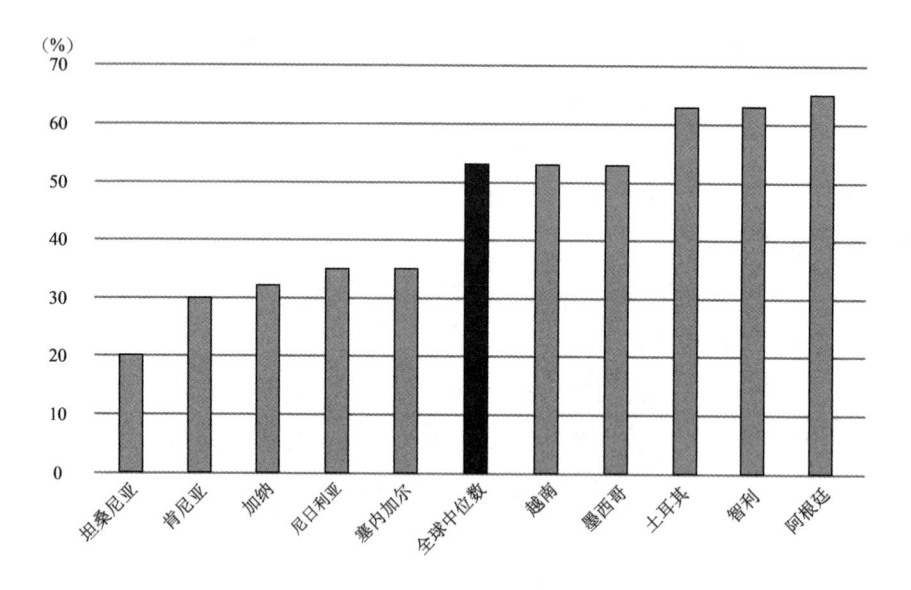

图6—2 社交网站的使用

资料来源：本章作者。

行动的性质，以确保消费者权益不被侵犯。

三 监管环境：综合立法、部门立法或没有数据保护法

消费者受到负面影响的跨部门性质和驱动因素（本书第二章第四节中讨论的）使得监管者的角色复杂化，因为数据保护是由隐私权保护而来的，有更广泛的社会属性①。它会影响一个国家或地区的消费者。然而，因为对数据的规范管理是跨部门适用的，所以它也可以由另一机构监管。在一个需要快速行动的市场环境中，保险监管者还应当考虑，现行的哪些政策是用于保护消费者隐私和数据的。一个国家对消费者隐私和数据保护的现有立法情况决定了保险监管者的责任范围和权力约束，以及用来保护消费者免受数据相关风险影响的有效监管工具。

数据监管的3种模式。数据收集、存储和使用所造成风险的整体应

---

① 个人数据受保护权来源于隐私权。隐私权在许多国家被认为是《宪法》赋予的一项基本人权，通常包括让你避免家庭被搜查以及通信被非法拦截。数据保护立法就是用于落实隐私权的一个方面。在缺乏数据保护立法时，隐私权保护方面的法律提供了一个保护个人数据的工具。

对方法是由政策制定者来决定的。整体上，全球范围内的方法可以分为3种——综合立法、部门立法以及没有适当的立法。保险监管者不大可能去决定采用何种立法模式，但是每个保险监管者都应当了解自身所处的法律体系及其运作方式，因为这将直接决定什么是可行的。下面详细介绍这三种立法模式。

第一，综合立法。该模式包括一个综合式隐私和数据保护框架，涵盖各个部门。该框架作为个人数据保护的单一框架，适用于所有或大多数的层级。它通常采取单一国家数据保护法，从该法律中生成相应的规定，由数据监管者或有关部门执行。在已实施数据保护立法的国家和地区，综合立法是目前最常见的模式。这种模式的一个众所周知的例子是欧盟的《通用数据保护条例》[1]，类似的做法也已经在阿根廷、澳大利亚、墨西哥、摩洛哥等多个国家实施。

综合立法模式的优缺点。综合立法模式的优点包括：适合跨部门机构，因为只受一个数据保护法的监管；容易实现数据保护的统一性和确定性，因为有统一的标准；广泛的应用使得差异最小化。综合立法模式的缺点是：规定可能比较模糊，且过于简单，因为只有一个适合所有部门的统一标准；不一定能解决某一特定部门中的风险，如保险业；在综合立法模式下，消费者的数据风险由数据保护监管者管辖，但是数据保护机构可能还很年轻，甚至根本没有成立。

第二，部门立法。在没有综合式隐私和数据保护框架的情形下，这种立法模式由多个单行法律组成，每个法律适用于特定部门或行业，规范该部门或行业中的数据保护。一个众所周知的例子是美国的部门层面的隐私和数据保护方案。美国的50个州中许多州都有自己的相关法律（见附录1），此外，即使在各州内，各部门也受到不同的隐私和数据保护法律的管理。

部门立法模式的优点和缺点。部门立法模式的主要优点在于更细致，它针对具体部门，可以基于每个部门的特定需求来制定，更能针对该领域的风险。部门立法模式的缺点是：不同部门之间的规定有时会互相矛

---

[1] 2018年5月，欧盟《通用数据保护条例》取代了1995年生效的欧盟《数据保护指令》。不像后者是由每个成员国实行差别化管理，实施《通用数据保护条例》不需要额外的国内法律。

盾，从而造成不确定性；在处理由不同的监管者实施的不同法律时，跨部门运行的机构将面临复杂的问题，容易形成部门立法之间的空白。

第三，无立法。联合国成员国中有21%的国家没有对隐私和数据保护进行立法（UNCTAD，2018）。在非洲和亚洲，这个数字高达60%（UNCTAD，2018）。联合国成员国中，有10%的成员国有相关草案等待实施。在没有任何数据保护法规的地方，至少在综合立法颁布之前，可能就只能由部门监管者负责解决由于收集、存储和使用消费者数据所造成的风险。

社会规范确定数据监管的政策方向。为适应不同国家的特定环境，每一项立法设计及其内容均会有所不同。虽然某一特定的方法可以确保在某个司法管辖区内取得理想的效果，但是这种方法可能不适合其他地区。对于单个部门的监管者（如保险监管者），对消费者隐私和数据保护的综合立法可以看作一个赖以运作的预定情境。然而，关键是要了解监管者所处情境的特点，以及它为什么会发生。专栏6—2详细介绍了不同国家在社会规范方面的差异及其对消费者数据监管的影响。

专栏6—2　社会规范

社会规范因国而异，有成文的和不成文的来源。不同的国家采用不同的社会规范来维护社会秩序。例如，一些地方将社会公民的个人权利摆在首位，而其他地方则强调更广泛的集体权利，对于个人权利则没那么看重。社会规范会随着时间的推移而形成，在很大程度上是由每个个体独特的社会历史决定的。这些规范的来源有很多——有的可能是明确规定（如写进《宪法》）[1]，有的则通过默认的方式（如从历史经验得出[2]）。

因为数据法规的性质和范围由与个人隐私的基本概念相关的社会规

---

[1] 例如，墨西哥《宪法》第6（A）（ii）条明确规定了私人和个人数据受保护的权利，确认了隐私在墨西哥社会规范中的重要性。

[2] 例如，德国政府已经多年没有进行人口普查了，这归因于公众对1987年举行的上一次人口普查的反应（Zensus，2011；Spiegel Online，2011）：市民们走上街头表达对隐私的担忧，一些人甚至抵制这项调查。这发生在20世纪80年代初的一起诉讼之后不久，该诉讼涉及隐私问题，最终导致1983年的人口普查计划被取消。对隐私的关心可能源于德国的历史，因为在纳粹时期，一些人口普查数据被用来对付犹太人（Cohn，2013）。

范直接决定，所以社会规范直接决定了如何规范隐私和数据保护。因此，新规应当与社会规范一致。

不同社会的一些关键区别包括他们对以下问题的意见和看法：个体与集体的权利、自由主义与家长主义、隐私权的水平应用与垂直应用。虽然这些意识形态不一定相互排斥，但是仍然有必要明确一个国家的社会规范的范畴，以便确定数据保护监管的范围和重点。下面就其中一些关键区别进行详细说明。

第一，个体与集体的权利。不同的社会对个人权利和集体权利的侧重程度不同。区别可能引起争议，而双方的立场各有长短，因此，应当通过社会的力量来平衡个人与集体的权利。集体权利（collective rights），是指由整个集体而不是由组成该集体的个体成员所拥有的权利；而个体权利是指由个体自己拥有的权利。欧盟和美国相对而言更强调个体权利；中国则更强调集体权利，认为个体将直接受益于集体权利。这方面的差异可能具体表现在数据监管方式以及数据价值链中哪些部分受到更严格的监管上。

第二，自由主义与家长主义。自由主义提倡国家对其公民的生活进行最低程度的干预，而家长主义则鼓励国家为了维护公民的利益而干预公民的生活。美国是自由主义的例子，政府非常注重公民的自由。相反，欧盟则采用家长主义的做法——通过积极介入欧盟公民的生活来保护他们。看一个国家将隐私权变成消极权利还是积极权利，能帮助判断该国是自由主义的还是家长主义的。消极权利是指政府放弃干预权，而积极权利则要求政府采取明确的行动以确保公民充分享有。

第三，隐私权的水平应用与垂直应用。垂直应用是指，应用隐私权时个体利益优先于其所在机构（通常指公司，但是也可能指政府）。垂直应用是保护那些实力弱的主体免受实力更强的主体的剥削。然而，垂直应用只提供基本的或有限的保护。水平应用适用于个体之间的隐私权。它通常与垂直应用一起来使用，以便给个体提供全面的保护——换句话说，既可免于被机构侵犯隐私，又可免于被其他个人侵犯隐私。

重要的是，一个社会实施的任何数据监管都应当符合现有的社会规范。因此，社会规范确定了该社会可实施的数据监管的性质和范围，即使并不确定其规则的具体内容。另有两个因素与消费者的隐私和数据保护的监管有关,因此,它们对整体监管环境也有积极意义。

第一,跨辖区监管。在跨国层面,区域法规和贸易协定对当地的数据保护方式和隐私监管有直接影响。随着《通用数据保护条例》的正式生效,欧盟通过了域外应用的规定,设置了全球数据保护的标准。换句话说,无论该数据处理者在何处,《通用数据保护条例》的规则都适用于欧盟公民数据的处理[1]。言下之意是,所有国家都应当考虑到当地的做法与《通用数据保护条例》的一致性。

贸易集团的要求可能会(也可能不会)包含明确的数据保护的规定,国家则被迫加强数据保护措施以减轻其贸易伙伴对隐私问题的担心。这对严重依赖贸易的小国家和/或发展中国家尤为重要。为了说明这一点,科特迪瓦只允许数据流出到有隐私和数据保护法规管辖的地区,为使用消费者数据服务。相反,2017年,卢旺达通过全国数据改革政策(National Data Revolution Policy),其实施的数据主权原则要求在卢旺达收集的所有用户数据都要在本地保存。

第二,国内法律体系。每个国家的整体法律体系——不管是习惯法还是成文法——对消费者的隐私和数据保护的监管都会造成影响。习惯法的法律体系最重要的一点是,法律可以通过判例结果来制定。这不同于成文法体系,要通过立法的正式修订来反映新的立场或发展。巴基斯坦就是一个通过多年来的判例结果形成隐私权内容的一个国家,他们并没有要求对监管做出明确的改变。虽然巴基斯坦目前还没有直接的数据保护立法,不过,隐私权已被写进了巴基斯坦《宪法》第14(1)条,多年前法院在这方面已有判决先例[2]。

---

[1] 根据《通用数据保护条例》第4(8)条的规定,处理器是指,代表控制器的处理个人数据的自然人或法人、公共机构、代理人或其他机构。

[2] 1996年,在Benazir Bhutto诉巴基斯坦联邦一案中,最高法院认为,普遍存在的对法官、政客、军人和政府官员之间的通信进行监管的做法是非法的,应当要得到最高法院法官的授权才能进行。2004年,拉合尔(Lahore)高等法院在M. D. Tahir诉巴基斯坦国家银行董事的案例中指出,在没有不当行为指控的情况下收集身份证号码和银行账户持有人的其他信息是非法行为,支持了金融隐私权。法院越来越认识到隐私的重要性,并通过判例的形式发展《宪法》赋予的权利(Hosein, 2011)。

第三节 实施工具

保险监管者的主要目的是，避免由于消费者数据的收集、存储和使用而给消费者造成负面影响。

在综合立法模式下，数据监管者将在实现这些目标方面发挥重要作用。但是，保险监管者也应当确保保险业内部妥善处理数据风险，在解决综合框架下的监管漏洞问题方面发挥重要的补充作用。在部门立法模式或没有明确立法模式的情况下，监管者有责任使用合适的工具来实现这些目标。目前，有两种互补的监管方式来实现这些目标：直接避免消费者受到负面影响以及解决风险成因。

第一，直接避免消费者受到负面影响。针对市场行为结果（如"公平待客"）的监管策略，旨在从根本上改变供应方对待消费者的方式有助于改善消费者结果。例如，南非的"公平待客"准则详细说明了6种情形下的顾客结果，规定了"被监管的金融企业"（包括金融咨询公司）在每个阶段（包括从产品的设计和营销，到咨询，以及销售和售后环节）对待客户的方式（FSCA，2018）。与南非一样，"公平待客"在英国被认为是"企业文化不可或缺的一部分"（FSA，2007）。将这些原则性要求应用到数据风险环境中并不意味着打算处理风险成因（例如，限制数据收集），而是要让供应方以最符合消费者利益的方式来操作。这种模式赋予监管者广泛的权力，可以追究那些不遵守这些要求的企业的责任，包括在数据的收集、存储或使用过程中损害消费者的行为。但是，这些要求并不都是特别针对数据保护的，所以它们并不提供如何保护消费者数据的具体指导或规则。其导致的结果是，与那些专门的数据保护监管相比，这种模式很难对那些不保护消费者数据的企业进行认定和制裁。

第二，解决风险成因。此外，监管者也可考虑采取措施控制风险成因[①]发生的可能性和影响，并相应地限制对消费者的负面结果。这样的规定更容易追究那些造成数据风险或未能有效防止数据风险影响消费者的企业的责任。

[①] 见本书第二章第四节"一 消费者可能受到的负面影响"中的"（二）风险成因"。

专栏 6—3 中的表 6—2 总结了解决风险成因的监管措施的几个案例。这种预防性监管目前主要是由数据监管者实施的。在综合立法模式中，保险监管者应当考虑现有的数据保护法是否实现了有效覆盖，或是否还需额外的考虑。在部门立法模式或者没有明确模式的情况下，保险监管者可以将这些监管措施应用于特定部门。专栏 6—3 有一些实例可供参考借鉴。本节接下来的内容为监管者提供了处理与消费者隐私和数据保护相关风险的工具。

专栏 6—3　预防风险成因

表 6—2　　　　　　　　　对风险成因的监管措施

风险成因	描述	监管措施	举例
数据治理和控制不到位	整个数据价值链缺乏积极限制负面消费者结果的文化和策略，包括缺乏协议或协议不完善（如消费者数据的存储方式）	个人数据的授权加密	欧盟（《通用数据保护条例》）
		明确违约责任	阿根廷
错误	消费者数据无意中失真或不准确	应当允许个人更正错误数据	加拿大
		校正机制	澳大利亚
非自愿或不知情同意	消费者不同意其数据被收集，或者不完全了解收集数据的意义	自愿同意	乌克兰
		知情同意	以色列
未经授权的分享和使用	消费者数据的收集、转移、存储或使用超出或不符合收集的目的	数据收集最小化	欧盟（《通用数据保护条例》）
		规定存储时间	安哥拉
		区分个人信息和敏感信息	欧盟（《通用数据保护条例》）
数据泄露	在涉及与欺诈或其他犯罪相关的活动中，未经授权的情况下收集、转移、存储或使用消费者数据，或消费者的数据"消失"了（如由机械或电源故障、物理损坏、恶意软件、病毒、人为错误或盗窃等原因造成）	要求告知数据泄露事件	墨西哥

资料来源：本章作者。

第一，数据治理和控制不到位。通过设置加密以及对违反最低安全要求的数据控制人员[1]追责等监管手段，可以解决控制不足的风险成因问题。

欧盟《通用数据保护条例》要求对个人资料进行加密[2]。《通用数据保护条例》第32条要求处理器采取适当的安全措施——考虑到实施的成本、性质和执行的范围，以及个人的权利可能受到严重影响的可能性。实施措施应当确保安全等级与风险水平相匹配，其中一项措施就是个人数据的加密。

阿根廷《个人数据保护法》明确规定了数据泄露事件的法律责任。根据《个人数据保护法》[3]，数据受让方和转让方都要承担违反数据保护义务的责任。[欧华律师事务所（DLA Piper），2017]。

第二，错误。解决数据失真的问题，不仅要关注数据收集的环节，同时还应当具备可应消费者要求更正错误信息的机制。

在加拿大和澳大利亚，个人有权纠正组织所存储的个人数据中的错误信息。加拿大《隐私法》第12条要求组织应当确保保存的个人信息的准确性。此外，个人有权访问自己的信息（少数情况除外）并纠正个人信息记录中的错误。同样，在澳大利亚《联邦隐私法》[4]所包含的13条隐私原则中，最后一条要求组织提供个人访问权，允许个人访问自己的信息，并纠正不准确的、过时的或不相关的信息，除非有特殊情况的限制。

第三，非自愿或不知情的同意。通过要求知情同意书使用简单明了、通俗易懂的语言，可以让消费者表达知情和自愿的同意，解决因不知情和/或非法的同意而造成负面的消费者结果。

---

[1] 《通用数据保护条例》的第4条（7）对控制人员的定义为"单独或与其他人共同确定个人数据的用途与处理方式的代理或其他机构"。参见 http://na.gov.pk/uploads/documents/1333523681_951.pdf。

[2] 加密是一个包含"将平实的文本数据转化为随机和无意义的内容（密文）的过程"。如果保险人采用弱加密算法，消费者数据可能容易受到暴力破解攻击。

[3] http://unpan1.un.org/intradoc/groups/public/documents/un-dpadm/unpan044147.pdf。

[4] http://laws-lois.justice.gc.ca/PDF/P-21.pdf。

乌克兰《个人数据保护法》要求组织在使用数据之前先征得个人明确和基于自愿的同意。《个人数据保护法》① 要求，使用个人数据须事先征得个人同意。根据第 2 条的规定，"同意"是指意志的自愿表达，通过书面或其他方式允许其个人数据被用于确定的用途，这样才算获得了同意。

在以色列，同意应当在"知情"的情况下做出，如有新的数据用途应当重新获得同意。根据《隐私保护法》②，经数据当事人同意，允许收集和使用个人数据。同意应当针对特定目的，数据的使用应当与该目的一致。如果用途发生变化，应当重新取得同意［欧华律师事务所（DLA Piper），2017］。

第四，未经授权的分享和使用。通过区分个人普通的和敏感的数据，要求仅为特定用途收集尽量少的数据并且仅用于该用途，与此同时，通过限制数据存储的时间等方式，解决因未经授权的数据分享与使用造成的负面消费者后果。

《通用数据保护条例》定义了不同类型的数据，每种数据都有一定的限制。《通用数据保护条例》第 9 条广泛界定了个人数据的"特殊类型"，即敏感个人信息。这种区分考虑了侵犯个人隐私的严重性，所以这种数据的处理要遵守更严格的要求。

《通用数据保护条例》还要求为实现预期目标而收集最少的数据。《通用数据保护条例》第 5 条规定了"数据最小化原则"要求，个人数据的收集和处理应当相关并且只限于达到目的所必需的内容。

在安哥拉，所收集的数据只能在实现预期目的所需的最短时间内储存。《数据保护法》强制要求，数据处理仅限于其被收集的目的，存储时间不能超过实现该目的所需的时间［欧华律师事务所（DLA Piper），2017］。

第五，数据泄露。要求发送数据泄露通报并不会减轻与数据泄露相关的负面消费者后果的可能性，但是数据当事人有机会采取适当的行动来捍卫自己的权利，从而降低数据泄露造成的影响。

---

① https：//www.legislation.gov.au/Details/C2018C00292.
② http：//www.legislationline.org/download/action/download/id/5569/file/Ukraine_law_protection_perso‐nal_data_2011_en.pdf.

在墨西哥，数据泄露事件应当立即报告给数据当事人。联邦法律《私人拥有的个人数据保护法》① 规定，数据泄露事件应当由控制人员及时报告给数据当事人，以便其采取必要的措施。泄露通报应当至少包含以下信息：泄露的性质；被泄露的个人数据；为数据当事人保护自己的权益提出建议；立即采取纠正措施；以及数据当事人获得进一步信息的途径 [欧华律师事务所（DLA Piper），2017]。

第三，选择适当的实施工具。监管者需要考虑与其授权范围相一致的消费者后果，然后选择一种实施策略，从而在市场和监管环境中实现这些目标。例如，监管者需要考虑是否存在阻止这些目标实现的立法漏洞，是否还存在没有有效处理的其他消费者风险等。本节描述了监管者可用于实现这些消费者后果的工具。

在隐私和数据保护的三大立法模式中，从各种模式的现实情况看，不同的保险监管者各自有一套可行的实施工具。监管并不是实现减少消费者总体风险这一目标的唯一工具。表6—3 基于对监管者的采访，总结了监管者在不同隐私和数据保护立法模式下所采用的监管工具和非监管工具。即使将同一工具应用于两种不同的模式，其在设计和应用方面也会有不同的考量。不同的立法模式会导致监管者采用不同的设计和实践做法。接下来本节将详细介绍这几种立法模式。

表6—3　　　　　不同立法模式下监管者可采用的监管工具

实施工具类型	实施工具	综合立法	部门立法	无监管
规范	起草新的或修订现行条例	√	√	√
监督	（重新）解释现有的法规	√	√	√
	强制遵守一般法规	√		
	通过许可证更新和产品批准实施数据保护规定		√	√
合作	让数据监管者调整综合监管	√		
	与全球监管者合作	√	√	√

---

① http：//unpan1.un.org/intradoc/groups/public/documents/UN－DPADM/UNPAN041914.pdf.

续表

实施工具类型	实施工具	综合立法	部门立法	无监管
建议	为政策制定者提供建议	√	√	√
	发布部门规章和指引	√	√	√
增强意识	提高认识，提供数据相关风险及应对措施的培训	√	√	√
便于投诉	为消费者数据风险问题提供投诉渠道	√	√	√
监测	对市场中新出现的以及现有的消费者数据风险的程度、严重性和紧迫性进行监测	√	√	√
测试和学习	采用测试和学习方法（如监管沙盒）	√	√	√

资料来源：本章作者。

一 综合模式

如果一个国家对数据保护采用综合立法模式，那么保险监管者首先应当了解，现有的数据保护法律是否覆盖了保险业的一些风险（或没有得到妥善处理）。如果是，那么监管者可以选择一系列可行的工具来实现其监管目标。现有的选项包括以下几项。

第一，规范。保险监管者可以为辖区内的保险主体起草新的、单独的指引或条例，直接解决综合式立法模式下的监管漏洞。特别需要考虑的是，保险监管者要确保新规定与数据保护综合立法不冲突。因此，与数据监管者的沟通与协调非常重要。

第二，监督。保险监管者可通过自身权力做到以下两点。一是在现有法律中增加对特定部门的解释，以解决综合式立法模式下具体部门存在的漏洞。这个工具可能是通过规范来解决风险因素的最快、最简单的选择。然而，至关重要的是，一定要与该部门进行充分沟通，发布明确的指引。德国的监管框架包括被监管主体的治理体系[1]、风险管理[2]和IT系统[3]。例如，德国的金融业监管者——联邦金融监管局可以在监督滥用

---

[1] 《德国保险监管法》（简称"VAG"）第23节。
[2] 《德国保险监管法》第26节第258条，欧盟《授权法》（简称"DVO"）（2015/35号令）。
[3] 欧盟《授权法》（DVO）第258条第h和j款。

控制框架内采取一定的措施,制裁涉及数据保护系统性违规的保险人(Missstandsaufsicht)①。联邦金融监管局(2018)还强调,使用自动化流程并不能免除数据提供商的高管对其结果和流程的责任,并且这些流程应当"纳入一个高效、合适和正确的商业组织中"。

因此,公司不得使用"黑箱借口"——换句话说,他们有责任确保第三方专家能够理解"基于大数据和人工智能(BDAI)②的决策"(BaFin, 2018)。专栏6—4详细介绍了联邦金融监管局在监管企业方面的作用。

专栏6—4　联邦金融监管局对监管实体的战略思考③

对要求监管审批使用大数据和人工智能(Big Data Artificial Intelligence, BDAI)模型的对象明确前提条件。对于需要获得监管批准使用大数据和人工智能模型的,应当由监管部门逐项批准。除个别情况之外,可以问是否所有大数据和人工智能方法都同样适合于那些需要监管批准的模型,是否还有其他的方法。此外,还需要检查现有数据和模型透明度是否足够,以及是否有额外的要求。

二是保险监管者可以帮助数据监管者实施数据监管。与数据监管者合作,使监管执行更有效也有助于保险监管者实现消费者保护目标。保险监管者也需要掌握必要的技能。

第三,合作。保险监管者的一个重要职能是,通过与本地以及全球的监管者合作,分享专业知识。(1)保险监管者可以直接与数据监管者分享保险专业知识,帮助数据监管者有效规范特定部门的风险及其成因。此功能取决于数据监管者有制定规则的权力,还是仅有单纯的调查权。如果数据监管者的任务是纯粹的合规调查,那么此选项就可能无效。但是,如果数据监管者的任务包括制定规则,那么保险监管者可以与数据

---

① 《德国保险监管法》第298节。
② 大数据和人工智能。
③ 联邦金融监管局(2018)。

监管者合作，并协助其制定现有框架内特定部门的相关规定。鉴于保险特有的知识和技能，保险监管者可以在监管规定起草过程中充当技术顾问的角色。澳大利亚就是这样操作的，维多利亚地区的数据监管者已经制定并实施了特定部门的规则，在适当的时候可以代替《联邦隐私法》的隐私原则。同样，菲律宾保险监管委员会与国家隐私委员会也在合作推进隐私和数据保护工作，即使两个监管者之间没有正式的规则或协议。(2) 保险监管者的第二个重要合作对象是全球保险监管者。通过这种合作，保险监管者能够更好地识别市场中新出现的风险，并通过与不同监管环境下的监管者分享经验，了解哪种实施工具最有效。此外，参与到制定全球保险数据隐私监管的标准或指引中，能够促进特定部门的要求反映在通用的标准或指引之中。例如，国际保险监督官协会设立了一个金融科技论坛（FinTech），以供监管专家们交换思想和经验（Dixon，2018）。

第四，建议。保险监管者有责任对政策制定者和有关部门提出建议。(1) 保险监管者具备特有的保险知识、技能和对市场的看法，可以在政策制定过程中提出重要建议。在综合立法模式下，可以通过这种方式找出综合立法框架存在的漏洞，并在立法起草和/或修订过程中充当技术顾问的角色。此外，相对于监管者，政策制定者可以使用更多的工具——尤其是财务工具。对于有些情况，使用补贴或其他财务激励可能是解决负面消费者后果的最有效方法。在英国，先进的洪水地图数据分析意味着，位于洪泛平原的房主会被保险人认为风险过高而无法获得任何形式的家庭保险。当政策制定者过问此事后，便设立了洪水再保险公司。这是一家由政府资助的再保险公司，所有保险公司都可以为其洪水保单购买有补贴的再保险，以确保所有的消费者都能够获得洪水保险（Ho 等，2018；洪水再保险公司，2018）。(2) 保险监管者可以通过为被许可方提供合规培训和建议的方式来保护消费者权益。通过让被许可方遵守综合式数据法律，保险监管者可以确保保险方面的风险得到化解。此外，建议被许可方合规经营，如开发合规工具包等，可以缓解供应商的合规负担，提高他们继续使用数据的能力，从而减少保险排斥的风险。监管者也可以鼓励部门成员探讨并采用其他的服务方式，如"采用传统的金融服务和/或不太需要个人数据的服务方式",避免让消费者"感到被迫提供个人数据,或确实被迫提供个人数据"(BaFin,2018)。

第五,增强意识。对于越来越多由数据收集、存储和使用而造成的风险,增强保险人和消费者的意识,可以帮助他们更好地了解将出现的风险。一方面,这会鼓励保险人采取措施减少风险;另一方面,这会让消费者提高警觉,明确谁有权访问他们的数据,以及允许他们用数据做什么。例如,德国的联邦金融监管局将消费者教育作为消费者保护职责的一部分。

第六,便于投诉。大多数国家和地区的新兴数据监管者并没有建立完善的消费者投诉和申诉机制。保险监管者可以鼓励消费者通过现有的投诉机制进行投诉,而不是简单地把数据相关的投诉交给数据监管者。这不仅为消费者提供了一个额外的求助渠道,也有助于监管者监控部门出现的数据风险。例如,如果综合式数据法律未覆盖的风险反复出现,那么保险监管者就知道他们应当采取行动来解决这些问题。

第七,监测。持续监测市场正在发生的风险和未来可能发生的风险是保险监管者的一项重要职责。这是与政策制定者和数据监管者建立合作关系、熟悉监管工具的前提条件。例如,墨西哥全国保险和债券委员会(Comisión Nacional de Seguros y Fianzas,CNSF)提出,他们正在监测市场中数据风险的发展与影响,包括开展这些风险的相关研究,并考虑和借鉴其他国家和地区的法规。投诉监测是一种传统的风险监测机制,但是新的风险监测机制也在不断出现。例如,金融行为监管局会进行社交媒体情感分析,以便在正式的投诉发生前就能识别出新的消费者风险和问题(Ho 等,2018)。

第八,测试和学习。保险监管者可以考虑对其管辖范围内的持牌机构实施监管沙盒①。这是一个数据收集方面的创新做法。它过去只是在有适当安全保障的情况下在市场上临时使用,让监管者能够密切监测相关风险,并将信息反馈给政策制定者和数据监管者,或识别出需要监管者

---

① 为了满足测试和学习的需要,临时制定的监管处理方法往往只能暂时减少或放弃现有的对创新者的监管要求,而实施定制化的保障措施可限制风险的规模。

实施额外措施的特定部门的风险漏洞。消费者数据空间的创新可能需要与数据监管者密切协调与合作，以便沙盒能有效运行。例如，新加坡金融管理局（Monetary Authority of Singapore，MAS）实施的监管沙盒"将使金融机构以及金融科技公司尝试提供创新的金融产品或服务，但是应当在一个确定的空间和时间内进行"（MAS，2018）。新加坡金融管理局的重点是创新数据的使用——正因为如此，它已经设计了具体的数据沙盒来鼓励这一做法。

二　部门监管模式

在部门监管模式下，保险监管者负责保护保险消费者的隐私和数据。鉴于保险监管者还没有相关行动，不受现行的大数据保护原则约束，可以考虑借鉴全球通行的重要隐私和数据保护的原则，当然也应当接受本章专栏6—2中列出的社会规范的约束。因为保险监管者的目标不同，所以他们可能采取不同于综合数据监管者的策略去监管消费者的隐私和数据保护事宜。保险监管者的目的是监管保险业普遍出现的风险，而数据监管者希望尽可能覆盖所有情况和环境。这样，后者的监管就会大而化之。在部门监管模式下，保险监管者可选择实施的策略有如下几种。

第一，规范。因为还没有现成的部门数据监管，所以保险监管者有责任监管本部门的数据风险，明确处理这些风险实际上是部门监管模式的一个前提条件。这可以通过起草新的规则或修订现有规则来实现。这一策略的关键点是，要与其他金融监管者协调，确保金融领域各种数据监管的一致性。例如，全美保险监督官协会就起草了新的监管规则——《数据安全示范法》（完成于2017年10月），专注于保险业的消费者隐私和数据保护。南卡罗来纳州已经采用了《数据安全示范法》，罗得岛州、佛蒙特州等表示已经将其列入立法日程。

现有的法规，如市场行为或公平待客，也可以进行修订并纳入隐私和数据保护条款。这一选择需要保险监管者具有相当的能力和资源。这一工具的成功应用——特别是这些条例的实施将取决于保险监管者是否可以获得的资源。

第二，监督。保险监管者可通过其强制力做到以下两个方面。(1) 将特定部门的解释用到现有的法律中。这个工具可能是通过监管来解决风险成因的最快和最简单的方式，但是在缺乏长远的隐私和数据保护监管的情况下，它可能只是暂时的而不是最终的解决方案。与其他金融监管者的协调是确保一致性的关键。消费者保护规则也可以理解为包括保护消费者免受数据相关风险的影响。(2) 通过牌照更新和产品批准的方式来实施数据保护规则。在没有现成数据监管的情况下，保险监管者可在更新牌照和批准产品之时提出一些数据保护方面的要求。这需要对各部门进行明确的指导，以确保其透明度。

第三，合作。与其他部门的监管者以及全球数据监管者的合作可以帮助保险监管者有效调整监管方式和实施工具。监管者参与国际论坛有助于增加数据相关问题的知识，了解其他监管者是如何处理这些问题的，以便汲取经验教训，并将其应用到监管者自己的辖区。它也是一个信号机制，让保险市场参与者了解监管者正在积极考虑这些问题。

第四，建议。保险监管者在为政策制定者和部门提供建议方面发挥着关键作用。虽然在部门监管模式下，保险监管者有责任监管保险业内的消费者数据风险，但是政策制定者仍然应当秉持整体社会目标和规范，确保不同部门应用的一致性。因此，保险监管者有必要向政策制定者提出意见和建议，了解政策立场。一旦保险监管者起草新的法规，或修订现有规定，他们必须与部门沟通，以对其合规性提供清晰透明的指导。

第五，便于投诉。有效的投诉机制能让保险监管者认识到本部门里没有妥善解决的风险。此外，如果针对保险业的法律尚未实施，那么监管者就会知道什么风险更普遍，什么风险应当由部门法律来解决。

第六，测试和学习。鉴于部门监管模式的性质，保险监管者可以考虑对其管辖范围内的从业者实施监管沙盒。这将使得数据收集和使用方面的创新能够通过合适的保护措施暂时应用于市场。这也将使监管者密切留意所涉及的风险，并改进其策略。创新通常涉及多个国家和地区，这意味着，即使在部门监管模式下，保险监管者也很可能需要与其他监管者合作，以确保沙盒向更多的参与者开放，从而真正鼓励负责任的创新。

三 没有立法

如果没有综合性立法，且监管者也没有明确的部门监管框架，那么保险监管者可能需要考虑，现行的消费者保护框架在其市场背景下是否足够，以及是否需要在监管中引入隐私和数据保护的要求。引入隐私和数据保护要求的目的是保护消费者权益，并获得消费者的信任，这是消费者隐私和数据保护法起草过程中的一项过渡性措施。而且，缺乏明确的规则和监管指导会给服务供应者带来监管的不确定性，从而增加运营成本，影响其承保能力，进而带来消费者排斥。

由于资源限制，保险监管者在执行这些隐私和数据保护规则时很可能趋于保守，并将其作为一项临时性措施加以实施。然而，重要的是，监管者要积极主动地保护其部门的消费者免受重大风险的影响。可供选择的方案与部门监管模式下的保险监管类似，必须特别考虑尚未实施或可能实施的监管，以确保一致性。有如下几种可选用的方案。

第一，规范。在这种方案下，制定或修订应对数据风险的法规需要考虑的一个关键问题是：部门法规是否与正在讨论的现行法律不一致。例如，在巴西《个人数据保护法》（13.709/2018）实施前，巴西保险监管者——商业保险监管局（Superintendência de Seguros Privados，SUSEP）颁布了一项临时性法规——《商业保险委员会决议》297/13 号，以应对保险市场普遍存在的数据风险，而当时国会还在讨论综合数据隐私法（SUSEP，2013；Mondaq，2013）。在缺乏明确监管保护的情况下，消费者很脆弱，考虑到保险监管者应当保护消费者权益，所以不能忽视潜在的不利后果。肯尼亚的保险监管局（Insurance Regulatory Authority，IRA）正在修订并重新解释现有的市场行为准则，以保障消费者在数据风险方面的权益。修正案明确提出，要将尚未确定的数据监管法规纳入考虑，以确保在法规正式生效时，监管要求与其保持一致。

第二，监督。保险监管者可以运用其执法权重新诠释现行规章。如果没有必要起草新规定，这可能是一个更快、更简单的选项，但是应向部门提供非常明确的解释指引。保险监管者应当尽量与未来可能实施的数据法规保持一致。

第三，合作。与其他部门的监管者以及全球数据监管者合作可以帮助保险监管者有效调整监管方式和实施工具。参与国际论坛有助于提升对数据相关问题的认识，并了解其他监管者是如何处理这些问题的，以便汲取经验教训，进而将其应用于自己的辖区。国际论坛也是一种信号机制，让保险市场参与者知道监管者正在积极考虑这些问题。例如，全球金融创新网络（Global Financial Innovation Network，GFIN）已于2018年8月7日宣布成立。该机构由12家全球金融监管者组成，将"寻求为创新型企业提供与监管者互动的更有效方式，帮助他们在不同国家扩展他们的新理念。这也将为金融服务监管者分享创新方面的经验和方法提供新的合作框架"（FCA，2018）。

第四，建议。与部门监管模式类似，保险监管者在为政策制定者和部门提供建议方面发挥着关键作用。在没有对消费者隐私和数据保护立法的环境下，保险监管者有义务向政策制定者通报风险的表现，向他们提出建议，并及时反馈社会政策的进展情况，完善正在审议的法规。一旦保险监管者起草新的法规，或修订现有法规，他们就必须与部门进行交流，以对其合法性提供清晰透明的指导。

第五，增强意识。对于越来越多的数据收集、存储和使用所造成的风险，增强保险人和消费者的意识将使他们更好地了解即将出现的风险。一方面，它将鼓励保险人采取措施减少风险，另一方面，它会让消费者提高警觉，明确谁有权访问自己的数据，以及可以用自己的数据做什么。

第六，便于投诉。一个有效的投诉机制可以让保险监管者知道哪些数据相关的风险是最迫切需要解决的。

第七，监测。对市场正在经历的风险以及未来可能出现的风险进行持续监测是保险监管者的重要职责。这是与政策制定者建立合作关系、了解政策实施工具的前提条件。

第八，测试和学习。利用监管沙盒或类似的"测试和学习"工具比通过其他工具能够更快捷、更灵活地检验创新的效果。最重要的是，在这种方案下，由于缺乏现成的法规，沙盒使得监管者既能够了解收集和使用消费者数据造成的风险，同时也仍能够维持适当程度的安全保障。

专栏6—5　对数据密集型金融服务使用数据的应对措施[①]

针对缺乏现成的综合数据保护立法的情况，Rothe 等（2018）给金融业的政策制定者、监管者和其他从事影响数据密集型服务业数据使用的政策和法规的制定机构提出了6项建议。这6项建议的提出旨在开展关于数据保护和数据密集型金融服务的讨论，并支持有关法规的起草和实施。

1. 表明自己在数据保护方面的领导地位

首先，明确金融当局在更广泛的监管框架内的数据保护职能。由于数据的跨部门性质以及不同金融领域的细微差别，政策制定者在支持更广泛的法规时，应当优先关注自身部门。在制定监管政策时，应当考虑保护隐私和数据与促进创新之间的平衡。培养处理金融机构和客户隐私和数据的市场技能。政府当局应当以身作则，尊重隐私和数据。

2. 协同维护数字时代的隐私

与收集数据的其他公共机构合作以确保做法的一致性。部门合作可以促进规模经济和公平的竞争环境，在促进公平竞争的同时也降低了成本。在监管条例形成之前的协商也有利于促进合规性。受影响的主体因在法规的形成过程中都被征询了意见，所以更能自愿遵守法规。

3. 强化数据意识

客户通常意识不到数据的风险。政策制定者应当提升对数据风险的认识，并要求金融服务提供者以及处理数据的所有工作人员也意识到数据风险。

4. 让消费者获得他们数据的主权

消费者需要知悉他们的什么数据被收集以及收集的目的是什么。这是解决消费者与金融服务提供者之间信息不对称的需要。金融服务提供者在消费者知情同意的情况下，才能将他们的数据用于指定之外的其他用途。消费者也应当能够更改他们的资料，这可以确保数据的正确性，并使得消费者受益。一旦金融服务提供者的目的实现，客户数据应予以删除。

[①] Rothe 等（2018）。

5. 让供应商负责

自动化决策应当是可解释的，这可以防止禁止性歧视。应当要求供应商保留说明数据来源和用途的文档。不能根据未被采信的标准对消费者进行歧视对待，同时注意到经济成本由更广泛的客户群来承担。应当要求使用自动化决策的供应商和利益相关方进行风险评估。

6. 实现安全的数据存储

安全的数据存储是隐私和数据保护的基础。它包括数据访问程序、硬件和软件要求、服务器的物理安全性等。对第三方的数据访问也应当提出类似的安全要求。

第四节 保险监管者的其他考虑

本章之前的内容概述了监管者在实际情境下可采用的监管实施方案。然而，这些实施工具的有效性仍然取决于监管者的能力和有效协调的水平以及供应商和消费者的认识水平。

一是能力和学习。保险监管者的能力决定了他们在隐私和数据保护方面的监管执行力。规则的起草者应当权衡，是设计能力要求很高、严格而复杂的监管规则，还是设计简单的、能力要求不高且便于充分监管的规则。制定隐私和数据保护的法规需要具备新的知识和技能来了解风险及其表现。这可能需要另外招聘新人或培养新技能，并加强跨学科的监管团队建设（IAIS，2018a）。例如，新加坡金融管理局就特别注重招募数据科学家，并调派员工到部门从业者、外国监管者和跨国组织中去，帮助员工跟上最新的创新步伐。为了匹配风险，促进与有关各方的信息交流，监管者还可以寻求与保险科技企业和研究机构之间建立合作关系，并通过同行学习平台建立合作关系。类似的例子还有国际保险监督官协会的金融科技论坛和全球金融创新网络等全球信息交流平台，它们促进了监管者之间的交流。

数据环境的不断变化还要求监管部门制定详细的方法，学习并提升监管保险市场的能力，以促进积极的消费者后果。

二是协调。数据有效地延展了保险价值链，引入了新的市场参与者，同时也需要与新的监管者进行有效的协调,并与政策制定者积极沟通。部门监管模式至少需要一定程度的多部门监管者之间的协调,以确保隐私和数据保护法律有某种程度的连贯性,而且,对于在众多领域运作的机构,法律是统一的。在综合监管模式下,保险监管者和数据监管者之间的协调很重要。保险监管者拥有保险领域的专业技术,而数据监管者拥有数据领域的专业技术,在监管设计和实施过程中,这些专业技术都是必需的。

三是意识。保险提供方和消费者的沟通非常重要,有利于提升对潜在风险的意识以及作为负责任的市场参与者和保险消费者做出最好的回应。让消费者学会自我保护是取得积极的消费者结果的重要基础。

第五节　保险监管者的可用策略

全面实施策略:监管者基于期望结果与约束条件做出决策。正如本章前文所述,保险监管者应当在现有的环境下运作。现有立法模式是由政策制定者决定的,这个框架决定了保险监管者能否实施某些策略来达到自己的目标,是否有权选择如何干预处理收集、存储和使用消费者数据方面的风险。这将取决于监管者的授权、市场环境及其风险处理能力。

保险监管者可采用四种策略去监管负责任的数据创新[①]。本章图6—1中列举的方法都是基于国家数据监管方法以及保险监管者要求的参与程度而做出的。

专栏6—6　"新建"策略的举例

1. 肯尼亚

在缺乏隐私和数据保护立法框架的情况下,保险监管局修订了法规以处理消费者的数据相关风险。实施工具包括:规范,保险监管局正在

[①] 监管者会参与许多活动,因此,监管者主动参与并影响监管方式的程度会有所差异,在同一类别里可能还可细分。有时候,监管者可能处于几种类别之间,在某些方面属于主动型,而在其他方面属于被动型。不过,这些分类也是对监管者总的监管方式分类的一个探索。

修订并重新解释现有的市场行为准则,以保障消费者的数据风险。修正案明确提出,应当考虑即将实施的数据法规,以确保在法案生效时的一致性。此外,根据与利益相关方的访谈,保险监管局也在考虑与全球监管准则进行协调。

2. 美国

美国采用部门监管模式。为解决保险业隐私和数据保护问题,全美保险监督官协会起草了新的法规。实施工具包括:规范,全美保险监督官协会在2017年10月起草完成了《数据安全示范法》,旨在解决保险领域的消费者隐私和数据保护问题。南卡罗来纳州已经采用了《示范法》,罗得岛州、佛蒙特州等表示正在将其纳入立法日程。《示范法》规定了监管者的权力[①]。

第一,新建。对于采用部门立法模式或没有综合隐私和数据保护立法的监管者,其主要责任是,制定部门内部的隐私和数据保护方法。因此,监管者可以主动为保险业制定数据监管方法,可以通过起草并实施新法规或者积极主动地与其他监管者协调来实现。

第二,调整适应。在综合立法模式下,监管者不用制定综合式数据立法,但是他们可以在部门范围内采用调整和适应的立法模式。可以与数据监管者合作,就保险市场的风险及其结果向政策制定者提出建议,以确保保险监管到位。监管者也可以起草并实施专门的保险法规,作为现有数据保护监管的补充。

专栏6—7 "调整适应"策略的例子

1. 南非

金融业行为监管局采用"定制"策略,积极参与数据风险监管,尤其是在2013年《个人信息保护法》的各项规定实施前的过渡期中,在实施要求方面发挥了积极作用。金融行为监管局使用了一些工具来补充现

[①] 有关这些国家的更详细的案例研究请参考本章第六节。

有的综合性框架，并打算在正式框架建立后与数据监管者合作。实施工具包括：规范金融业行为监管局颁布各种规则和有关隐私和数据保护的法规，如，财务咨询及中介服务（Financial Advisory and Intermediary Services，FAIS）行为，其要求在披露信息之前征求消费者的知情同意；《保单持有人保护法》，有关集团或伙伴关系之间数据分享方面的规则将于2020年年初实施；公平待客原则，要求保险提供者优先考虑积极的消费者后果；2017年金融业监管法建立的"双峰"体系规定了集团内部如何分享信息，但是这是由审慎监管机构——南非储备银行监管的。协调：在数据监管正式实施前，金融业行为监管局有一个单位可以对诸如《个人信息保护法》发表意见。一旦正式实施，该单位将与数据监管者密切合作。

2. 菲律宾

菲律宾保险监管委员会采用"定制"监管策略，利用监管工具来强化现有的综合性法律框架，并积极与国家隐私委员会协调，以促进隐私和数据保护。实施工具举例如下：规范：保险监管委员会发布了一些指引，扩展了国家隐私和数据保护法规的范畴，特别将保险人纳入监管范围。协调：虽然两个监管者之间没有正式的规则或协议，但是保险委员会在促进隐私和数据保护方面与国家隐私委员会协调配合[①]。

第三，委托。在综合立法模式下，保险监管者也可以采取积极有效的方式将消费者数据风险的监管委托给数据监管者。如果认为综合监管已经有效处理了保险市场的特有风险，则可采用这种方案。

专栏6—8　"委托"策略举例

墨西哥

全国保险和债券委员会采取"委托"策略，目前正在考虑将联邦法律《私人拥有的个人信息保护法》应用于保险业，以便有效处理保险业

---

① 有关这些国家案例研究的更多详情，请参阅本章第六节。

风险。实施工具举例如下：监控，全国保险和债券委员会正在监测其市场上数据风险的程度和影响，其中包括开展对风险的研究，并考虑研究和借鉴其他国家和地区实施的法规。[①]

第四，冒险。在采取部门立法模式或者没有立法的背景下，监管者可以保持沉默，或者做出不制定数据监管方法的明确决定，这将意味着，该部门没有消费者隐私和数据保护的法律。此选项适用于数据方面的风险并不紧迫的市场。

不管采取什么策略，持续的风险监控仍然很重要。所有的保险监管者都应当确保对市场上现有的或可能发生的风险进行有效监控。不管是适应现有的方案还是根据需要调整策略，了解消费者风险及其成因均是至关重要的。例如，运用"新建"策略的监管者应当持续监控，适应和调整工具以便对风险做出最佳应对。以外，采用"冒险"策略的监管者也应当持续监控以确定现有的策略是否合适。一旦数据相关风险越来越突出，并且对市场造成影响，监管者就需要重新考虑其方案。

国际保险监督官协会（2018a）强调，监管者需要做到"数据驱动"和"数字化智能导向"。监管者需要了解现有的保险人和中介以及保险科技初创企业和大科技公司等新的市场参与者的市场行为及其对消费者的影响。这就要求监管者认真检查来自多个渠道的信息，并要求监管者加大科技投资，以便有效监控其市场行为和结果。

市场的快速变化要求向同行学习、全球协作和持续研究。在发展中国家，互联程度的快速提高意味着，消费者的数据量也在呈指数级增长。与此同时，新科技意味着，这些数据信息可能被用在创新领域。对于监管者，有效应对变革与创新带来的问题是一项挑战。全球范围的协作以及同行交流有助于加快这一学习过程，尤其是发展中市场可以向发达市场学习。然而，一个市场的有效做法在另一个市场不一定管用。因此，非常有必要对这些问题和风险进行持续研究，以确保监管者制定的应对措施既能吸收全球经验，也能适应某一特定环境。

[①] 有关这些国家案例研究的更多详情，请参阅本章第六节。

第六节 国别案例研究

本节介绍了 6 个国家的保险监管者在消费者隐私和数据保护方面的策略。本节内容依照本章第二节介绍的决策树结构展开。每个案例研究讨论一个国家监管者的权力、市场环境、监管环境和实施工具。选择的这些案例都是为了说明不同的市场环境（包括发达国家和发展中国家）、不同的监管框架（3 种立法模式）下具有一系列不同实施工具的监管策略。案例研究中的信息来源于各监管者、法律制度分析和二手调查资料。

（一）澳大利亚：澳大利亚信息专员（Australian Information Commissioner，OAIC）

第一，权力。澳大利亚采用"双峰"监管模式，所以没有独立的保险监管者。澳大利亚审慎监管局（Australian Prudential Regulation Authority，APRA）具有审慎监督的权力，而澳大利亚证券投资委员会（Australian Securities and Investments Commission，ASIC）也有市场行为和消费者保护方面的权力，包括保险业（ASIC，2018；APRA，2018）。

在隐私和数据保护方面，澳大利亚各州都有自己的隐私和数据保护法律。不过，信息专员仍然具有较大的权力，包括：进行调查；审查决定；处理投诉；监测；向公众、政府机构和企业提供咨询意见；颁布与废除准则；向部长提出修改法律的建议。

第二，市场环境。2017 年，澳大利亚记录了 40 起数据泄露事件（Gemalto，2018）。此外，据透露，2018 年澳大利亚最大的银行——联邦银行——丢失了 1980 万用户的财务记录（Collet，2018）。数字互联程度的攀升导致数据更可能被泄露。例如，2017 年，澳大利亚的全球移动参与指数（Global Mobile Engagement Index，GMEI）[①] 得分为 4.5（GSMA 智

[①] GMEI（全球移动参与指数），Measures the Level of Engagement of Smartphone and Non-smartphone Users across a Wide Array of Use Cases and Services（衡量智能手机和非智能手机用户在一般性使用案例和服务方面的参与程度）（GSMA 智库，2017）。评分结合使用和频率；分数越高说明消费者越经常使用移动服务（GSMA 智库，2017）。

库，2017）。2016 年，每百人有 110.1 部注册的移动电话（世界银行，2018）。2017 年，澳大利亚 88.5% 的家庭有互联网接入，86% 的家庭有计算机（ITU，2017）。2017 年，每 10 人中将近 9 人（88%）有一个社交媒体账号，91% 的社交媒体用户使用脸书，可见脸书是最流行的平台（Sensis，2018）。

第三，监管环境。澳大利亚采用综合立法模式，依据的是 1988 年的联邦《隐私法》和《澳大利亚隐私原则》（*Australian Privacy Principles*）。尽管人权保护并没有被明确写入澳大利亚的《宪法》，但澳大利亚强调个人权利。澳大利亚属于习惯法系国家。

第四，实施策略。澳大利亚证券投资委员会采用"委托"策略，主要是将数据风险的监管委托给信息专员。然而，信息专员的目标是创造一个空间，使得证券投资委员逐渐采取"调整适应"策略。实施工具包括如下：协作，信息专员的目标是创设一个空间，为不同行业制定独特和有针对性的数据相关法规。因此，法规制定工作是由数据监管者而非金融监管者驱动的，提供建议的方式也是在信息专员而不是金融监管者的支持下对具体部门展开的。

（二）德国：联邦金融监管局

第一，权力。联邦金融监管局是德国金融部门的监管者，负责监管银行、保险公司（不包括保险中介）和其他金融机构。保护金融服务业的各类消费者是联邦金融监管局的核心任务之一，它的权力有延伸性，包括基于原则进行监管和调查。

第二，市场环境。德国发生过一些风险事件，例如，2017 年有一起数据泄露事件（Gemalto，2018）。未来，数字互联程度的提高会导致数据更可能被泄露。例如，2017 年，德国的全球移动参与指数得分为 3.9（GSMA 智库，2017）。2016 年，每百人有 126.3 部注册的移动电话（世界银行，2018）。2017 年，德国 90.8% 的家庭有互联网接入，91.4% 的家庭有计算机（ITU，2017）。2017 年，德国 33% 的人至少每周登录一次脸书，21% 的人每天都登录（ARD/ZDF，2017）。

第三，监管环境。德国采用综合立法模式，因为德国遵循的是欧盟的《通用数据保护条例》。在社会规范方面，德国非常重视个人权利，隐私权于 1949 年被作为一项基本权利被写入《宪法》第 10 条。德国属于成文法系国家。

第四，实施策略。鉴于联邦金融监管局是在综合监管模式下运作的，有权处理保险领域的具体数据保护问题。因此，从这个意义上讲，联邦金融监管局采用的是"调整适应"策略。联邦金融监管局通过大数据人工智能报告，积极参与金融业关于在金融监管框架范围内使用大数据的潜在收益和风险的讨论。监管工具举例如下。

规范：除综合式数据法律之外，还有相关的数据保护要求。监管框架包括监管主体的治理体系①、风险管理②和 IT 系统③。当发生涉及保险人的数据保护方面的系统性违规事件时，联邦金融监管局可以在其监管框架内采取措施制裁有关保险人（Missstandsaufsicht）④。

在私营保险业，平等相待的原则对实施保费返还的寿险、替代性健康保险、护理险和意外险⑤以及相互保险公司⑥都有法律要求。此外，《通用平等待遇法》（*General Equal Treatment Act*）第 19 节和第 20 节还对私营保险业基于宗教、残疾、年龄或性别身份等方面的差别待遇进行了限制，只限于按照认可的风险充足性计算原则产生的区别对待，即运用统计调查的方式进行风险精算评估（保护私营保险业免受随意性歧视）。

监督：联邦金融监管局支持联邦数据保护和信息自由的专员（Federal Commissioner for Data Protection and Freedom of Information，BfDI）的工作。联邦金融监管局（2018）也强调，使用自动化程序并不会转移数据提供方的高层管理者对其结果和过程的个人责任，这些程序还应当"嵌入有效的、适当的企业组织中"。因此，企业不得使用"黑箱借口"——

---

① 《德国保险监管法》（VAG）第 23 节。
② 《德国保险监管法》第 26 节，欧盟《授权法》（DVO）（第 2015/35 指令）第 258 条。
③ 欧盟《授权法》（DVO）第 258 条第 h 和 j 款。
④ 《德国保险监管法》第 298 条。
⑤ 《保险监督法》第 138 节第 2 条、第 146 节第 2 条、第 147 节、第 148 节和第 161 节第 1 条。
⑥ 《德国保险监管法》（VAG）第 177 节第 1 条。

换句话说，企业有责任确保"基于大数据和人工智能的决策"能够让第三方专家理解（联邦金融监管局，2018）。

建议：联邦金融监管局通过其创新中心协助企业遵守《通用数据保护条例》以及其他监管法规。

（三）肯尼亚：保险监管局

第一，权力。保险监管局有权保护消费者权益并促进市场发展（IRA，2018）。

第二，市场环境。2017年肯尼亚记录了2起数据泄露事件（Gemalto，2018）。同一年，反对党总统候选人Raila Odinga还声称"选举委员会的信息系统被黑客攻击，选举结果被操纵"（BBC，2017）。2017年，肯尼亚的全球移动参与指数得分为1.5（GSMA智库，2017）。2016年，每百人有80.4部注册的移动电话（世界银行，2018）。2017年，肯尼亚90.8%的家庭有互联网接入，14.8%的家庭有计算机（ITU，2017）。2016年，肯尼亚有530万个脸书的月活跃用户，约等于总人口的11%（Shapshak，2016；世界银行，2018）。

第三，监管环境。目前，肯尼亚还没有制定数据保护法规。但是，《数据保护法》（*Data Protection Bill*）于2015年被提交到了议会，并于2018年6月正式出版，供社会参考。在社会规范和国内法律制度方面，肯尼亚《宪法》第31条明确规定了保护隐私权，肯尼亚属于习惯法系国家。

第四，实施策略。保险监管局采取"创建"策略。因为缺乏数据和隐私保护的立法框架，所以保险监管局修订了法规，以处理与消费者数据相关的风险。监管工具举例如下：规范，保险监管局正在修订和重新解释现行的市场行为准则，以确保消费者的数据权益得到切实保障。修正案明确提出要将实施的数据监管规则纳入考虑，以确保在法案正式生效时的一致性。此外，根据与利益相关方的访谈，保险监管局也在考虑与全球监管准则进行协调的必要性。

（四）墨西哥：全国保险和债券委员会

第一，权力。全国保险和债券委员会负责监管保险和担保债券市场，促进这两个部门的发展。全国保险和债券委员会还负责监管这两个部门，以确保所有的公司都会遵守国家监管框架（CNSF，2018）。

在隐私和数据保护方面，数据监管者是联邦信息获取和数据保护研究所（Instituto Federal de Acceso a la Información y Protección de Datos，IFAI），其任务包括：确保遵守数据保护法；实施数据保护；核实与制裁；对个人数据保护进行分析。

第二，市场环境。墨西哥发生过一些风险事件——2017年记录了27起数据泄露事件（Gemalto，2018）。2017年，墨西哥的全球移动参与指数得分为2.1（GSMA智库，2017）。2016年，每百人有87.6部注册的移动电话（世界银行，2018）。2017年，墨西哥47%的家庭有互联网接入，45.6%的家庭有计算机（ITU，2017）。

第三，监管环境。墨西哥采用综合立法模式，依据的是联邦法律《私人拥有的个人数据保护法》（Federal Law on the Protection of Personal Data Held by Private Parties）。墨西哥《宪法》（2010）第6条规定，个人不仅有隐私权，还有权根据联邦法规定的条款访问、修改、反对或要求删除个人数据。墨西哥采用成文法系。此外，由于美国和加拿大是《北美自由贸易协定》（North American Free Trade Agreement，NAFTA）的主要贸易伙伴，墨西哥的政策制定者和监管者面临着与美国和加拿大的法律相协调的压力。

第四，实施策略。在法定授权的基础上，全国保险和债券委员会采取"委托"策略，考虑联邦层面的《私人拥有的个人数据保护法》，以有效应对保险业的风险。监管工具举例如下：监控，全国保险和债券委员会监测其市场上数据风险的蔓延与影响，其中包括对所涉及风险的研究，并考虑其他司法管辖区实施的法规。

（五）南非：金融业行为监管局（Financial Sector Conduct Authority，FSCA）

第一，权力。南非实行"双峰"监管模式，所以没有独立的保险监管者。南非储备银行（South African Reserve Bank，SARB）具有审慎监管权，而金融业行为监管局有权对包含保险业在内的金融业的市场行为和消费者保护进行监管。

隐私和数据保护。信息监管者（Information Regulator）负责南非的数据监管，不过，该机构尚未投入运行。在正式运行后，其将主要负责：开展个人信息保护与处理方面的教育；监测并执行《个人信息保护法》的有关规定；协调各方并充当调解人；接受、调查和努力解决投诉；印发执行通告和行为守则；以及促进跨境合作。

第二，市场环境。2017年南非记录了7起数据泄露事件（Gemalto，2018）。2017年，南非的全球移动参与指数得分为2.3（GSMA智库，2017）。2016年，每百人有147部注册的移动电话（世界银行，2018）。2017年，南非53%的家庭有互联网接入，24%的家庭有计算机（ITU，2017）。

第三，监管环境。南非采用基于《个人信息保护法》的综合立法模式。隐私权被认为是一项基本人权，并与其他许多人权一起被写入南非《宪法》的"权利法案"（*Bill of Rights*）。南非属于习惯法系国家。

第四，实施策略。金融业行为监管局采用的"调整适应"策略在数据风险监管中起到了非常积极的作用，特别是在《个人信息保护法》各项规定正式实施前的过渡期。金融业行为监管局采用了一些监管工具，以补充现有的综合立法框架，并打算一旦数据监管者正式确定，就积极与之协调。监管工具举例如下：（1）监督：金融业行为监管局印发了有关隐私和数据保护的各种规章制度，包括：《财务咨询和中介服务法》（*Financial Advisory and Intermediary Services*，FAIS）的行为要求——信息公开之前需要获得同意；投保人保护规则——关于集团或合作伙伴之间的数据分享，将于2020年年初实施；公平待客原则——要求保险机构优先考虑积极的消费者后果；以及根据2017年的《金融业监管法》（该法确立了"双峰"体系）规定集团内部信息分享的要求，然而这是由审慎管理局——南非储备银行进行监控的。（2）协调：金融业行为监管局下设一个部门，负责在《个人信息保护法》等法律正式实施之前进行相关讨论。一旦完成正式立法，该部门将积极与数据监管者进行协调。

（六）菲律宾：保险委员会（Insurance Commission，IC）

第一，权力。保险委员会负责监管保险以及健康维护组织（Health Maintenance Organization，HMO）行业，其目标包括建立健全全国保险市场，同时保障投保人的权益。保险委员会的延伸职权包括保险政策和规章制度的颁布与实施，对持牌机构的营业方式进行检查，以及对保险合同相关索赔和投诉的裁决。

对于隐私和数据保护，由成立于2016年的国家隐私委员会（National Privacy Commission，NPC）依据2012年的《数据隐私法》（Data Privacy Act）的规定进行，并监督和确保其与国际数据保护标准相一致。2016年，国家隐私委员会在其权力范围内颁布了《数据隐私法》实施细则和监管条例。

第二，市场环境。2017年菲律宾记录了1起数据泄露事件（Gemalto，2018）。2017年，菲律宾的全球移动参与指数得分为2.2（GSMA智库，2017）。2016年，每百人有109.4部注册的移动电话（世界银行，2018）。2017年，菲律宾39.1%的家庭有互联网接入，34%的家庭有计算机（ITU，2017）。

第三，监管环境。菲律宾根据2012年实施的《数据隐私法》进行综合监管。在社会规范方面，隐私被视为一项基本权利，不仅明确写入《数据隐私法》，而且《宪法》（第3节第3条）也隐含表达了对个人通信隐私的保护。菲律宾的法律体系是一个混合体，但主要是成文法系。

第四，实施策略。保险委员会采用"调整适应"的策略，利用监管工具加强现有综合立法框架，并积极与国家隐私委员会协调以促进隐私和数据保护。监管工具举例如下：（1）规范，保险委员会印发指引，扩展国家数据和隐私保护法规的范畴；（2）协调，虽然两个监管者之间并没有正式的规则或协议，但是保险委员会和国家隐私委员会在促进隐私和数据保护方面充分协调。

（七）美国：全美保险监督官协会（National Association of Insurance Commissioners，NAIC）

第一，权力。全美保险监督官协会是美国制定标准和支持监管的组织。它由来自50个州、哥伦比亚特区和5个美国领地的首席保险监督官管理，确保各州的标准相对一致。各保险监督官的主要任务是保护消费者权益，包括监管保险公司的偿付能力、给代理人和经纪人授权、评估市场行为、解决消费者投诉、调查和起诉保险欺诈等。

第二，市场环境。2017年，美国记录了1453起数据泄露事件，其中许多发生在金融业（Gemalto，2018）。例如，美国三大信用报告机构之一的 Equifax 公司就发生了一起数据泄露事件，1.43 亿的消费者个人信息遭到泄露（Gressin，2017）。美国的保险机构也是数据泄露的主要实体，例如在 2015 年，美国 Anthem 健康保险公司就遭受了一次重大网络安全危机，影响到 7880 万条消费记录（美国加利福尼亚州保险办公室，2017）。更重要的是，美国的数字互联程度非常高，使得此类事件几乎必然发生。2017 年，美国的全球移动参与指数排名世界第 3 位，得分为 4.7（GSMA 智库，2017）。2016 年，每百人有 122.9 部注册的移动电话（世界银行，2018）。2017 年，美国 84% 的家庭有互联网接入，87% 的家庭有计算机（ITU，2017）。2018 年 1 月，美国 68% 的成年人使用过脸书，与 2016 年 4 月的比例相当（Gramlich，2018）。

第三，监管环境。美国普遍实行的是部门立法，没有专门的数据监管者。美国趋向于注重个人权利，自由主义的做法，正如《独立宣言》（1776）提出的"人人生而平等……有若干不可剥夺的权利，其中包括生命权、自由权和追求幸福的权利"以及"……当任何形式的政府破坏这些目标时，人民便有权力改变或废除它"。鉴于美国采用习惯法系，正在进行的侵权案件（包括 Equifax 的信息泄露案）将成为量化数据泄露责任的判例。

州议会负责起草保险业监管规则。每个州的保险监督官根据该州的州情进行保险立法工作，但是个别保险监督官可以以其全美保险监督官协会成员身份来推进保险业数据保护监管。此外，1999 年的《Gramm-Leach-Bliley 法》（也被称为《金融现代化法》），也适用于保险公司，要求保险公司告知客户他们的个人信息是如何被分享和保护的。

第四，实施策略。全美保险监督官协会一直采取"新建"的策略。根据部门立法的模式，全美保险监督官协会起草了新法规，以解决保险业隐私和数据保护问题。监管工具举例如下：规范，全美保险监督官协会在 2017 年 10 月完成了《数据安全示范法》的起草工作，其中涉及保险业消费者隐私和数据保护。南卡罗来纳州已经采用了《数据安全示范法》，罗得岛州、佛蒙特州等表示会将其纳入立法体系中。《数据安全示范法》规定了监管者的执行权和处罚权。

附　录

附录 6—1　　本章引用的法律列表

司法管辖区	法律名称	年份
安哥拉	数据保护法	2011
阿根廷	个人数据保护法	2000
澳大利亚	宪法	1900
	联邦隐私法	1988
	澳大利亚隐私原则	2014
加拿大	隐私法	1985
欧盟	通用数据保护条例	2016
法国	公共卫生准则	2018
德国	宪法	1949
	通用平等待遇法	2006
	保险监管法	2000
以色列	隐私保护法	1981
墨西哥	宪法	1917
	私人拥有的个人数据保护法（联邦法）	2010
	私人拥有的个人数据保护法（联邦法）的运行条例	2011
摩洛哥	数据保护法	2009
菲律宾	宪法	1986
	数据隐私法	2012
卢旺达	数据革命政策	2017
南非	宪法	1996
	个人信息保护法	2013
	金融业监管法	2017
乌克兰	个人数据保护法	2010
英国	大宪章	1215
美国	独立宣言	1776
	Gramm-Leach-Bliley 法	1999
	全美保险监督官协会数据安全示范法	2017

第 七 章

欧洲保险业的观点[*]

第一节 已有的法规

尽管还没有关于大数据的专门监管规则，但是在欧盟层面已经有很多相关的、适用的规则。

欧盟《通用数据保护条例》（*The EU General Data Protection Regulation*，GDPR）[①]让保险人和消费者做好应对大数据环境的准备。《通用数据保护条例》为处理大数据建立了一个通用的法律框架。它为保险人提供了正确的指引，使他们减少使用大数据带来的潜在风险。与此同时，消费者现在可以依靠被强化了的新的权利来保护他们的个人数据。《通用数据保护条例》还强调了个人信息使用透明度方面的基本问题，提供了对信息披露和有效保障这两者进行监管的系统。此外，根据《通用数据保护条例》的规定，消费者有权不接受完全基于自动化处理的决策。保险人在使用《通用数据保护条例》界定的数据时，大量的数据都是匿名的，不会影响个人隐私。

《打包零售和保险类投资产品（Packaged Retail and Insurance-based Investment Products，PRIIPs）条例》[②]强制要求提供标准化的披露格式——

---

[*] 编译者注：本章的内容来自欧洲保险和再保险联合会（Insurance Europe）发布的"Q&A On the Use of Big Data in Insurance"（2019年1月）的后一部分。

[①] 欧洲议会和理事会的《通用数据保护条例》（2016/689），2016年4月27日。

[②] 欧洲议会和理事会的《打包零售和保险类投资产品》（PRIIPs）指令（1286/2014）的关键信息文件，2014年11月26日。

在个体投资者购买打包零售和保险类投资产品之前应当获得关键信息文件（Key Information Documents，KID），使得消费者能够比较不同产品的特征。

《保险分销指令》（Insurance Distribution Directive，IDD）① 规范了由各类分销商分销的各类保险产品，防止保险业因使用大数据分析而出现不良销售行为。此外，它关于产品监督和治理（Product Oversight and Governance，POG）的规定及其授权规则规范了新保险产品的设计。② 这些要求都是为了在保险过程的早期保护顾客。

《金融服务远程营销指令》（Distance Marketing Directive for Financial Services，DMD）③ 保护消费者免受未经请求（unsolicited）的产品营销的打扰。

《欧盟性别指令》（EU Gender Directive）④ 禁止按性别划分保费。

《电子隐私条例》（提议中的 E-Privacy Regulation）⑤ 目前还在欧盟层面的论证阶段，将通过确保通信的机密性，提供额外的保护，使得消费者免受在线跟踪和未经请求的商业联系。

《偿付能力Ⅱ指令》（Solvency Ⅱ Directive）⑥ 意味着保险人具备了有效的治理体系，为他们的业务提供稳健和审慎的管理（第41条）。因此，为了遵守风险管理审慎规则，保险人应当根据可靠的数据来定价。

---

① 欧洲议会和理事会的《保险分销指令》（2016/97），2016年1月20日。

② 委员会委托监管条例（欧盟）2017/2358的补充指令（EU）2016/97：欧洲议会和理事会对保险承保与分销商产品监管和治理的要求，2017年9月21日。

③ 欧洲议会和理事会的《消费者金融服务远程营销指令》（23/65/EC），2002年9月23日。

④ 欧盟理事会指令：在产品服务的获取与供给方面实施男女平等的原则 2004/113/EC，2004年12月13日。

⑤ 关于在电子通信和中继中尊重个人隐私和个人数据保护的提案，指令 2002/58/EC（《隐私和电子通信条例》）。

⑥ 欧洲议会和理事会《关于从事保险和再保险业务的指令》（2009/138/EC），2009年11月25日。

第二节　对保险业使用大数据的监管案例

（一）数据最小化和目的限制原则

《通用数据保护条例》建立了一套在互联网和大数据环境下保护个人隐私、个人数据和自由选择的坚实体系。《通用数据保护条例》的两个核心原则——数据最小化和目的限制。

数据最小化原则要求控制系统将数据处理限制在特定服务所必需的范围内。收集任何非必需的个人数据将触犯数据最小化原则。因此，数据最小化原则确保所收集的个人数据与处理目的紧密相关，并且个人可控制其个人数据。

目的限制原则是指，保险人应当明确数据收集的目的，并且此目的应当能够被清晰、明确的识别。因此，如果控制系统要求数据主体就数据处理的多重目的表示同意，则同意/不同意应当是能够分开表达的，以便数据主体可以同意某一目的下的数据处理，而拒绝另一目的下的数据处理。而且，对所提供数据的任何后续处理都应当符合数据收集的最初目的。

这些原则连同透明性原则（如消费者信息披露的要求）以及《通用数据保护条例》中提供的强有力的实施制度一道，可以有效防止保险人过多干预消费者的个人生活或将他们的隐私置于危险之中。

（二）知情同意与撤销知情同意权

《通用数据保护条例》规定的知情同意权是指，真正给消费者提供选择，让消费者采取积极行动去选择既定服务。

为了处理消费者的数据，《通用数据保护条例》对获取消费者知情同意权制定了严格的规则。知情同意权的一个主要特征就是消费者应当"知情"。这意味着，保险人应当向消费者提供一份信息列表，使得他们能够在充分获取信息下做出决定，并理解自己所同意的内容。这个信息包括处理的目的，以及在必要情况下完全通过自动化方式做出决策的逻辑、意义和后果。

此外，保险人还应当用清晰易懂的语言提供这些信息，让消费者真正理解他们所做决策的含义。

再者,积极行动参与既定服务意味着,在获取消费者知情同意时,不得使用"默认选项"的方式。

保障消费者真正的选择权的另一个重点是,他们有权在任何时候撤销其知情同意权。撤销知情同意权意味着保险人不得继续处理该消费者的数据。更重要的是,如果知情同意是用于处理提供服务范围之外的数据,那么撤销知情同意权不会给消费者带来任何不利影响。

因此,保险人应当向消费者提供所有必要的信息,并说明处理个人资料会对他们产生哪些影响。

专栏7—1 保险人的遥感设备扮演什么角色?

目前与遥感技术相关的保单(如"随开随付"汽车保单)要求在被保险人的车上安装一个设备或移动应用程序。保险人要告知消费者的不仅是《通用数据保护条例》的相关法律要求,还有遥感设备的技术要求。因此,消费者便会知道他们的数据因何目的而被处理、他们有何权利、保险人所安装的设备或应用程序的功能是什么。

(三)精准影响

保险人可能为了直接营销而处理消费者的个人数据。然而,《通用数据保护条例》对出于营销目的处理个人信息建立了非常严格的制度:保险人应当证明这样的处理是出于合法的目的,不会侵犯消费者的权利和自由。此外,消费者有权在任何时候反对出于直接营销目的而处理他们的个人数据的行为。而且,这种反对的权利应当单独且清晰地展示出来,引起消费者的注意。《金融服务远程营销指令》禁止滥用试图促使消费者购买他们并不需要的服务或产品的营销方式。

欧洲的法律框架不允许将消费者的数据分享或出售给第三方,从而避免让消费者面临大量不请自来的产品推销。

《电子隐私条例》提案还试图增加对通过在线跟踪工具或补丁的方式收集消费者在线数据的监管保护。提案将重点规范在线获得用于客户画像和精准营销的信息。

(四) 算法透明

私人保险要求在确定基于风险的保费时对所承保的风险进行评估。为此，保险业一直在使用算法。

在处理个人信息前，保险人应当提供所有正在处理的个人信息，这些信息应当是透明、易懂且易获取的。此外，保险人还应当以清晰透明的方式将各种权利告知消费者。

知情权包括使用算法做决策的逻辑的一般性信息、算法如何工作以及处理过程对数据主体可能产生的影响。因此，消费者了解算法的逻辑后，能更好地理解自动化决策的结果。

此外，数据主体如果对自动化决策的结果不满意，还可以请求人工干预。最终，在数据被处理过程中，消费者得到了《通用数据保护条例》很好的保护。

(五) 保险产品的可比性

尽管个性化不断增加，但是大数据环境下的保险产品仍将具有可比性，这是因为保险人将为消费者提供合同签署前的信息文件、包括标准化计划和结构、打包零售和保险类投资产品的关键信息文件、非寿险的《保险分销指令》保险产品信息文件（Insurance Product Information Document，IPID）。

此外，越来越成熟的比价网站的出现和发展——如通过提供数据过滤工具——能够帮助消费者在大数据环境下对定制化产品进行比较和筛选。然而，这些网站将如何发展，以适应日益个性化的保险产品，仍有待观察。

(六) 公平对待和建议

《保险分销指令》规定"保险分销商在分销保险产品时，应当按照客户的最大利益做到诚实、公平和专业"。因此，如果保险领域使用大数据导致了不当销售行为，便违反《保险分销指令》，将由执法机构实施处罚。在这方面，凡是没有遵守《保险分销指令》关于经营行为的保险人要求都将受到严厉的经济处罚。

《保险分销指令》还要求所有向客户提供的保险产品都应当与他们的

需求相一致。此外,《保险分销指令》对保险类投资产品（IBIPs）的适宜性做了明确规定，如保险人应当获得客户的财务状况、投资目的以及投资知识和经验等详细信息。

此外,《保险分销指令》在欧盟保险分销法中引入了产品监督与治理的一般规定，以确保所有销售给客户的保险产品都符合其具体目标市场的需要。

这些要求在大数据环境下仍然有效，避免将不适合的产品销售给客户的风险。而且，使用大数据可能改善客户的需求以及对特定目标市场的识别度。

第三节　下一步行动

虽然大数据在保险领域的应用还处于起步阶段，但是具有很大的发展潜力。它为消费者带来了更好的定制化保单和预防工具，为保险人带来了更有效的流程和更精准计算的保费。在这一阶段，保险人还在探索如何在整个保险价值链中利用大数据分析。经过测试发现，由于数据的可获得性不断提高，保险人已经取得了一些积极成果。例如，为高风险的客户提供以前无法提供的保险保障，包括为乳腺癌患者提供保险、为洪水灾害区提供普通财产保险。

为了确保消费者和保险公司充分受益于大数据，未来的任何监管框架都应当支持创新。目前，因为已经存在一个全面的框架来监管保险业使用大数据，欧洲保险和再保险联合会认为，并不需要采取进一步的监管措施。事实上，不成熟的监管不仅会阻碍创新，损害保险市场的有效性，而且由于技术的进步和市场的发展，它可能很快就变得落伍了。

监管机构应当确保现有规则，如《通用数据保护条例》和《保险分销指令》，在国家层面得到贯彻实施。这些规则已经提供了一个框架，以确保在保险领域负责任地使用大数据分析。

然而，监管机构还应当继续努力，密切监控大数据对市场和消费者的影响，与包括保险业在内的其他利益相关方一起，支持有益于消费者的创新。在这个意义上，有些全国性的保险协会已经与消费者组织一起开发了一些工具，监控可保性在大数据环境下的变化，分析可能出现的不良影响趋势。

最后，监管机构还可以鼓励保险人之间就新工具和最佳实践交换信息和经验。

第八章

三个国际组织联合论坛的观点[*]

本章综述了国际保险监督官协会、保险普及化倡议组织和小额保险网络组织联合举办的3次关于"保险科技——监管面临的挑战"的论坛成果。对于数字时代保护保险消费者权益的监管,论坛形成了如下的主要成果。

对监管者而言,数字化代表"变化环境下的变化目标"。保险科技的快速发展对现有监管框架构成了挑战,可能造成监管缺口。从保险科技初创企业到大型科技公司,新的市场主体正在进入保险业,他们可能同时涉及多个法律。同时,保险科技活动的监管者应当具备科技素养并具备新的监管技术。

行业希望与监管者进行密切对话,希望有个"测试+学习"的环境。行业代表认为,监管政策和指示的确定性非常重要,等待监管变化可能扼杀创新。非保险的初创企业在理解监管和满足监管的要求时会遇到更大的挑战。所有的行业利益相关方都希望有个"测试+学习"的环境,如监管沙盒,并希望与监管者进行密切对话。

---

[*] 编译者注:本章内容来自国际保险监督官协会、保险普及化倡议组织和小额保险网络组织联合举办的3次关于"保险科技——监管面临的挑战"的论坛的成果"InsurTech——Rising to the Regulatory Challenge A summary of IAIS-A2ii-MIN Consultative Forums 2018 for Asia, Africa and Latin America"的后一部分。这3次论坛为:亚洲论坛,2018年3月20日,斯里兰卡科隆坡,由德国GIZ RFPI资助;非洲论坛:2018年5月9—10日,加纳阿克拉,由非洲保险组织(African Insurance Organisation)资助;拉丁美洲论坛:2018年10月24日,阿根廷布宜诺斯艾利斯,由拉丁美洲保险监督官协会(Association of Insurance Supervisors of Latin America,ASSAL)和阿根廷国家保险监管机构(Argentine National Insurance Supervisory,SSN)资助。

对监管者的建议。监管者面临的主要挑战是，在促进创新的同时又要保护消费者免受潜在风险的影响。分享的主要经验包括：增强监管专业知识，建立合作关系；除沙盒之外，评估其他监管措施；了解市场，提供明确的监管指令；激励市场创新；保持监管的灵活性，紧跟创新；向同行学习；主动与其他监管机构合作。

第一节 保险业需要什么

下文列举了适应数字时代的业务模式的先决条件。

客户关注的是快捷而简单的程序。保险人强调的一个事实是，为了让数字化赋能产品，尤其是手机端产品，如签字之类的流程设计应当简单、快捷，从而确保流畅的客户体验。不需要提供复杂的文件。对监管者而言，重要的是了解消费者的体验。

监管者需要更迅速地提供确定性的监管环境。技术正在呈指数级速度而不是线性速度增长，这让监管者难以适应。然而，许多行业利益相关方认为，等待监管的变革可能会扼杀创新。他们认为，在整个过程中，监管的确定性以及监管者指令的清晰性很重要。

与监管者就监管和"测试+学习"的环境密切对话。监管者应当与行业进行密切对话沟通，以便了解创新模式是如何运行的。所有的利益相关方都希望有一个"测试+学习"的环境（见专栏8—1）。因为数字技术可能涉及多个法律，所以行业参与者希望举行圆桌会议，让不同的监管者聚集在一起讨论。

促进非保险参与者进入市场。数字技术业务模式带来了许多新的市场参与者。保险科技公司通常需要努力应付一些属于传统业务的监管问题。尤其是对于试图进入保险业的非保险初创企业，他们面临着理解并满足相应监管要求的挑战。

专栏8—1 如何实现监管（数字化）创新

监管者有多种监管方法来促进保险科技创新。更详细的情况参见

"金融科技：监管沙盒与创新中心"（欧洲银行监管局，2018）、"监管沙盒与金融普惠"（CGAP，2017）以及"创新监管"（Cenfri，2018）。

1. "静观其变"的方法

监管者在干预之前，先监控数字化创新的发展趋势，以便更好地了解它。这适用于人们还不太理解的创新或技术还不成熟或规模不大的创新。例如中国的 P2P 贷款。

2. "测试+学习"方法

监管者与创新者密切合作，制定一个框架，在现实环境中测试创新产品或技术，同时设置保障措施与关键绩效指标。这些通常在供给者带着创新科技主动接近监管者时采用。监管者应当确保监管条件和处理方式对其他市场参与者都是透明的。

3. 创新中心

"创新中心为公司提供详细的联系方式，以便公司能够就金融科技相关问题向权威机构进行咨询，并寻求关于监管的非约束性指导和了解监管期待，包括牌照要求。"（欧洲银行监管局，2018）。例如英国金融行为监管局的创新中心就有一个专业团队提供咨询服务。

4. 监管沙盒

监管沙盒是由监管机构设立，为符合条件的企业提供参与沙盒实践。监管沙盒并不是一成不变的。例如世界银行扶贫协商小组已经在金融领域建立了由许多监管沙盒组成的沙盒库（CGAP，2017）。

第二节　监管建议

保险监管对推动创新起着关键作用。全球的金融监管者都在探索如何才能在不损害消费者权益的前提下促进创新。将一些经验和教训分享如下。

第一，加强监管的专业技能与合作关系，理解创新。监管机构需要打造团队能力，或者与第三方供应商建立合作关系，以便完全理解新技术及其对消费者的影响，并对新技术的应用进行评估。对此，我们听说过一些监管者会设立一个独立部门，聚焦技术发展，构建跨学科监管团队,并与应用研究机构进行合作,以便更好地理解风险和监管选项。

第二,向同行学习。许多司法管辖区尝试过支持金融科技和保险科技。国际保险监督官协会在这方面进行了大量工作。

第三,主动寻求与其他监管机构合作。我们发现数字技术的互联性越来越强。因为数字技术可能涉及不同的法律、法规与监管当局,所以保险监管者联合中央银行、电信监管者、数据保护代理以及其他监管者进行跨领域监管合作便尤为重要。许多监管者都建立了监管圆桌对话机制,鼓励交流和协作。

第四,评估不同的监管方法。监管者可以通过多种方式了解创新。很多国家都建立了监管沙盒,但是这些沙盒可能很消耗资源,并且不一定适用于所有市场环境。有些国家选择让市场活动逐步发展,同时进行密切监控,以便在更好理解之后再行干预(见专栏8—2)。对于监管者如何进行监管创新,不能简单地回答"建沙盒"。监管者应当评估各种监管方法,并充分考虑市场的成熟度、监管权力、可用资源、知识等。监管者的全面参与及其与市场的交流至关重要。

专栏8—2 美国监管导向的创新活动

为了更好地了解技术创新和产品开发,以及积极支持行业和了解监管环境,在全美保险监督官协会的支持下,美国的监管者们在早期就已经开展了工作。全美保险监督官协会和监管者们参加或主持了多次活动,也与创新公司、初创企业和现有保险人进行了多次对话。

美国有些城市正在致力于打造自己的保险科技活动中心。例如,2017年在哈特福德成立了一个由保险人和哈特福德市民代表组成的保险科技中心。参与者结合他们提供的支持、资源以及行业和投资者的关系,制定了激励措施来吸引技术初创企业,通过实习项目和大学课程培养人才,筹集资金,并且基于导师制与公司合作开展了许多试点项目(NAIC,2018)。

第五,接近市场,提供更明晰的监管方案。愿意支持保险科技发展的监管者应当尽早走近初创企业和保险人，支持市场参与者（如举行一些活动），将监管者、创新者和保险人召集起来，促进相互了解，提供更清晰的监管政策。有些监管者建立了访问网页，供公司进行业务模式方面的咨询，或者设立创新单元，根据商业模式提供适应当前监管的建议。

第六，激励市场创新。监管者还可以通过解决某些挑战性问题来激励保险科技创新，即为那些得不到保险的人提供获得保险的机会。监管者可通过建立创新实验室或为初创企业寻找投资者，推进市场参与者之间进行协作和共同解决问题。他们还可为市场参与者提供知识和技能方面的帮助，或者为保险科技初创企业之类的创新者提供金融支持。

第七，灵活监管，跟上创新步伐。变革总是瞬息万变，很难准确预测未来技术究竟会如何发展，所以监管的灵活性很重要。新的监管规则应当为将来的发展提供创新空间，尽可能灵活开放。监管者面临的一个重要挑战就是如何平衡创新与消费者保护的关系，以维持平稳、有竞争力和公平的市场环境。

下 篇

数字时代保险消费者权益保护的其他制度安排

第 九 章

消费者隐私和数据保护的综合立法：欧盟《通用数据保护条例》对保险业的影响*

第一节 《通用数据保护条例》下保险消费者的权利

通常情况下，保险经营中需要处理消费者的数据，包括计算保费、提供适合消费者的产品、向消费者支付赔款等。欧盟新制定的保护规则——《通用数据保护条例》——对处理个人数据的公司（含保险公司）提出了新的要求。该法也赋予了消费者更多的权利，主要包括以下几个方面。

第一，知情权。在处理消费者数据之前，保险人应当向消费者提供各种相关信息，包括谁处理、处理的目的是什么等。

第二，获取数据的权利。消费者有权知道所投保的保险人是否会处理自己的数据。如果是的话，有权获取一份个人数据备份。消费者还有权了解数据是否会发送给欧盟以外的其他国家。

第三，更正数据的权利。如果发现自己的数据有误，消费者可以请保险人更正数据。

---

* 编译者注：本章的内容来自欧洲保险和再保险联合会（Insurance Europe），其中，第一节来自"GDPR: What Are Your Rights as a Consumer?"（2018年7月），第二节来自"GDPR is around the Corner: Time for Final Checks by Insurers"（2018年5月），第三节来自"Template for Data Breach Notifications under GDPR: Explanatory Document"（2018年3月），第四节来自"Response to EC Stocktaking Exercise On Application of GDPR"（2019年4月）。

第四，删除数据的权利。如果收集消费者数据的理由不再成立，消费者有权要求保险人在特定情况下删除自己的数据。当然，这项权利不是绝对的，如保险人可能由于遵守某项法律规定而需要保存消费者的数据。

第五，调阅的权利。在某些情况下，如保险人基于消费者同意或作为保险流程的一部分而处理消费者的数据，消费者可以要求保险人以常用且机器可读的格式给自己提供一份数据，或将数据传输给其他公司。

第六，拒绝的权利。消费者有权拒绝保险人处理个人数据。然而，这项权利也不是绝对的。例如，如果保险人拥有更强大的法律权利，那么可能有权继续处理消费者的数据。如果保险人是出于直接营销目的而处理消费者数据的，消费者在任何时候均有权拒绝。

第七，请求人工干预的权利。如果消费者投保的保险人仅基于自动化处理（即通过"算法"）做出影响消费者的决定，那么消费者有权表达观点，对该决定提出异议，并要求人工干预。例如，如果保险人仅通过自动化方法计算保费，而消费者对结果不满意，那么消费者有权要求进行人工审核。

第二节 《通用数据保护条例》下保险人的义务

数据处理是保险业务的核心工作。保险人出于多种理由需要收集并处理个人数据，包括分析客户希望投保的风险、支付保险理赔和待遇、检测并预防欺诈等。

新的欧盟数据监管框架——《通用数据保护条例》从2018年5月25日开始实施。它对保险人提出了新的要求，并赋予消费者更多的权利，加强了数据监管当局的权力，对不合规行为设定了罚款的上限。因此，《通用数据保护条例》对保险人及其客户都会产生影响。其中，保险人的义务主要包括如下几个方面。

第一，合法处理。保险人在处理消费者个人数据时，应当有适当的法律依据。《通用数据保护条例》提供了个人知情同意、合同和法律义务等 6 项法律依据。此外，更严格的规则应用于一些类型的数据处理工作，例如，履行保险合同不得作为处理某些类型数据的法律依据。

第二，让消费者知情。在处理个人数据之前，保险人应当向客户提供信息，包括谁来处理这些数据、目的是什么。这个要求同样适用于保险人从第三方获取数据的情况，如为处理交通事故的赔案而获取受害人的个人数据或保险人从公共资源收集数据等。

第三，对消费者行使权利做出回应。《通用数据保护条例》加强了消费者在个人数据方面的权利，保险人应当遵守该条例。如基于消费者同意或作为保险合同要求的一部分来处理数据时，应消费者的要求，保险人应当以机读的格式向消费者提供数据，或将数据传输给其他公司。

第四，数据处理的额外措施。在外部公司（如云服务提供商）代表保险人处理个人数据时，保险人应当确保外部公司采取了恰当措施，其处理操作符合《通用数据保护条例》的要求。

第五，数据保护官。如果保险人的核心活动会涉及大规模日常性地监测个人，或处理特殊类型的数据（如健康数据），则应当任命一名数据保护官（Data Protection Officer，DPO）。数据保护官的职责是为保险人及其员工提供职责方面的咨询和建议。数据保护官还负责监控保险人对《通用数据保护条例》的遵守情况，并在处理个人数据等问题上与监管部门合作。

第六，设计隐私和默认选项。这要求保险人在设计产品时遵守数据保护规则，如对个人数据加密。保险人还应当采取适当的措施，确保在默认状态下，只有出于特定目的且必须时，才会处理个人数据。例如，一旦数据的保留期结束，保险人可以自动删除数据。

第七，数据保护影响的评估。当处理数据对个人权利和自由构成较大的风险时，保险人应当在处理数据前评估风险并采取措施来减轻风险。例如，如果保险人需要大规模处理健康数据，则应当对数据保护影响进行评估（Data Protection Impact Assessment，DPIA），以评估处理这些数据对消费者构成的风险。重要的是，保险人应当核查国家监管部门是否发布过需要进行数据保护影响评估的业务清单。

第八，国际传输。如果需要把个人数据转移到欧盟/欧洲经济区以外的公司，保险人应当确保该公司所在国家具有欧盟认可的充分的数据保护规则。另外，保险人还应当确保该公司使用《通用数据保护条例》中规定的合适的保障措施来确保高水平的数据保护，如标准合同条款或有约束力的公司规章。在特殊情况下，保险人可以依据消费者知情同意等豁免措施来进行跨境数据传输。

第九，数据泄露的通报要求。当个人数据被非法或意外披露给未经授权的机构，或暂时无法取得或进行更改时，保险人应当在发现数据泄露后72小时内通报监管部门。如果数据泄露给个人的权利和自由带来了高风险，保险公司也应当向所有这些相关个人通报。欧洲保险和再保险联合会制作了一个关于数据泄露的通报模板，以规范数据通报活动。

第十，最后但很重要的是责任和意识。在遵守《通用数据保护条例》的同时，保险人还应当展现他们对合规的承诺。在数据处理过程中，他们应当主动证明自己遵守了《通用数据保护条例》的规定。保险人还应当提升公司内部员工的意识，使得参与数据处理活动的人员都明确知晓数据保护规则的各项规定。值得关注的是，对于违反《通用数据保护条例》的行为，数据保护部门可处以高达2000万欧元或者相当于其全球年度营业额4%的罚款。

第三节 《通用数据保护条例》的数据泄露通报模板

一 对模板的说明

《通用数据保护条例》从2018年5月25日开始实施，要求处理个人数据的公司遵守新的更严格的数据保护规定，其中一项要求是公司应当将个人数据泄露事件通报给监管部门。

数据发生泄露时，有关公司不得无故拖延提交相关信息，并尽最大可能，在知悉数据泄露后72小时内提交。通报的信息包括：数据泄露的性质、数据类型与大致数量；有关个人数据记录的数量和可能的后果；以及为处理且降低泄露事件的影响所采取的措施。

为了推动保险人履行这一义务，欧洲保险和再保险联合会制作了一个通报模板。中小企业和监管部门可能对这个模板特别感兴趣。在数据泄露期间，前者可以直接采用这个模板，而不需要对数据泄露事件进行描述性报告。后者则可以从标准化格式中受益，这种格式允许其跨国界共享事件数据，更好地发现动向，并了解如何在整个欧洲对抗网络威胁。

模板的设置方式使得被收集的信息可以分享，但无法通过提交的信息来识别出公司，所以不需要进行匿名或加总处理。如果该模板得到了广泛应用，将提高网络风险的可用信息和数据，从而提高整个社会的网络韧性。目前，由于缺乏网络事件方面的可用信息，许多利益相关方（尤其是保险人）提供网络风险保障和相关服务的能力受到了限制，难以在网络防御方面发挥作用。如果允许保险人获取由国家监管部门收集的（匿名）数据，则情况可能不同。

专栏9—1　如何操作

模板分为如下3个部分：受影响公司的个人详细资料与信息（不能与第三方分享）；依据《通用数据保护条例》第33条的规定：在得知数据泄露事件发生后72小时内，将数据泄露事件的详细情况通报给国家监管部门；在事件发生72小时后，当与数据泄露事件相关的更多信息（包括能更深入了解数据泄露事件性质的补充数据集）出现时，需要填写第3部分。

第2部分和第3部分的问题均是采用多项选择题或数值的形式。这样的格式有助于跨公司、跨部门对比信息，并确保两部分的信息都是匿名的并可以安全地在保险业内进行共享。

二　数据泄露通报模板

（一）数据控制者的身份证明

（本信息仅供相关数据保护部门专用，不得与第三方分享）

（1）公司信息，包括公司名称、住址、邮编、所在城市和国家。

（2）联系人（是为了获取补充信息），包括姓名、职务、住址、邮编、城市、国家、电子邮箱和电话号码。

（3）通报分为两种类型：①完整的通报（下面的第 2 部分和第 3 部分需要填写的内容应当在得知数据泄露事件发生后 72 小时内填写）；②分两步的通报（第 2 部分应当在 72 小时的通报期限内完成，第 3 部分应当在得知数据泄露事件后 4 周内完成）。

（二）数据泄露的主要信息

（在得知数据泄露事件 72 小时之内完成并分享给数据保护部门）

（1）受影响方所属行业

□农业、林业和渔业

□采矿业

□制造业，包括如下项目：

　　□食品、饮料和烟草制品制造

　　□纺织品、服装、皮革和相关产品制造

　　□木材、木材制品、纸和纸制品制造，记录媒介物的印制和复制

　　□焦炭和精炼石油产品制造，化学品及化学制品制造

　　□基本医药产品和医药制剂制造

　　□橡胶、塑料制品和其他非金属矿物制造

　　□基本金属及金属制品制造，但机械除外

　　□计算机、电子产品和光学产品制造

　　□电力设备制造

　　□机械和设备制造

　　□运输设备制造

　　□其他制造业，机械和装备修理与安装

□电、煤气、蒸汽和空调的供应

□供水，污水处理、废物管理和补救活动

□建筑业

□批发和零售业，汽车和摩托车的修理

□运输和存储

□住宿

□食品供应服务活动

□出版、音像和广播活动

□电信

□信息技术与其他信息服务

□金融和保险活动

□房地产活动

□法律、会计、管理、艺术、建筑、工程、技术测试和分析活动

□科学研究与发展

□其他专业、科技和技术活动

□行政和辅助活动

□公共管理和国防，强制性社会保障

□教育

□人体健康活动

□家庭照护与社会工作活动

□艺术、娱乐和休闲活动

□其他服务活动

□家庭作为雇主的活动；未加区分的物品生产和服务活动

□家庭自用活动

□域外组织和机构的活动

（2）规模——雇佣人数

□1—9人　　□10—49人　　□50—249人　　□250—749人

□750—1000人　　□＞1000

（3）规模——营业额

□≤200万欧元　　□≤1000万欧元

□≤5000万欧元　　□＞5000万欧元

（4）主营场所所在的国家？＿＿＿＿＿＿

（5）数据泄露事件发生的国家？＿＿＿＿＿＿

（6）数据泄露事件发生的日期/时间？＿＿＿＿＿＿

（7）数据泄露事件发现的日期/时间？＿＿＿＿＿＿

（8）数据保存在哪里？　　□现场　　□云端

（9）你留意到数据泄露的原因吗？（答案若为"否"，请跳转至第 3 部分第 27 题）

□恶意攻击，包括如下项目：

　　□内部攻击　　　□外部攻击

□事故（系统崩溃）　　□疏忽（人为过失）　　□其他_____

（10）如果是恶意攻击所致，那么数据泄露的原因是什么？

□未知漏洞

□已知漏洞，包括如下项目：

　　□加密勒索病毒　　□火灾侦察　　□网络钓鱼

　　□分布式拒绝服务攻击　　□恶意软件　　□社交工程　　□勒索

　　□其他_____

（11）数据泄露可能造成的影响有哪些？

□数据被公开　　□数据被盗　　□身份被盗或被骗

□数据丢失　　□个人数据的保密性受损　　□财产损失

□直接经济损失　　□营业中断　　□责任纠纷

□名誉损失　　□其他_____

（12）被使用/受影响/被盗的数据是什么类型？

□个人数据

　　□敏感（如健康/基因数据等）　　□非敏感

□非个人数据

（13）如果是个人数据，其属于哪一种加密状态？

□完全　　□部分　　□无

（14）泄露的数据是否要接受数据保护影响评估？

□是　　□否

（15）公司的 IT 支持系统的类型？

□内部　　□外部

（16）采取过哪些措施来减轻数据泄露的负面影响？

□数据恢复　　□删除有害软件　　□系统升级　　□更换受损财产

□外部测试（如纸笔测试法）　　□加强数据安全措施

□其他_____

第九章　消费者隐私和数据保护……对保险业的影响 / 135

（17）公司是否已经为此类事件购买保险？

□是　　□否

（三）补充信息

（在得知数据泄露发生后的 4 周内填写并上报数据保护机构）

（1）受攻击影响结束的日期/时间？＿＿＿＿＿＿

（2）多少条个人数据集被使用/受影响/被盗？＿＿＿＿＿＿

（3）数据泄露事件是否已经通报了数据主体？

□是　　□否

（4）通报了多少数据主体？＿＿＿＿＿＿

（5）预计经济损失？

□通报成本＿＿＿＿＿＿　　□经济损失（如能估计）＿＿＿＿＿＿

（6）采取了什么措施防止类似事件再次发生？

□加强了数据安全措施，尤其是：

　□审核并重新设计数据收集程序

　□审核并重新设计数据处理程序

　□审核并重新评估"数据处理器"

　□禁止数据加密

□没有采取数据安全措施

□其他＿＿＿＿＿＿

（7）你知道数据泄露的原因吗？

□恶意攻击

　□内部　　□外部

□事故（系统故障）　　□疏忽（人为过失）　　□其他＿＿＿＿＿＿

（8）在恶意攻击的情况下，数据泄露背后的动机是什么？＿＿＿＿＿＿

（9）如果已知，在恶意攻击案件中，使用的是什么攻击方式？

□中间人攻击　　□恶意软件　　□勒索软件

□资料隐码攻击（SQL 注入攻击）　　□跨站点脚本（XSS）漏洞

□拒绝服务　　□会话劫持　　□凭据重复使用　　□其他＿＿＿＿＿＿

第四节　欧洲保险业实施《通用数据保护条例》的情况

欧洲保险和再保险联合会愿意参与2019年6月欧盟委员会对《通用数据保护条例》实施情况进行盘点。

欧洲保险和再保险联合会的反馈是基于14个保险市场（塞浦路斯、瑞士、德国、丹麦、希腊、西班牙、法国、意大利、马耳他、荷兰、挪威、波兰、瑞典和匈牙利）过去10个月实施《通用数据保护条例》的经验。因此，如果有新的经验分享或新的问题出现，欧洲保险和再保险联合会将继续提供信息。

欧洲保险和再保险联合会将继续与欧盟委员会合作，在对《通用数据保护条例》检查之前尽力做好相关的盘点工作。

一　请阐述你所在组织在遵守《通用数据保护条例》方面主要存在哪些问题？

迄今为止，保险人反映的主要问题是：（1）难以区分供应方是数据控制者还是处理者，难以适应处理协议，以及难以厘清控制者和处理者的责任；（2）升级IT系统，确保合规（设置默认选项，在数据保留期满自动删除数据）；（3）删除IT系统中的数据，一个主要问题是数据存储的分散化；（4）在涉及对保险人而言非常重要的问题时，各成员国在应用《通用数据保护条例》上存在不一致，尤其是各成员国对处理保险背景下健康数据有不同的法律依据，这给那些在多个成员国营业的保险人在遵守数据保护规则时造成了一些困扰；（5）对于未与保险公司订立合同的当事人（如受益人、第三者责任保险中运用数据的主体等），遵守透明度规定存在困难。

二 《通用数据保护条例》对行使权利的影响

（一）第 12 条至第 14 条的信息义务是如何执行的？这方面的做法有什么变化

保险人已经对信息条款进行了修订，增加了《通用数据保护条例》要求的新的信息义务。在这点上，很多公司都会采用第 29 条"工作组的透明化指引"（Working Party's Transparency Guidelines）中提到的分层方法，履行第 12—14 条规定的信息义务。

有一个国家的保险协会表示已经制定并实施了关于保险人处理个人数据方面的指引，包括提高透明度等建议（如分层信息）。

另外一个市场报告，履行信息义务需要做出巨大努力，这对行业而言是一场复杂的、昂贵的信息运动。这是因为，尽管允许使用分层信息的方法以及多种媒介，但是国家数据保护局（Data Protection Authority, DPA）提出，根据第 12—14 条的规定，在通报数据主体时，要避免改变通报的媒介。然而，在实际操作中，最初与数据主体联系可能是通过电话的方式，但要与个人进行更详细的沟通，需要采用不同的方式来完成。更务实的做法是，通过预先编制好的手机短信提供信息，信息的所有详细内容可以通过网站查看。另一个解决办法是，根据数据主体的请求，在电话联系后几天通过信件的方式提供更详细的信息。重要的是，在这种情况下，再保险人由于和被保险人没有直接的联系，所以传递信息比较困难。因此，《通用数据保护条例》应当做出更明确的规定，允许在这种情况下使用不同的沟通方式，如在通话后参考网站信息，这将会很有帮助。

（二）数据请求量增加了吗（可提供预计数量）

获取数据？答复不仅在各成员国之间不同，在同一国家的不同保险公司之间也不同。从大多数的市场反馈来看，使用数据的请求量并没有增加或仅有少量增加。有两个市场反映，数据请求量在《通用数据保护条例》实施初期有所增加，之后就减少了。少数市场有数据请求量增加的现象。例如，法国有 1 家保险公司提到，实施《通用数据保护条例》之后的数据请求量是 2017 年的 3 倍，意大利的有些保险公司发现数据请求量增加了 80%，匈牙利的有些保险公司甚至增加了 150%。

更正？大多数市场表示，要求更正数据的请求量并没有增加。有 1

家保险公司反映在《通用数据保护条例》实施后,要求更正数据的请求量是2017年的两倍。

删除?大多数市场发现,要求删除的数据请求量有所增加,但是很少有显著增加的情形。例如,1家法国的保险公司收到的此类请求量是《通用数据保护条例》实施前的5倍,大部分请求是来自询价后未签订保险合同的人以及未被录用的求职者。

在自动决策过程中请求有意义的解释和人工干预的情况?大多数市场报告还没有收到过任何这种请求。

(三)有数据迁移方面的请求吗

大多数市场报告没有收到过任何数据迁移方面的请求。极少数的保险公司报告说收到过关于汽车保险的理赔历史数据的迁移请求。

(四)这些请求主要牵涉哪些权利

大多数的请求都是涉及数据访问和删除的权利。

(五)主张这些权利有困难吗(通过控制者、通过数据保护局),包括在截止日期前回复请求

大多数市场反映,在截止日期前回复请求有些困难,原因如下:请求的数量逐渐增多;有时请求的情况比较复杂,很难在截止日期前进行回复;在请求数据访问权的案例中,整合需要提供的所有数据非常耗时;有些保险公司没有自动化处理请求系统,需要人工处理;需要分配更多的人力资源对这类请求做出回复。在很多情况下,保险公司需要把回应当事人要求的期限延长1个月。有些保险公司还反映,分散管理的模式导致行使数据主体的权利存在困难。

(六)有多少比例的要求明显是无依据的或过分的?请说明为什么这些要求是没有依据或过分的

大多数保险公司报告称,未接到过大量没有依据或过分的请求。大多数没有依据的请求是关于可删除权利的行使。例如,有1家保险公司提到过经常有要求在合同刚订立就行使删除权利的情况。还有些保险公司反映,有些要求行使权利的个人不能提供身份证明信息,所以请求被拒绝。

三　第 7（4）条关于有效知情同意权的要求对你的业务模式/消费者的影响

（一）有没有与将知情同意权作为特定处理操作的法律依据相关的问题（如接到投诉）

保险人需要加工处理的一个主要领域是在承保、理赔评估和赔付时与健康相关的敏感数据。处理此类数据是提供健康保险、寿险、责任保险等几类保险所必需的。

然而，成员国处理保险所需要的健康数据的法律依据差别很大。这给在多个成员国营业的保险公司在遵守数据保护规则时造成了一定困扰。

成员国处理健康数据所使用的法律依据有如下几种。第一，知情同意：有些成员国没有关于健康数据处理的其他法律依据，所以保险人在合同签订前以及在合同履行过程中，应当将知情同意作为处理健康数据的法律依据。第二，国家法律：有些成员国有法律明文规定，不管是在合同签订前还是在履行过程中，保险人在处理健康数据时可以不需要知情同意〔第9（4）条〕。第三，重要公共利益豁免：在有些成员国，保险业对健康数据的处理被视为享受重要公共利益的豁免〔第9（2）（g）条〕）。第四，法律请求：第9（2）（f）条（"法律请求的提出、执行与抗辩"）被认为是合同签订前与合同履行过程中的合理的法律依据（如在理赔处理时）。第五，知情同意与法律请求相结合作为法律依据：在有些成员国，因履行保险合同而对健康数据进行处理的依据是第9（2）（f）条的内容（"合法请求的提出、执行与抗辩"）。在这些情况下，保险人在合同签订前处理健康数据时，应当取得数据主体的同意。第六，社会保障：有些成员国根据其数据保护当局的规定，允许参照9（2）（b）条来处理保险相关的健康数据（如健康保险）。

此外，对于《通用数据保护条例》第7（4）条规定的有效知情同意权，保险业反映了以下问题。第一，对于没有直接与保险公司签订合同的数据主体，保险公司想要取得其同意存在一定困难。例如，在团体保险的情况下，很难取得保单获益的数据主体的同意，因为他们与保险公司并没有直接的合同关系。同样，在第三者责任保险方面，也很难从未与保险公司签订合同的受害方那里获得知情同意。第二，有些成员国的法律允许，再保险中数据的转移和处理权利可以由保险人转让给再保险人，而不需要获得被保险人的同意。而在有些成员国，对再保险数据处理的法律依据与对保险人数据处理的法律依据相同。再保险人通常不止在一个成员国营业，所以各成员国在处理数据方面的不同要求可能给再保险造成明显的限制。第三，有些成员国反映，他们是出于防止/预防欺诈的需要而对健康数据进行处理的。基于此目的，知情同意不是处理健康数据的合理的法律依据。在可能出现欺诈的情况下，在处理数据前还要获得涉嫌欺诈人的知情同意，这是不合理的。

（二）在要求知情同意时，人们有何反应

大多数情况下，人们对要求知情同意做出了积极的反应。不过，也有几家保险公司反映，有些数据主体不了解处理健康数据所需明确的知情同意的法律要求，导致数据主体出现焦虑，对此类请求延迟回应，最终延误了客户档案的管理。

（三）是否已将处理知情同意的法律依据变更为另一法律依据

没有保险人报告变更过知情同意的法律。在多数情况下，保险人表示，他们主要依靠法律依据履行合同和法律义务，并处理消费者个人数据的合法权益。知情同意只是用于处理健康数据和直接营销的。

（四）企业如何处理"捆绑同意"的问题？他们如何区分作为法律依据的合同与知情同意

如果不涉及直接营销与/或处理健康数据，那么保险人主要依赖合同作为法律依据来处理消费者的数据。有1家保险公司提到，很难向数据主体解释为什么签订保险合同需要获得关于健康数据的知情同意（如在健康保险、寿险中）。

在处理保险领域的健康数据有国家法律规定的成员国，保险人只是在直接营销和处理数据时才需要获得知情同意。

四 投诉与法律诉讼

（一）是否有向数据保护局投诉你公司的，或投诉量是否有所增加

大多数保险公司表示向数据保护局投诉他们的数量没有增加。有4个市场的保险公司表示投诉数量略有增加。

(二) 是否有针对你公司的法律诉讼，诉讼是否有所增加

没有市场反映针对他们的法律诉讼有所增加。

(三) 如有的话，是属于《通用数据保护条例》规定的哪种侵权行为

大多数的受访者没有说明向数据保护局进行投诉的原因。有1个保险市场表示，投诉针对的是，数据控制者在回复相关请求前要确认数据主体的身份。

(四) 是否有因数据保护局的决策或不决策而引发的法律诉讼

塞浦路斯、德国和西班牙表示没有发现此类法院判决。法国表示，自从实施《通用数据保护条例》以来，法国数据保护局没有签发过任何对保险人的裁决，而且法国保险市场也表示不知道关于有任何涉及法国数据保护局决定的法律诉讼。

(五) 在以上所有案例中，请说明投诉或法庭诉讼的问题主要是什么？违反了《通用数据保护条例》的哪些规定

法国市场表示，大多数的法庭判决都是涉及个人数据安全和/或对数据主体的信息不充分的问题。塞浦路斯市场表示，有1个投诉是关于在邮寄的信封上写有数据主体保单的一些信息，认为其暴露了个人隐私。信封是这样设计的：信封的正面有一个透明的小框，显示有关数据主体的住址，以及其他不应显示的个人信息。德国市场表示，投诉主要是牵扯一些庭外处理程序，在没有获得数据主体同意的情况下，非法将个人数据分享给服务商或第三方。

五　根据《通用数据保护条例》第 80 条使用代表人诉讼的情况

(一) 有没有针对你公司的代表人诉讼？在你的国家有没有此类情况

受访者均表示不知道有针对他们的代表人诉讼。

(二) 有什么类型的代表人诉讼（向数据保护局或法院提起投诉，要求赔偿）？在哪个或哪些国家

没有。

(三) 针对谁、针对《通用数据保护条例》规定的哪种侵权行为

不适用。

六 与数据保护局和一站式购物机制打交道的体验

（一）个人或企业在与数据保护局打交道时是否有困难

不同市场的反应大相径庭。有 4 位受访者尤其是小市场上的受访者认为，数据保护局对行业提交请求的回应比较慢。有 1 位受访者称，这是由于数据保护局人员不足。3 个受访者表示，他们在与数据保护局打交道时没有遇到过特别的困难。有 1 位受访者强调，他与数据保护局之间保持着一种和谐的关系，经常进行建设性交流，确保了在一些难点问题上能一致应用《通用数据保护条例》。

（二）在获得数据保护局的意见或指导资料方面是否有困难

有 7 位受访者表示，他们在获得数据保护局的意见或指导资料方面存在困难。有 1 位受访者表示，他与数据保护局打交道时有非常积极的体验，数据保护局对他的问题提供了非常具体的指导。

（三）数据保护局对提交的每个投诉都能及时跟进吗

塞浦路斯表示，他们的数据保护局能及时跟进投诉和决策，并在必要时实施罚款。这个市场不知道数据保护局用来检查投诉的时间框架。总而言之，塞浦路斯的数据保护局对投诉的处理做到了始终如一的积极反应。德国表示，数据保护局的投诉量显著增加。公司经常不能收到数据保护局及时的反馈。因此，很难评估德国的数据保护局是否及时跟进了每个投诉。

（四）你的商业会员中已经有多少家向数据保护局宣布了主营场所，并从牵头机构（lead authority）受益？他们在"一站式"服务方面遇到过困难吗

大多数受访者都表示，他们没有体验过"一站式"服务机制。只有 1 位受访者表示他的一家成员公司向其对应的数据保护局宣布了主营场所。

（五）数据保护局印发的指引与欧洲数据保护委员会（European Data Protection Board, EDPB）的指引是相互补充，还是有冲突（请解释）

西班牙数据保护局发布的指引在以下几个方面补充了欧洲数据保护委员会的规定：数据泄露通报；数据保护影响评估；透明性。德国的

DSK 是一个由联邦政府和德国联邦各州的不同数据保护局组成的委员会，发布了对欧洲数据保护委员会的指引的补充规定。而且，DSK 委员会还对欧洲数据保护委员会尚未给出指引的问题发表了意见。DSK 委员会的每项指引的开头均提到"本意见日后可能由欧洲数据保护委员会给出不同的解释"。

七　对问责制和基于风险的方法的看法

（一）你的成员单位对实施问责制有什么反馈？他们对责任的可伸缩性（scalability）有什么经历（如对高风险的"数据保护影响评估"）

问责制。反馈了以下意见：责任制涉及起草大量的文件，很耗时间。尽管有基于风险的方法，小公司在适用责任制方面还是有困难的，即实行问责任需要增加公司内部的人力支出。

责任的可伸缩性（"数据保护影响评估"等）。"数据保护影响评估"的评价标准非常宽泛，其对保险公司的规则就是执行"数据保护影响评估"，尤其是在健康保险、寿险和意外险领域。这给不一定需要改善个人数据保护的保险公司增加了管理负担。而且，由于国家层面发布了不同的指引（黑白名单），在不同国家营业的公司应当遵守不同的规则，事实证明了这样的方式导致效率低下且增加了保险人的负担。

（二）在你的业务范围内，《通用数据保护条例》带来的收益和挑战有哪些

其中 1 个市场认为，数据保留政策要符合《通用数据保护条例》的规定面临着巨大挑战，这是缘于操作技术的困难以及操作过程所涉及的高成本（如人力成本、租用额外的技术服务等）。数据保留是一个很棘手的问题。第一，要明确数据保留期的结束时间，考虑到保险领域的数据保留期可能更长。第二，数据删除技术在应用中的困难。通常情况下，数据库都是集中的，不是每个应用程序都有单独的数据库。这意味着，应用程序的数据库都是相互关联的，在删除数据记录时，可能会由于数据库不匹配而出现问题。第三，需要删除的数据量的问题。因为删除进程应当在应用程序不工作时进行，所以处理能力不足和处理程序运行时间过长都会带来麻烦，这点值得特别关注。第四，保险公司、中介、服

务公司和其他外包商等不同数据主体间的数据自动匹配问题。第五，精确计算需要用到历史数据，这意味着，在删除数据之前，应当执行数据转换和数据保存的过程。

另有1个市场表示，在向保单持有人提供服务时，自愿同意和撤回同意权的概念在保险领域可能不太好操作。此外，对于供应方的分类也存在一些问题，他们到底是数据控制者还是处理者。这些问题通常在再保险公司、外部咨询公司和保险中介公司表现得比较明显。通常，这些主体通常认为自己是默认的数据控制者。

（三）你认为《通用数据保护条例》对你所在组织的创新会产生什么样的影响

市场对创新问题的反馈如下：①创新速度趋缓，这是因为要将《通用数据保护条例》的要求纳入数据处理过程中，如在设计中考虑隐私。②在《通用数据保护条例》第22条的应用范围上（完全自动决策，包括资料搜集）存在法律上的不确定性，妨碍了保险创新。这是因为《通用数据保护条例》对使用完全自动化决策程序（包括资料搜集）有一项一般性的禁止规定，对个人具有法律上或类似法律上的影响［第22（1）条］。《通用数据保护条例》对这项规定也给出了一些豁免的情形，如"履行或签订合同的需要"［第22（2）a条］。然而，欧洲数据保护委员会对这项豁免规定做出了狭义的解读，在其对自动化决策与资料分析的指引中，要求"控制者应当能够证明此类处理是必要的，……如果还有其他有效的、对公众打扰较少的方式可以达到同样的目的，则应当将其认定为不必要"。此外，根据第22（2）（c）条与第22（4）条的规定，获取有效的知情同意的门槛太高，这也可能妨碍保险产品的创新设计。因为目前正在欧盟委员会内部讨论的《电子隐私条例》很可能在多个问题上实施不同于《通用数据保护条例》的规则，所以法律的确定性尤为重要。③数据最小化原则与目的限制原则会限制所收集的数据以及数据收集的目的，所以对创新有不利影响，不利于新产品的设计。④设计中的隐私保护原则等要求增加了产品创新设计的成本。

有1家保险人反映，在产品创新过程中加入《通用数据保护条例》的规定能带来一定的竞争优势，因为这是获得消费者信任的重要因素。

第九章　消费者隐私和数据保护……对保险业的影响 / 145

（四）为了符合《通用数据保护条例》的规定，你所在组织最需要在哪些方面进行投入？你认为这些投入对组织的整体表现有何帮助

公司需要投入最多的领域是以下几个方面：软件开发和IT解决方案，以便执行《通用数据保护条例》增加的要求；制定数据保留政策的解决方案（如自动存档、数字化删除）；人力资源和员工培训/意识；维护数据质量的数据管理；设计数据泄露通报程序。

（五）你所在组织在多大程度上可以依赖现有的技术和组织措施，抑或是否建立了新的数据管理系统

保险公司提到，他们主要依赖于现有的技术和组织措施，并做相应的调整。现有系统的调整举措包括任命一位数据保护官、更新隐私政策、实施诸如事故管理的新政策等。只有少数保险公司需要建立新的数据管理系统。

（六）你的会员公司是否因推行符合《通用数据保护条例》的技术及组织措施而提升了客户的意识和信任

对于这个问题的反馈很有限。整体而言，对数据保护规则的意识有所提升，但是没有证据显示这会提升客户对行业的信任。

八　数据保护官的任命

（一）你所在的组织是否依据《通用数据保护条例》第37（1）条的规定任命了数据保护官

所有参与调查的市场都确认已经任命了数据保护官，有些保险公司甚至在《通用数据保护条例》实施前就已经任命好了。一些大型保险公司还表示自己在每个分公司都设立了数据保护官。有一个市场表示，虽然大多数保险公司都任命了数据保护官，但是有些小众市场（如船艇责任保险、马匹保险）上的小公司并没有遵守《通用数据保护条例》第37条关于任命数据保护官的规定。

（二）你所在组织是否依据《通用数据保护条例》第37（4）条制定了国内法律，以任命数据保护官

有几个保险市场反映他们已经根据国内法律任命了数据保护官，然而，有一个市场报告说，有些保险公司根据国内法律任命了数据保护官，

但有些没有任命或至少暂时没有。有些市场表示，他们的情况不适合任命数据保护官。

（三）你所在组织是否主动任命了数据保护官，而不是因《通用数据保护条例》或国家法律的要求而被动任命

很多市场都表示他们在《通用数据保护条例》实施前就设有类似数据保护官的职位。有些市场调整了数据保护官的职责以适应《通用数据保护条例》的新规定。小部分公司表示他们是为了响应新的监管规定才设置了数据保护官这一职位。

（四）协会或其他代表数据控制者或处理者的机构任命数据保护官了吗

关于这个问题收到的反馈有限。有4家保险协会确认其任命了数据保护官。

（五）你对数据保护官的表现有什么看法

整体而言，大多数受访者对数据保护官的角色和表现都有积极的评价和体验。而且，很多市场认为，数据保护官是保险公司内部一个非常重要的组成部分，因为数据保护官：帮助各数据处理部门培养和建立负责任的方法和文化；数据保护官成了任何涉及数据请求的内部咨询对象；从数据保护的角度参与新保险产品的设计；帮助数据主体行使他们的权利。

西班牙保险市场表示，因为之前西班牙的法律已经提出了类似的要求，所以很容易在保险公司内部设立数据保护官这一角色。有些保险市场虽然认同数据保护官产生的积极影响，但是也提出，数据保护官的角色还有待进一步明确，以避免其职责超出预期范围。

九　控制者/处理者的关系（标准合同条款）

（一）成员国对现有合同的调整有何看法

大多数市场表示为适应数据处理要求而改变合同存在困难，整个过程非常缓慢、冗长。这主要是因为，签约方应当解决好能力和组织方面存在的问题，以便能够进行调整合同所需的详尽的技术检查。保险人需要一个漫长的过程来审查和修改与客户签订的保险合同以及与供应方签订的服务合同。下面几个例子反映了保险人在调整合同以适应新的《通

用数据保护条例》规则时遇到的一些技术问题。

德国市场反映，他们的数据保护局根据《通用数据保护条例》第 6 条或第 9 条规定（关于数据从联合控制者转移到另一位控制者的法律依据）所做的要求带来了一些困难：由德国联邦政府和联邦州各自独立的数据保护局组成的委员会 DSK，发布了一份关于联合控制者的信息通报（Kurzpapier Nr. 16）。通报认为，联合控制者也是《通用数据保护条例》第 4（9）条所指的接受者，所以也应当承担相应的信息义务。根据《通用数据保护条例》，联合控制者之间的个人数据转移属于第 4 条第 2 款所说的数据处理工作，所以需要有法律依据。

有 7 个市场反映，很难确定这是否属于联合控制者，或是否存在控制者/处理者的关系。换句话说，一个常常出现的问题是，难于理解某一方究竟是独立的处理者还是联合的控制者。总的来说，这缘于《通用数据保护条例》给出的解释过于宽泛以及对责任问题的关注，其中的主要困难在于确定各方责任和身份，尤其是涉及分销商（处理者）的角色时。因此，确定供应链上某一方究竟是控制者、处理者还是联合控制者始终是个问题，有些公司发现供应链上各方之间经常需要进行冗长的谈判。

法国的保险公司表示，修改合同的效率很大程度上取决于签约方对《通用数据保护条例》的理解程度。对法律不一致的理解通常会延误合同的修改进程，这通常是因为，签约双方或其中一方缺乏与《通用数据保护条例》执行要求相适应的资源。

塞浦路斯的保险公司在区分供应方究竟是处理者还是联合控制者以及他们的商业关系时要面临很多问题。再保险公司、外部咨询公司（如律师事务所、会计师事务所和咨询公司）以及保险中介公司通常会遇到这样的问题。这些主体通常将自己默认为控制者，强烈反对其他的分类方式。

西班牙、挪威和波兰在修改合同方面并未遇到什么困难。西班牙之前已经制定了类似控制者和处理者关系的法律，所以供应方没有感受到多大变化。挪威表示，因为大多数供应方早已为《通用数据保护条例》做好了准备，所以他们的修改过程相当顺利。波兰没有发现大的困难。

(二)是否需要依据《通用数据保护条例》第 28 (7) 条中的规定采用标准合同条款？请给出主要理由

对于欧盟是否应当采用标准合同条款与数据处理者签订合同，受访者的意见并不一致。

有 4 个市场与另一市场中的 4 家保险公司表示，采用标准合同条款有益于：①在签订分销合同时有标准的合同框架，可节省谈判的时间和资源；②建立一种权力平衡，对中小企业和保险中介更有利，因为拥有更多资源的大型组织可以要求对协议进行修订，而这并不总是对双方均有利的；③标准合同条款还可以促进与美国服务供应商的合同谈判；④明确数据控制者和处理者均应当对赔偿和制裁承担责任，使得责任更加清晰。

有 1 个市场认为，鉴于大型组织的专业性，标准合同条款对他们并没有太大的意义，但对小型企业却很有帮助。

还有 1 位受访者表示，如果依据《通用数据保护条例》第 28 (7) 条中的规定采用标准合同条款，应当确保这些标准条款能适应不同程度的风险处理。如果无须处理太多数据，要求低风险场景也要满足那些需要处理大量数据的高风险场景的要求，这就有点问题了，这会不合理地增加保险人的管理成本。

另有 1 个市场和该市场上的 4 家保险公司表示，他们反对采用标准合同条款。他们解释说，因为每个合同都有各自的特点，采用标准条款反而会增加困难。对于这些保险公司，据说他们的数据保护局已经提出了自己的标准合同条款，构建了齐备的参考框架。因为很多公司已经在合同中采用了自己的条款，所以有些公司强调标准合同条款的出台不够及时。鉴于此，欧盟的标准合同条款迫使保险公司不得不重启合同调整程序。

(三)如果要准备标准的合同条款，需要考虑哪些因素和特别要求(如审计、责任划分、合作义务、赔偿等方面)

有两个市场表示，标准合同条款不应当包含第 28 条的第 3 点和第 4 点没有列举的因素。但有 1 个市场表示，增加请求删除数据时数据处理者合作的义务会有助于履行《通用数据保护条例》第 19 条的规定。同一位受访者还表示，如果法律能够明确服务供应方也应当遵守监管机构的控制和审计要求，将会很有帮助。

（四）关于如何确保标准合同条款的"人性化"，你有何建议

如果采用标准合同条款，应当根据风险与数据处理量级来确定不同的条款。低风险的少量数据处理活动不需要满足与高风险的处理活动同等的要求。

十　为数据跨国传输调整或进一步发展标准合同条款

（一）你对现行的标准合同条款有哪些实践经历？它们达到了目的吗？如果没有，你认为改进的空间在哪里？你在使用现行的标准合同条款时遇到什么问题

有1个国家的保险协会反映，他们的保险公司经常收到需要变更合同条款的请求。请求变更的内容主要是标准合同条款中关于现行的审计规定，有些合同当事人由于偏离了规定而要求对合同进行修订，所以造成困难。迄今为止，要求更改审计安排的请求还未被接受，所以标准合同条款应该包括备选方案。

有1个市场表示，虽然他们的保险市场迄今为止还没有发现现行的标准合同条款在使用方面有什么问题，但是他们却发现，要适应《通用数据保护条例》的新要求还有一些需要改善的地方。例如，标准合同条款应当考虑数据保护官的管理、职能和身份问题，数据主体的权利管理问题，以及签约双方为证明合规而合作的可能性。

另有1个市场表示，保险公司在需要的时候会使用标准合同条款，而供应商都知悉这些条款，所以不需要讨论是否有必要使用这些条款。

还有1个市场表示，他们对使用标准合同条款持有积极的态度，保险人的分销商也对此表示欢迎。整体而言，这个市场优先使用标准合同条款而非其他的方式，如"隐私盾"（Privacy Shield）。

（二）你觉得需要根据《通用数据保护条例》调整现行的标准合同条款吗（如各种结构/设计、额外保障、与第28条针对处理者的标准条款相结合？）

有1个国家的保险协会表示，他们市场上大多数的保险人都赞成将

第 28 条与标准合同条款联合使用。然而，另一家公司表示需要更多时间来检验合同修订的效果。

另有 1 个市场回复，该市场上的保险人赞成对强制数据填写和数据安全引入额外的安全保障措施。而且，这个市场还提出，如果是代表控制者处理数据，则需要签订额外的合同以满足第 28 条的规定。因此，与第 28 条联合使用很有帮助。在这一点上，另有 1 个市场表示他们的保险公司也会赞成采用标准合同条款，这样有助于适应《通用数据保护条例》的新要求。从事类似业务的第 3 个市场也表示，标准合同条款能改进处理者与处理者之间的关系。

另有 1 个市场表示，他们还没准备好进行这方面的评估，而另有 1 位受访者则明确表示没必要采用这些新措施。

（三）是否有具体条款（如审计、责任划分、合作义务和赔偿）需要进一步明确

有 1 个市场报告，标准合同条款应当在审计规定中包含一些备选项。有的合同方因偏离了现有的规定而要求对合同条款进行变更，从而造成了一些困难。因此，公司总是接到变更合同条款的请求。

在这种情况下，对现行的监管规定做出一些调整（如使用欧盟认可的证书）是有益的。

（四）是否有必要根据 Schrems II 案例（关于第三方国家的访问权）调整标准合同条款，如关于数据输入方与输出方的监控与报告义务

有 1 个市场表示，因为在国家层面和欧盟内部已经有其他相关机制或法律制度能够弥补裁决结果造成的空白区问题，所以标准合同条款不应当根据这个特定的案例进行调整。另有两个市场表示没有必要因此对标准合同条款做更多调整。

在欧盟—美国"隐私盾"协定的第 2 次年度审查中，对于美国政府机构出于国家安全目的而随意收集和访问个人数据，以及缺乏切实的担保，欧洲数据保护委员会表达了关切。这仍然是欧洲数据保护委员会关注的问题，在制定标准合同条款时应加以解决。因此，应当确保标准合同条款成为欧盟与美国之间数据传输的有效工具。

（五）你对加强数据输出方对数据输入方的控制方式方法有何建议（例如，不仅暂停数据传输，而且实际召回已经传送的数据）

有1个市场表示，"集体控制"有助于让各方接受控制。同样，如果数据输出国和输入国的数据保护局之间有合作机制，那么数据输入国的数据保护局的介入也将有所裨益。举例来说，使用欧洲数据保护局认可的证书进行数据处理会使得控制变得更容易。

（六）是否有必要制定新的标准合同条款，如关于处理者与分处理者的关系、联合控制关系、处理者与控制者的关系或具体的处理操作

有1个市场表示，标准合同条款还不适用于数据输出方也是数据处理者的情形。这个缺陷在有些情况下会引发问题，如某个国际保险集团的总部设在欧盟国家，同时在全球范围设有子公司。

总部通常为其子公司提供多种服务。在根据其子公司的指令工作时，总部是数据处理者，而子公司是数据控制者。在这种情形下，欧洲数据保护委员会关于《通用数据保护条例》的适应范围指引显示，《通用数据保护条例》并不适用于子公司，但是适用于作为数据处理者的总部。而且，指引规定，从数据处理者（欧盟国家的总部）向数据控制者（第三方国家的子公司）传输数据时，应当依据标准合同条款或《通用数据保护条例》第46条规定的其他例外情况，而这些规定又不适用于此特定情形。

在以上情形中，总部位于欧盟的保险人面临的问题是不能使用标准合同条款把数据回传给子公司（数据控制者），这是因为，标准合同条款只适用于数据输出方是控制者的情况。而且，由于过程的复杂性和数据保护期限，数据保护局依据《通用数据保护条例》第46（3）条对"自制"的合同条款进行验证很难行得通，每个主体都应当拥有自己的验证条款。

因此，在传输主体为数据处理者而接收主体为控制者的情况下，应当允许使用标准合同条款来传输数据。一个行之有效的办法是，使标准合同条款允许在处理者位于欧盟而控制者位于非欧盟国家的情况下进行数据传输。

另有1个市场表示，有必要设置标准合同条款来确定处理者和分处

理者的关系。如果欧盟内部一位数据处理者打算聘请位于第三方国家的分处理者，数据控制者本身应当撤销其与第三方国家的数据控制者的合同。目前，仅仅依靠数据处理者与分处理者的一个合同还不够。此外，明确联合控制权的合同条款的必要内容也是有益的。

（七）在加强标准合同条款的"人性化"方面有何建议

有1个市场建议提供用户说明书，如告知标准合同条款不能变更的事实。

十一 在实施《通用数据保护条例》的国家，你是否遇到过或发现其立法上存在的问题（如偏离《通用数据保护条例》的本意、附加条件、包装等）

西班牙表示为实施《通用数据保护条例》的相关国家法律已于2018年12月颁布。国家立法认可并尊重为规范保险业对特殊类型的个人数据进行处理的国家保险法律。西班牙对《通用数据保护条例》在全国实施有积极的体验。德国特别强调了DSK委员会对出于广告目的处理个人数据出台的指引。该指引在欧洲数据保护委员会指引的基础上增添了附加条件，来平衡广告中涉及的不同利益。

第 十 章

消费者隐私和数据保护的部门立法：美国《保险数据安全示范法》[*]

第一节 关于《保险数据安全示范法》的条款

第1节 标题

本法的名称及引用名为《保险数据安全法》。

第2节 目的与宗旨

A. 本法旨在为数据安全设立标准，为第3节委员会对持牌机构的网络安全事件进行调查和通报提供标准。

B. 本法不适用于因违反本法条款而建立或默示的私人诉讼事由，也不应被视为对于本法之外的私人诉讼权利的剥夺。

起草说明：本法的起草人认为，若第3节中定义的持牌机构符合纽约州法律规章汇编第23条第500款中的《金融服务公司网络安全要求》（自2017年3月1日起生效）的规定，则可认定持牌机构也遵守了本法。

第3节 定义

在本法中，下列术语具有如下含义：

A. "被授权的个人"指被持牌机构了解并审查过、被认定有必要且适合使用由持牌机构及其信息系统持有的非公共信息的个人。

B. "保险监督官"指州级保险监督官协会的主要负责人。

---

[*] 编译者注：本章内容来自全美保险监督官协会发布的"Insurance Data Security Model Law"（2017年第4季度）及其实施情况（截至2019年第2季度）。

C. "消费者"指个人,包括但是不限于投保人、保单持有人、被保险人、受益人、索赔人和保险凭证持有人,他(她)是这个国家的居民,其非公开信息由持牌机构拥有、监管或控制。

D. "网络安全事件"指导致信息系统或存储在信息系统中的信息被非法使用、破坏或滥用的事件。

"网络安全事件"中定义的未经许可获取的加密的非公共信息,不包括加密、处理或密码是合法获取或使用的情况。

"网络安全事件"不包括此类事件,即持牌机构认为由未经授权的人获取的非公开信息并没有被使用或传播,或者已经被退回或销毁。

E. "部门"指[在此插入保险监管机构名称]。

F. "加密"指把数据转化为某种形式,在没有保护程序或密钥的情况下,信息的内容不易泄露出去。

G. "信息安全计划"指持牌机构用来获取、收集、分配、处理、维护、存储、使用、转换、处置或控制非公共信息的管理措施、技术手段以及物理保护。

H. "信息系统"指用于收集、处理、维护、使用、分享、传播或处置的电子信息资源,以及其他任何专门系统,如工业/程序控制系统、电话交换系统或分机交换系统、环境控制系统。

I. "持牌机构"指根据本州保险法被许可、授权经营或注册,或被要求许可、授权或注册的任何法人或自然人,但是,不包括在本州之外获得特许或授权的采购集团或风险自留集团,或在其他州居住的或受其他州或司法区管辖的被许可的保险人。

J. "多因素验证"指通过以下两种或两种以上方式进行认证:知识因素,如密码;拥有因素,如手机上的标志物或文本信息;生物识别因素,如生物特征。

K. "非公共信息"指不能公开获取的信息,包括以下情况:(1)属于持牌机构商业相关的信息,如果被篡改,或被非法披露、获取或使用,将对持牌机构的业务、运营或安全造成重大负面影响;(2)涉及消费者个人的任何信息,即能识别他的名字、号码、个人标志或其他识别物,以及以下各项数据要素:(a)社会保障号,(b)驾照号码或非驾驶员的身份证号码,(c)银行账号、信用卡或借记卡号码,(d)任何可能允许登录消费者财务账号的安全代码、访问代码或密码,(e)生物记录;(3)来自医疗保健供应方或消费者的信息或数据(除年龄、性别之外),无论以何种形式或媒介,涉及下列情况者:(a)任何消费者或消费者家庭成员的过去、现在或将来的身体、心理或行为健康与状况,(b)提供给任何消费者的医疗服务,(c)给任何消费者提供医疗服务的费用。

L."人"指任何个人或非政府实体,包括但不限于非政府合作伙伴、企业法人、分支机构、代理人或社团组织。

M."公开获取的信息"指持牌机构有理由相信是通过合法途径提供给公众的信息;联邦政府、州政府或当地政府的记录;广泛传播的媒体;或者因联邦立法、州立法或当地法律的要求向公众披露的信息。

出于此定义的考虑,如果持牌机构确认了以下问题,那么他有理由相信信息是通过合法途径披露给公众的:信息是适合向公众公开的;消费者是否可以要求信息不向公众公开,如果可以的话,但该消费者并没有要求这样做。

N."风险评估"指每个持牌机构都被要求依照本法第 4 节(C)进行的风险评估。

O."州"指[采用的州]。

P."第三方服务供应商"指与持牌机构订立合同的一个人(而非持牌机构),其依据与持牌机构提供的服务条款,可维护、处理、存储或被允许使用非公共信息。

第 4 节　信息安全计划

A. 信息安全计划的实施

每个持牌机构都应当制定、实施并维护一个书面的综合信息安全计划,该计划是基于持牌机构的风险评估,与持牌机构的规模和复杂性、所从事活动的性质和范围相适应,包括第三方服务供应商的情况,由持牌机构所使用或拥有、监管或控制的非公开信息的敏感性等,并包含保护非公开信息与持牌机构信息系统的管理、技术和物理防护措施。

B. 信息安全计划的目标持牌机构的信息安全计划是用来:

保障非公共信息的安全性与保密性以及信息系统的安全性;防止非

公共信息和信息系统的安全性与完整性遭遇威胁或破坏；防止非法获取或使用非公共信息，最大限度地减少可能对消费者造成的伤害；对保留非公共信息的计划和不再需要时的销毁机制进行定义并定期再评估。

C. 风险评估

持牌机构应当：指定一名或多名员工、分支机构，或代表持牌机构负责信息安全计划的外部供应商；识别可能导致非公共信息被非法获取、传播、披露、滥用、更改或破坏的内外部威胁，包括由第三方服务供应商获取或持有的信息系统和非公共信息的安全性；考虑非公共信息的敏感性，评估这些威胁发生的可能性及其潜在损失；评估政策、程序、信息系统以及其他防护措施是否足以处理这些问题，包括考虑持牌机构业务的每个相关领域：（a）员工培训与管理；（b）信息系统，包括网络与软件设计以及信息分类、治理、加工、存储、传播和处置；（c）对攻击、入侵和其他的系统问题进行侦查、预防和处理；实施信息保障措施，处理好在持续评估中发现的问题，每年对防护系统的密钥控制、系统和流程至少进行一次有效性评估。

D. 风险管理

基于风险评估，持牌机构应当：（1）根据持牌机构活动的规模和复杂程度，包括第三方服务供应商的使用情况、持牌机构使用、拥有、保管或控制的非公开信息的敏感程度，来制订信息安全计划以降低已识别的风险。

（2）确定以下哪些安全措施有效并予以实施：（a）设置信息系统访问限制，包括身份验证限制，只允许被授权的个人进入，防止非公共信息被非法获取；（b）识别并管理好数据、人员、装置、系统和设施，使组织达到与其商业愿景和风险策略一致的经营目的；（c）限制访问含有非公共信息的地理位置，只对被授权的个人开放；（d）在用外网传输文件时，通过加密或其他合适的方式保护所有的非公共信息，以及存储在笔记本电脑或其他可携带式计算或存储设备或媒介上的非公共信息；（e）供持牌机构使用的内部开发的应用程序，以及用于评估和测试的外部开发的应用程序，均应当采用安全的开发方式；（f）根据持牌机构的信息安全计划来修改信息系统；（g）对任何个人访问非公共信息进行有效的控制，包括多重身份验证等；（h）定期测试、监控系统和流程，检测是否有攻击或试图攻击和入侵信息系统的行为；（i）在信息安全计划中加入审计跟踪的内容，用来发现和应对网络安全事件，同时用来重构足以支持持牌机构正常运营和履行职责的重大财务交易；（j）采取措施防范由于自然灾害（如火灾、水灾和其他巨灾，或技术问题）造成的非公共信息被破坏、丢失或损毁；（k）制定、实施和维护非公共信息（所有格式的）的安全处理程序。

（3）在持牌机构的企业风险管理计划中加入网络安全的内容。

（4）随时了解新出现的威胁和脆弱性，并根据分享的性质和信息类型在分享信息时实施合适的安全措施。

（5）为员工提供必要的网络安全意识培训，以反映持牌机构在风险评估中识别的风险。

E. 董事会的监督

如果持牌机构有董事会，董事会或董事会中适当的委员会，至少应当：要求持牌机构执行管理层或其代表制订、实施并维护其信息安全计划；要求持牌机构执行管理层或其代表至少每年做出一次书面汇报，内容包括以下方面：（a）信息安全计划的总体状况以及持牌机构遵守本法的情况；（b）与信息安全计划相关的重大事项，关注风险评估、风险管理和控制决策、第三方服务供应商的安排、测试结果、网络安全事件或违法行为以及管理层对此的反应，并提出修改信息安全计划的建议。如果执行管理层将本法第4节的任何职责委托出去，持牌机构应当监督受托人所准备的信息安全计划的制订、实施并维护，并要求受委托人按照向董事会报告的要求提交报告。

F. 对所聘请第三方服务供应商的监督

持牌机构应当认真挑选第三方服务供应商；持牌机构应当要求第三方服务供应者采取合适的管理、技术和物理措施防护并确保由第三方服务供应者所持有的信息系统和非公共信息的安全。

G. 计划调整

持牌机构应当根据技术、非公共信息的敏感度、信息面临的内外部威胁以及持牌机构自身业务安排的变化，如兼并与收购、联盟与合营、外包以及信息系统的变更，对信息安全计划进行适当的监控、评估和调整。

H. 事件应对方案

作为信息安全计划的一部分，每个持牌机构均应当建立一套书面的事件应对方案，以便应对任何在机密性、完整性、可获取性等方面可能影响其所管理的非公共信息、信息系统或业务和运营各方面持续的网络安全事件，迅速做出反应并及时恢复运行。

事件应对方案应当突出以下方面：（a）应对网络安全事件的内部程序；（b）事件应对方案的目标；（c）对决策机构的角色、分工和层级进行清晰定义；（d）内外部沟通与信息分享；（e）对信息系统及其相关控制环节中发现的问题进行修复的要求；（f）关于网络安全事件及相关事件应对活动的文档与报告；（g）网络安全事件发生之后对方案做必要的评估与检查。

I. 向所在州的保险监督委员会提交年度报告

在本州注册的所有保险人都应当在每年 2 月 15 日前向保险监督委员会提交书面报告，证明该保险人确实严格遵守了本法第 4 节所列举的各项规定。保险人需要将支撑该报告的所有记录、计划和数据保存 5 年，以备有关部门检查。若发现某些领域、系统或程序需要进行重大改进、升级或重新设计，保险人应当将发现的问题以及计划采取的补救措施形成书面文件，随时供保险监督官检查。

第 5 节 网络安全事件的调查

A. 如果持牌机构知悉某个网络安全事件已经发生或可能发生，那么，该持牌机构或外部供应方及/或代表持牌机构的服务供应方应当迅速开展调查。

B. 在调查期间，持牌机构或外部供应方及/或由持牌机构指定服务供应方应当至少确定以下信息：判断网络安全事件是否发生；评估网络安全事件的性质和范围；确认网络安全事件可能涉及的非公共信息；实施并监督相关措施来恢复在网络安全事件中受损的信息系统的安全性，从而防止由持牌机构拥有、管理或控制的非公共信息被再次非法获取、披露或使用。

C. 若持牌机构得知由第三方服务供应商所管理的系统发生或可能发生网络安全事件，持牌机构应当完成上述第5节（B）所列举的程序，确认并书面证明第三方服务供应商已经完成了这些程序。

D. 持牌机构应当保存有关网络安全事件的所有资料，保存时间至少为5年（从网络安全事件发生之日起计算），在保险监督官要求时还应当再提供这些资料。

第6节 网络安全事件的通报

A. 通报到保险监督官

如果满足以下条件之一，那么在确认网络安全事件发生后，持牌机构应当在72小时内尽快通报保险监督官：对于保险人，本州是持牌机构的常住州，或者对于发证人（producer），本州是持牌机构州籍所在地（home state），而这些术语均在［插入发证许可示范法相关内容］中进行了说明；持牌机构有理由认为，所涉及非公共信息牵涉本州常住消费者人数超过250人（含），并且符合以下情形：（a）影响持牌机构的网络安全事件，要求报送给政府机构、自我监管代理机构或其他任何依据州法律或联邦法律设立的监管机构；（b）可能对下列内容带来严重伤害的网络安全事件：（i）居住在本州的消费者；（ii）关于持牌机构正常运营的重要内容。

B. 持牌机构应当尽可能多地提供以下信息。持牌机构应当按照保险监督官的要求提供电子版信息，还要持续更新或补充与网络安全事件相关的原始资料及后续材料

网络安全事件发生日期；描述信息是如何被泄露、丢失或被盗的，包括第三方服务供应商的角色与责任，如有的话；网络安全事件是如何被发现的；丢失或被盗的信息是否被找到，如果是，是如何被找到的；确认网络安全事件的来源；持牌机构是否向公安机关报案，是否通报监管部门、政府或执法部门，如果是，是何时通报的；对非法获取的信息类型的描述，特定的信息类型指特定的数据元素，如医疗信息的类型、财务信息的类型或消费者身份信息的类型；信息系统被网络安全事件破坏的时长；受信息安全事件影响的本州常住消费者人数。持牌机构应当在最初的报告中提供最准确的预计数，并在后续报告中不断更新；对自

动控制或内部程序中发现的疏忽,或对自动控制或内部程序中出现的疏忽进行内部检查的结果;对网络安全事件所采取的补救措施的描述;持牌机构的保密政策,以及一份概述持牌机构将采取哪些步骤调查并通报受网络安全事件影响的消费者的声明;联系人的名字,该人熟悉网络安全事件,并获准为持牌机构行事。

C. 通报消费者

持牌机构应当遵守相应的法律［插入各州数据侵权通报法］,若根据本法第 6 节（A）中的规定需要通报保险监督官,应当将依据此法律提供给消费者的通报抄送一份给保险监督官。

D. 涉及第三方服务供应商的网络安全事件的通报

若由第三方供应商维护的系统出现网络安全事件,而持牌机构已经知晓,则持牌机构应当依据本法第 6 节（A）的规定进行处理。

持牌机构通报的截止日期应当自第三方服务供应商告知网络安全事件发生之日,或者持牌机构通过其他方式知晓事件发生之日算起,以较早者为准。

对于第三方服务提供商或任何其他方为履行第 5 节规定的调查要求或第 6 节规定的通报要求而签订的协议,本法任何规定均不得被解释为限制或废除该协议。

E. 将再保险人的网络安全事件通报保险人

（a）如果网络安全事件涉及的非公共信息是由保险人使用,或由其拥有、保管或控制,并且其与受影响的消费者没有直接的合同关系,那么保险人应当在确定网络安全事件发生的 72 小时内通报受其影响的分出保险人及其所在州的保险监督官。（b）与受影响的消费者有直接合同关系的分出保险人应当依据［各州关于侵权通报法］的要求,尽到通报消费者的义务,并根据本法第 6 节之通报规定履行其他通报义务。

（a）如果持牌机构的第三方服务供应商拥有、保管或控制的非公共信息出现网络安全事件,并且该持牌机构是保险人,则该保险人应当在接到第三方服务供应商的通报后 72 小时内,通报受影响的分出保险人及其所在州的保险监督官。（b）与受影响的消费者有直接合同关系的分出保险人应当根据［各州关于侵权通报法］的要求,履行通报消费者的义务，以及根据本法第 6 节之通报规定履行其他通报义务。

F. 将涉及保险人的网络安全事件通报给保险中介

若拥有、保管或控制非公共信息的持牌机构是保险人或其第三方服务供应商，并且消费者是通过独立的保险经营者获取保险服务，则在发生网络安全事件后，保险人应当根据保险监督官的指令，尽快通报所有受到影响的消费者的保险中介。

如果保险中介没有任何个人消费者的信息记录，就可以免除这一义务。

第 7 节 保险监督官的权力

A. 保险监督官有权调查和检查任何持牌机构，确定该持牌机构是否有违反本法的行为。此项权力是保险监督官在［各州关于保险人调查和检查的相关法规］基础上的附加权力。所有的调查和检查应当依据［各州关于保险人调查和检查的相关法规］进行。

B. 一旦保险监督官有理由认为在本州营业的持牌机构涉嫌违反本法，保险监督官可以根据本法有关条款来采取必需或适当的行动。

第 8 节 保密

A. 持牌机构或其雇员、代理人根据本法第 4 节（I）、第 6 节的 B (2)、B (3)、B (4)、B (5)、B (8)、B (10) 和 B (11) 条款所提供的，或由保险监督官依据本法第 7 节在调查或审核中所获得的，受制于或属于部门的任何文件、资料或其他信息应当依法保密和受到保护，不受［在此插入本州公开的记录法、信息自由法、阳光法或其他适当的法律］的约束，不得被传唤，也不得作为取证或可接纳证据出现在任何私人民事诉讼中。但是，作为监管者职责的一部分，监督官因任何监管行为或法律行动的需要，有权使用这些文件、资料或其他信息。

B. 保险监督官以及因授权行事而收到文件、资料或其他信息的任何人，均不得在任何涉及第 8 节（A）中的保密性文件、资料或其他信息的私人民事诉讼中做证。

C. 为了协助保险监督官依据本法履行职责，保险监督官应当：（1）在分享受本法第 8 节（A）约束的文件、资料或其他信息时，如果信息接收方是其他州、联邦或国际的监管机构、全美保险监督官协会及其分支或附属机构,或者州、联邦或国际的执法部门,那么,只需要接收者书面同意保守这些文件、资料或其他信息的秘密;(2)可以从全美保险监督官协会及其附属机构、监管机构及外国或本国司法管辖区的执法人员处接收文件、资料或其他信息,并以通报的形式保证所接收的这些文件、资料或其他信息的保密性,或依据这些文件、资料或其他信息的来源的司法管辖区的法律应当知悉其保密性;(3)可以根据本法第8节(A)中的规定,与第三方咨询人或销售公司分享文件、资料或其他信息,咨询人应当书面同意维护这些文件、资料或其他信息的保密性;(4)可以签订与本条款相一致的协议来监督信息的分享与使用。

D. 不得因根据本节向保险监督官披露或根据第8节(C)的规定进行分享而放弃对文件、资料或信息的保密性要求。

E. 对于保险监督官将依据[插入各州相应法律]向公众公开的最终判决的诉讼内容,本法任何内容都不禁止将这些内容发送到由全美保险监督官协会、其联营公司或子公司维护的数据库或其他票据清算所的服务中。

起草说明:对于依据检查法进行调查或检查的州,可能将该法律的保密保护的内容应用到调查或检查中。

第9节 除外条款

A. 本法有以下除外条款:员工少于10人的持牌机构,包括独立的承办人(contractors),可免于本法第4节中的规定;受1996年8月21日颁布的《公法》第104—191号和《美国联邦法规汇编》第110卷第1936节(《健康保险可携带性和责任法案》)约束的持牌机构,如果它们已经依法制定的法规、规则、条例、程序或指引建立并维持信息安全计划,并提交书面申请证明其遵守了上述要求,那么该持牌机构将被视为符合第4节的要求;持牌机构的雇员、代理人、代表或指定人如果也是持牌机构,若其已得到其他持牌机构的信息安全计划的保障,则可免于第4节中的规定,即在受保障范围内不需要建立自己的信息系统。

B. 若持牌机构不再符合豁免条件,则该机构对遵守本法有180天的宽限期。

第10节 惩罚

违反此法的持牌机构将依据[一般处罚条例]予以惩罚。

第11节 规则与监管［可选项］

保险监督官可依据［各州关于设立规则的法规］制定必要的规则，以实施本法条款。

起草说明：此规定仅适用于需要该规定的州。

第12节 可分割性

如果本法中的任何条款及其对任何人或情况的应用，由于某种原因被认为无效，本法其他内容及其对其他人、其他情况的应用不会因此而受影响。

第13节 生效日期

本法生效日为［插入日期］。持牌机构应当自本法生效之日起一年内开始实施本法第4节，在两年内开始实施本法第4节（F）。

第二节　关于《保险数据安全示范法》的说明

表10—1旨在为读者提供更多信息，以便更好地了解与全美保险监督官协会《保险数据安全示范法》（以下简称《示范法》）相关的州法令、规则、公告或行政规章。这些指引让读者了解各州是如何运用《示范法》以及所讨论主题的。全美保险监督官协会的法务部门评价了各州在这个方面所采取的行动，明确了他们的引用是否符合以下列举的"采用《示范法》"一栏和"州有关活动"一栏。全美保险监督官协会的解释不一定向个别州或有兴趣的读者公开。

表10—1所涉及全美保险监督官协会关于州法律条款的内容不具有法律效力。本节也不反映某个州是否满足认证标准。我们尽力为读者提供正确而有用的信息。读者可以查询州法律来获取更详细的内容以及最新的信息。

关键词：（1）采用《示范法》：本栏中所列的州以基本相似的方式在全国实施了全美保险监督官协会的最新版本的《示范法》。这要求各州整体上采用该《示范法》，但允许在样式和格式上有所调整。本栏包括已采用部分现行全美保险监督官协会《示范法》的州，并附有备注说明。
（2）州有关活动：包括但是不限于：全美保险监督官协会的《示范法》、

处理同一问题的规章条例以及其他行政管理指引（如公告、通报）等老版本。没有在"采用《示范法》"中列出任何内容的州只是没有以基本相似的方式实施最新版本的全美保险监督官协会《示范法》。

当前无活动：截至最近更新日期，该州未进行相关立法活动，包括已废除立法的州以及从未进行立法的州。

表10—1　　　　　　　　　关于《示范法》的说明

全美保险监督官协会成员	采用《示范法》的情况	州有关活动
亚拉巴马州	当前无活动	
阿拉斯加州	当前无活动	
美属萨摩亚	当前无活动	
亚利桑那州	当前无活动	
阿肯色州	当前无活动	
加利福尼亚州	当前无活动	
科罗拉多州	当前无活动	
康涅狄格州	当前无活动	
特拉华州	当前无活动	
哥伦比亚特区	当前无活动	
佛罗里达州	当前无活动	
佐治亚州	当前无活动	
关岛	当前无活动	
夏威夷州	当前无活动	
爱达荷州	当前无活动	
伊利诺伊州	当前无活动	
印第安纳州	当前无活动	
堪萨斯州	当前无活动	
肯塔基州	当前无活动	
路易斯安那州	当前无活动	
缅因州	当前无活动	
马里兰州	当前无活动	
马萨诸塞州	当前无活动	

续表

全美保险监督官协会成员	采用《示范法》的情况	州有关活动
密歇根州	《密歇根州法律汇编》（MICH. COMP. LAWS）第 500 节第 500—565 条（2018 年）	
明尼苏达州	当前无活动	
密西西比州	《密西西比州议会法》第 2831 号（S. B. No. 2831）（2019 年）	
蒙大拿州	当前无活动	
内布拉斯加州	当前无活动	
内华达州	当前无活动	
新罕布什尔州	当前无活动	
新泽西州	当前无活动	
新墨西哥州	当前无活动	
纽约州		《纽约州法律规章汇编》（N. Y. COMP. CODES R. & REGS.）第 500 节第 23 条（2018 年）
北卡罗来纳州	当前无活动	
北达科他州	当前无活动	
北马里兰州	当前无活动	
俄亥俄州	《俄亥俄州年度修订法典》（OHIO REV. CODE ANN.）第 396 节第 1—11 条（2018 年）	
俄克拉荷马州	当前无活动	
俄勒冈州	当前无活动	
宾夕法尼亚州	当前无活动	
波多黎各	当前无活动	
罗得岛州	当前无活动	
南卡罗来纳州	《南卡罗来纳州年度修订法典》（S. C. CODE ANN.）第 38 节第 99 条第 10—100 款（2018 年）	
南达科他州	当前无活动	
田纳西州	当前无活动	

续表

全美保险监督官协会成员	采用《示范法》的情况	州有关活动
得克萨斯州	当前无活动	
犹他州	当前无活动	
佛蒙特州	当前无活动	
维尔京群岛	当前无活动	
弗吉尼亚州	当前无活动	
华盛顿州	当前无活动	
西弗吉尼亚州	当前无活动	
威斯康星州	当前无活动	
怀俄明州	当前无活动	

第十一章

金融保险消费者教育：欧洲保险业的观点[*]

第一节 引言

金融教育的目的是确保欧洲公民具备必要的知识、信心和技能，从而在提高公民对金融产品和概念的理解能力上发挥着重要作用。金融素养是一项重要的生活技能，应当尽早开发和培养，以鼓励负责任的金融行为，让人们有信心管理好自己的财务事项。提升金融素养是一个重要的社会问题，需要各利益相关方共同努力，并充分利用日益强大的数字化力量。

一 风险意识

风险意识是金融教育的一个核心元素，对保险尤其如此。现实中很多人缺乏风险意识，缺乏对保险产品及相关问题的认知。金融教育有助于提升人们的金融意识，让公民在考虑如何确保充分的保险保障、如何为退休做准备等问题时做出适宜的选择。金融意识和风险意识有助于人们了解保险产品的主要特征，进而有能力做出更明智的决策，即选择满足适合自身需要和达到自身期望的保险产品。随着保险产品的日益多元化、复杂化，相关信息不断积累，这点显得尤为重要。

---

[*] 编译者注：本章内容选自 Insurance Europe（欧洲保险和再保险联合会）发布的"Financial Education in a Digital Age Initiatives by the European Insurance Industry"（2017年3月）。

二 金融行为变化

提高金融素养是一项重要的社会挑战，需要有关各方共同努力。欧盟成员国、公共机构、消费者协会、私营部门、学术界和其他机构都可以推动解决人们在大量金融产品服务方面的知识缺陷，并在日常生活中发挥重要作用。其中，一个主要的政策挑战是，从提升人们对金融问题的认识，转向切实改变个人的财务状况、规划长期理财和选择产品等方面的金融行为。

经济合作与发展组织（Organization for Economic Co-operation and Development，OECD）开展的一项关于金融素养的研究[①]表明：80%的欧洲市民在挑选金融产品时没有进行充分比较，也没有使用独立渠道的信息或建议；40%的欧洲居民（奥地利、法国和葡萄牙的居民除外）在选择金融产品前甚至没有收集信息（见表11—1）。

表11—1　　　　　欧洲国家居民的金融行为状况　　　　　单位：%

	打算做出明智的决策	逛多家店，习惯于使用独立渠道的信息或建议
奥地利	66	12
比利时	42	15
克罗地亚	33	5
捷克	30	6
爱沙尼亚	41	2
法国	80	4
匈牙利	21	6
拉脱维亚	49	5
荷兰	18	13
挪威	55	5
波兰	39	6

---

① OECD, 2016, "Financial Education in Europe. Trends and Recent Developments".

续表

	打算做出明智的决策	逛多家店，习惯于使用独立渠道的信息或建议
葡萄牙	82	6
土耳其	55	4
英国	36	15

资料来源：OECD/INFE, OECD, "Financial Education in Europe", Trends and Recent Developments, 2016。

许多人都没有意识到储蓄和制定长期金融目标的重要性（见表11—2）。这是非常令人惊奇的，因为到2060年，65岁以上的老年人口可能达到15—64岁劳动年龄人口的两倍多[①]。随着退休养老中的个人责任变得越来越重，应当提升公众为退休做充分准备的意识。图11—1显示，欧盟国家居民持有人寿保险的比例还有一定的提升空间。

表11—2　欧洲国家居民储蓄和制定长期金融目标的状况　　单位:%

	积极的储蓄者	制定长期金融目标
奥地利	69	65
比利时	75	62
克罗地亚	63	45
捷克	59	39
爱沙尼亚	40	40
法国	83	61
匈牙利	27	43
拉脱维亚	36	44
荷兰	71	39
挪威	84	44
波兰	34	32
葡萄牙	37	52
土耳其	51	44
英国	72	45

① European Commission, "2015 Ageing Report".

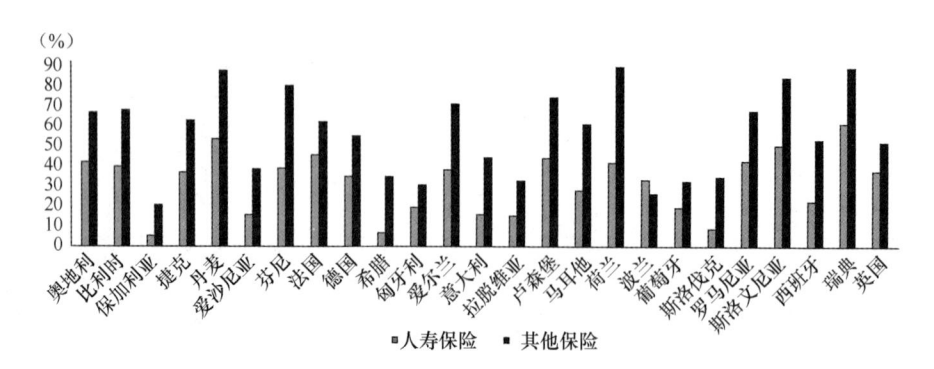

(%)
90
80
70
60
50
40
30
20
10
0

奥地利 比利时 保加利亚 捷克 丹麦 爱沙尼亚 芬兰 法国 德国 希腊 匈牙利 爱尔兰 意大利 拉脱维亚 卢森堡 马耳他 荷兰 波兰 葡萄牙 斯洛伐克 罗马尼亚 斯洛文尼亚 西班牙 瑞典 英国

■人寿保险　■其他保险

图 11—1　15 岁以上的人口持有保险产品的比例

资料来源：Eurobarometer，"Special 373：Retail Financial Services"，2012。

2012 年，欧洲晴雨表（Eurobarometer）对消费者在选择保险产品时的行为进行了专门调查。结果显示，40% 的受访者在购买人寿保险时，会选择他们接触到的第一个产品，而在购买其他保险产品（如车险、财产险或健康保险）时，26% 的受访者表示会购买他们接触到的第一个产品（见表 11—3）。

表 11—3　　过去 5 年在购买寿险产品时进行比较的客户情况　　单位：%

	比较不同产品	接触的第一个产品	不知道
斯洛伐克	85	13	2
意大利	81	19	0
英国	77	22	1
爱尔兰	71	25	4
捷克	71	29	0
保加利亚	68	25	7
罗马尼亚	67	31	2
卢森堡	65	33	2
德国	62	38	0
斯洛文尼亚	62	38	0
奥地利	61	37	2
欧盟	78	40	2

续表

	比较不同产品	接触的第一个产品	不知道
荷兰	56	42	2
匈牙利	56	42	2
立陶宛	56	36	8
比利时	55	45	0
芬兰	54	42	4
波兰	53	44	3
马耳他	52	48	0
爱沙尼亚	52	46	2
丹麦	49	48	3
瑞典	49	42	9
塞浦路斯	49	49	2
西班牙	48	50	2
法国	40	58	2
葡萄牙	36	54	10

资料来源：Eurobarometer, "Special 373: Retail Financial Service", 2012。

三 技术作为金融教育的工具

技术创新正以前所未有之速度改变着我们的生活。从消费者网站到手机应用程序，现在要了解一个人的财务状况比以往有更多的方式。2015年，欧盟有83%的家庭访问互联网，而76%以上的16—74岁的人经常使用互联网。2015年，57%的个人是通过移动设备访问互联网的，这一数字在2012年仅是36%[①]。

就金融教育而言，改善技术资源和工具的一大好处是可能惠及更广范围的公众群体，从而提高整体人群的金融普惠水平。基于技术的工具有助于提升金融素养，帮助个人做出更明智的决定。这些工具可以帮助解决金融教育的一些障碍，包括更快且更便捷地获取信息，以及在风险缓释和个人安全措施等领域获得更深入的建议和指导。居民通常可以

---

① Eurostat, 2016, "Digital Economy and Society Statistics—Households and Individuals".

通过互动和使用简易在线工具来访问与个人情况相关的信息。技术还提供了一种更具互动性和参与性的方式，即作为正规学校课程的一部分以游戏和测验的方式出现在课堂中，让孩子们从小就参与到课堂中。

本章第五节列举了欧洲国家保险业利用数字技术促进金融教育的多种方式，帮助消费者找到最适合自己的产品，并使消费者为自己的金融决策承担更多责任。

第二节　金融教育的国家战略

教育是各国政府的职责，许多国家已经认识到将金融教育纳入学校课程的重要性。这是一件非常好的事。关键是，各国政府都应当认识到有必要提高国民的金融素养，并研究适宜的全国性金融教育政策，从而为未来打下重要基础。从保险的角度讲，把金融教育融入学校课程有助于年轻一代形成一般性的取向，既关注日常生活中的风险，如事故、疾病以及退休和养老金等更长期的问题，也留意有助于缓解这些风险的基本产品类型。

经合组织对金融教育的国家战略是由国家统筹协调的框架或方案，包括以下内容：认识到金融教育的重要性——包括可能的立法——并根据国家的需要和差距情况，在国家层面明确金融交易的意义和范围；加强不同利益相关方的合作，确定一个国家领导机构或协调机构/理事会；确定路线图，在设定时间段内达到具体的、预定的目标；为个别方案提供指导，以便对国家战略做出有效和适当的贡献。

经合组织还注意到，制定国家战略没有"一刀切"的模式或程序。国家战略的制定及其框架设计应当解决国家面临的具体问题，并适应国家短期和长期的政策目标。对此，各国在政策优先次序、目标群体以及公营、私营和非营利的利益相关方各自应当发挥的作用上采取了不同做法。

表11—4概述了欧洲各国针对金融教育采用的国家战略情况。

表 11—4　　　　　　　欧洲各国金融教育的国家战略

进展情况	国家
正在修订国家战略或实施第二项国家战略	捷克、荷兰、斯洛伐克、西班牙和英国
正在实施第一项国家战略	比利时、克罗地亚、丹麦、爱沙尼亚、爱尔兰、拉脱维亚、葡萄牙、斯洛文尼亚、瑞典和土耳其
正在制定国家战略	法国、波兰、罗马尼亚和塞尔维亚
正在规划国家战略	奥地利和意大利

资料来源：OECD，《欧洲金融教育：趋势与最新发展》，2016 年 4 月。

第三节　欧洲与全球的发展情况

提升人们的金融素养和对保险的理解会推动经济增长，特别是在帮助社会成员应对养老金重大挑战方面发挥着重要作用。提升人们对金融风险和机会的认识，有助于他们明智地选择所需要的金融服务。因此，他们更愿意参与经济活动，这反过来又有助于欧洲和全球的经济增长。

上节强调了国家层面制定金融教育战略的重要性。欧盟和全球的政策制定者、各类院校和监管者都应当支持这种做法。有了为金融教育和素养的目标而共同努力的决心，以及私营和公共机构之间持续的协调合作，经济和社会都将由于全民金融意识的提升而受益。

本节探讨欧洲和全球目前实施的金融教育和素养水平提升的方法，并提出政策建议。

一　欧洲

一些欧洲国家已经采取了重要措施推动金融教育的国家战略。为进一步促进并确保欧洲各国政府更广泛地采用类似战略，欧洲保险和再保险联合会支持欧盟的政策制定者和监管者为实现这一目标发挥更大的作用。

（一）欧盟委员会

欧盟委员会（European Commission）强调，提升欧盟消费者的金融能力的最佳途径是，在各成员国制定一项协调一致的战略。教育是各国的责任，而欧盟委员会的职责是鼓励各国积极推动金融教育，并分享经验。对此，欧盟委员会成立了金融教育专家小组来组织专家研讨，维护欧洲的金融教育倡议的数据库，为教师开发在线工具并支持其开展活动。

欧盟委员会还提出了一项建议，鼓励欧盟成员国推出国家金融教育战略，并将金融素养培养纳入学校课程。欧盟委员会还会组织欧洲金融教育日活动，将政策制定者、市民、金融从业者、教育从业者、社会合作者以及媒体召集起来，关注一些典型做法，并从其他欧洲国家开展的有效的金融素养倡议与活动中汲取灵感。分享最佳实践也将是识别新趋势的一个很好的方式，例如，通过越来越流行的数字工具能有效地向消费者提供金融教育方案。

（二）欧洲议会

欧洲议会（European Parliament）于 2014 年发布的关于"金融服务的消费者保护"的研究报告中写到，各国政府、金融部门和民间社会应当对金融教育活动投入更多的精力和资源。它还要求尽可能从业已在各国开展的各种活动中汲取经验和教训，特别是在效果和效率方面。此外，欧盟议会的解决方案[1]还强调了金融教育的重要作用，呼吁欧盟和各国政府以及消费者组织和公司加强金融教育来提升人们的金融素养。

（三）欧洲保险与职业养老金管理局

欧洲保险与职业养老金管理局（European Insurance and Occupational Pensions Authority，EIOPA）是欧洲保险与职业养老金部门的监管机构，也负责金融素养和金融教育事宜。根据欧洲保险与职业养老金管理局条例[2]的第 9（1）条：它在促进欧洲内部跨市场的消费金融产品服务的透

---

[1] 欧洲议会解决方案，关于消费者政策的新策略（2011/2149，INIO），2011 年 11 月 15 日；欧洲议会解决方案，关于强化脆弱消费者的权利的策略（2011/2272，ININ），2012 年 5 月 22 日；欧洲议会解决方案，关于欧洲消费者政策的新日程（2012/2133，INI），2013 年 6 月 11 日。

[2] 欧洲议会条例第 1094/2010 号；欧盟理事会 2010 年 11 月 24 日的条例成立了欧洲监管机构（欧洲保险与职业养老金管理局），对 No.716/2009/EC 指令进行了修订，废除了委员会 2009/79/EC 指令。

明、简单和公正方面起主导作用，包括评估和协调由合格机构所组织的金融素养和教育的倡议活动。

有鉴于此，欧洲保险与职业养老金管理局于2011年发布了一份关于"主管部门金融素养和教育举措"的报告，介绍了各国金融教育与素养相关的监管部门所采取的国家战略与法制能力、金融素养/教育领域的国内与国际合作以及对各项举措的评估。欧洲保险与职业养老金管理局还在其网站上公布了金融素养和教育领域的有关部门。

专栏11—1　为消费者提供更好而非更多的信息

为了做出更明智的金融决策，消费者需要做到两点：一是具有金融素养；二是能够获取关于产品服务的信息。因此，高质量的金融教育与合同签署前的产品信息介绍是非常必要的，监管者和政策制定者要正确处理这两方面问题。

经验表明，太多的信息会让消费者感到困惑，分散他们对保障范围、责任免除等最重要信息的注意力。向人们提供过多的信息只会让他们感到困惑，导致他们做出不明智的决策，并且可能在索赔时遭遇不快。

因此，消费者保护规则应当具有连贯性和一致性，并经过精心设计。如果消费者需要对产品进行比较并挑选适合自己的产品，非常重要的一点是简化披露要求，确保产品信息有效。规则应当在合同签订前着重要求为个人提供高质量的、相关的产品信息，而不仅仅是大量的信息。

然而，新的欧盟规则，如《打包零售和保险类投资产品条例》和《保险分销指令》，也可能促使向消费者提供过多的信息，但对于他们选择保险产品却没有用处。

这是为何？因为每一项规则都是单独拟订的，没有充分注意到这些规则共同作用的效果。这点很重要，因为很多保险销售流程需要同时应用多个规则。同样，这些规则没有考虑到人们现在都在网上购买保险的事实，所以已经过时了。

因此，欧洲保险业呼吁欧盟委员会考虑导致信息超载和重复要求的规章制度的累积影响，并采取措施予以消除。欧盟立法也应当是对数字友好、技术中立且具有前瞻性，以适应数字时代。

二 全球

（一）经济合作与发展组织（OECD）

OECD 发布的《金融教育与意识的原则与实践》建议，金融教育应当尽早开始，要在学校开设相关课程。该报告认为，金融教育是一个长期的过程，如果融入儿童和青少年的教学计划中，会让未成年人在教育的每个阶段都能获得负责任的金融行为的知识和技能。

OECD 在这方面已经开展了一些重要工作，制定全球指引，促进全球经验交流，为政策制定者和从业人员提供支持。教育理事会会同经合组织的成员国出台了一个国际学生能力评估计划（Programme for International Student Assessment，PISA），主要用于评估学生在义务教育即将结束时掌握的知识和技能。该计划的一个重要特征是关注素养，包括学生将所学知识和技能运用到关键学科领域的能力，学生的分析、推理和有效沟通的能力，学生在不同情境下解释问题和解决问题的能力。

2012 年，OECD 将金融教育的内容加入 PISA 计划，这是一个具有重要里程碑意义的举措。欧洲保险业非常赞成这个举措，认为此举不仅是学生金融素养水平提高的重要指标，也进一步推动了政府将金融教育的内容纳入国家层面的学校教学计划。

首次 PISA 金融素养评估的结果于 2014 年 7 月发布，为年轻人的金融素养水平提供了重要的参考。测试针对 18 个国家和经济体[①]的 2.9 万名 15 岁的年轻人，评估他们处理金融问题的知识和技能，如理解银行账单、贷款的长期成本、保险的运行机制等事项。结果显示，在参与测试的 13 个 OECD 成员国中，大约 1/7 的受试者在日常开支方面连简单的决策都不会做，只有 1/10 的人能从容地解决复杂的金融问题。

---

① 参与的国家与经济体包括澳大利亚、比利时（荷语文化区）、中国上海、哥伦比亚、克罗地亚、捷克、爱沙尼亚、法国、以色列、意大利、拉脱维亚、新西兰、波兰、俄罗斯、斯洛伐克、斯洛文尼亚、西班牙和美国。

除 PISA 计划之外，经合组织还努力推进持续的金融教育，为提高金融素养水平而不懈努力。2016 年，OECD 发布了《欧洲金融教育：趋势与最新发展》的报告，为欧洲政策制定者提供实践和政策建议，支持金融教育的有效供给，提高欧洲市民的金融素养和福利。其中切实可行的建议包括：发展金融教育的国家战略；收集更多证据；确保指令明确、治理机制有力；加强有效、公平的教育供给，特别是学校教育。

除已经采取的一些措施之外，经合组织还建议制定金融教育的国家战略，与金融消费者保护和金融普惠措施协调一致。OECD 建议，所有此类措施都要考虑到零售金融领域的发展，如对数字金融服务的影响。它还建议，各国要遵循 OECD/金融教育国际网络关于金融教育国家战略的高层原则，从 OECD/金融教育国际网络发布的《关于国家战略政策手册》提供的案例中汲取经验和教训。

欧洲保险业对于 OECD 为提高金融素养所做的大量工作给予赞赏，尤其是 PISA 计划。欧洲保险业鼓励各国政府从经合组织的工作中获得启发。虽然各国政府在可用资源方面可能还存在问题，但是 OECD 提供的丰富的知识和指导都将有助于各国采取措施。

（二）国际理财周

欧洲保险业支持"国际理财周"活动，这是一项由国际儿童和青少年理财基金会发起的年度活动，旨在鼓励儿童和青少年了解货币、储蓄、创造生活、谋职和创业。

"国际理财周"每年 3 月会在全球 130 多个国家举行一系列活动、项目和竞赛，旨在提高认识以及挑战过时的金融政策，为年轻一代提供未来所需的工具和激励。欧洲保险和再保险联合会还在网站上专门介绍了"国际理财周"。

欧洲保险业参加了 2017 年的"国际理财周"活动，此次活动的主题是"学习、储蓄和收获"，使儿童和青少年了解自己的社会和经济权利与义务，培养能够为自己的未来做出明智决策的年轻一代。该活动重视帮助孩子从小养成良好的储蓄习惯，培养未来生活中所需的管理资金的技能。

欧洲保险业还参与了 2016 年的"国际理财周"活动。通过新闻发布和社交媒体宣传，欧洲保险业提高了人们的金融素养。2016 年"国际理财周"的主题是"积极参与、明智储蓄",欧洲保险业重点关注退休储蓄的重要性。欧洲保险和再保险联合会发布了一段简短的动画视频,解释了保险是如何保护个人及家庭的,讲述了保险业对经济的贡献。此外,欧洲保险和再保险联合会还在2016年"国际理财周"期间鼓励其成员国开展各项活动,以及各成员国的协会为提高人们的金融素养而采取举措,这些举措在它们的在线消费者焦点工具中都有介绍。

第四节 教学与培训

欧洲保险业积极参与全欧洲的许多倡议活动。金融教育是一个长期过程,这也是保险业的教育宣传要面向学生等年轻一代的原因。

研究表明,教学和培训活动应当包括互动和激励。此外,人们更喜欢通过玩游戏来学习金融知识。游戏可以刺激人们学习知识和重要技能,如战略和创新思维、创造力和合作等。因此,各国保险协会利用游戏和其他工具来引导孩子们认识保险和储蓄的重要性。

培养全社会的金融责任的主要方法之一是通过学校教育,让金融教育从孩子抓起。随着人口老龄化的到来,人们准备好应对金融风险和制订完善的退休计划是非常重要的。因此,欧洲保险业对现有的一些教育和培训方面的举措表示赞同,并鼓励所有欧盟成员国都将金融教育纳入学校教学计划。

研究表明,在互动和激励式的教学方法下,学生的学习效果最好[1]。实践证明,通过游戏活动解释基本的保险概念是有效且受年轻人欢迎的。此外,让学生们玩这些在线游戏也是一种对数字化趋势的积极回应。

第五节 数字渠道的金融教育

科技创新正以前所未有的速度改变我们的生活。从消费者网站到手

---

[1] Mandell, L., Klein, L. S., "The Impact of Financial Literacy Education on Subsequent Financial Behavior", *Journal of Financial Counseling and Planning*, Vol. 20.

机应用程序,现在要了解一个人的财务状况要比以往有更多的方式。欧盟统计局(Eurostat)2016年的数据显示:2015年,欧盟83%的家庭有互联网接入,16—74岁的人口中有76%是互联网宽带接入用户,57%的人使用移动设备连接互联网(而2012年只有36%)。

欧洲保险业利用数字渠道帮助消费者为自己的金融决策承担更多责任,并找到最适合自己的保险产品。考虑到提供金融教育的数字化手段日益普及,要对全欧洲正在实施的、带有数字化元素的所有举措都进行介绍并不现实。本节仅选取了一些利用数字技术推动金融教育的方法进行介绍。

金融教育可以通过网站和在线工具触及广大受众,这些内容通常与人们的实际生活息息相关。随着数字技术的发展,互动工具也在不断推陈出新,游戏、小测试、智能手机应用程序等也越来越普遍。许多网站还设计了附加工具,如帮助人们计算养老金权利的计算器、解释保险术语和事项的词汇表。

一 常见消费者网站和咨询服务

金融教育对所有年龄段和收入水平的人都有裨益,也对整个经济和社会具有积极意义。每个人都应当具备扎实的金融知识。欧洲保险业希望通过为消费者提供保险产品方面的信息来增强他们的能力。本节将介绍几个常用的网站与咨询服务。

(一)比利时

比利时保险协会(Assuralia)在2013年创建了消费者信息网站(ABCAssurance/ABCVerzekering)。该网站为消费者提供了有关风险预防、保险合同和理赔方面的信息,包括引导消费者循序渐进地处理具体的问题,如建房子、开公司和处理洪涝问题。该网站发布的宣传册、视频和常见问题解答中还提供了更详细具体的信息。2016年1月,该网站还只有940位访客,但2017年1月的访客数量就达到了5660位。

(二)捷克

捷克保险协会(Czech Insurance Association,CAP)于2008年创建了保险信息港,名叫"Jak se pojistit"(如何保险)。其设计了一些与专门的保险（如车险和寿险）有关的微站点。这些微站点是由协会为个人信息的宣传活动创建的。每个微网站通过小册子、常见问题和保险术语表向消费者提供综合性信息。网站吸引了大量访客，它不仅是消费者的信息来源，也成为专业人士和媒体的信息集散地。

（三）丹麦

丹麦保险与养老金协会（Forsikring & Pension，F&P）通过一个名为"了解保险"（Forsikringsoplysningen）的网站提供信息服务。自 20 世纪 70 年代以来，这项服务一直独立地向公众免费提供有关最常见的寿险与非寿险产品的信息。例如，该网站有一个面向年轻人的常见问题的解答版块，介绍他们在开始独立生活、旅游或留学等情况下的一些保险需求，还包括怎样投诉的信息。除网站提供的信息之外，消费者还可以通过电话或电子邮件提问。消费者热线电话每年会接到 6000 多个对一般性问题的咨询。自 2010 年开始，丹麦保险与养老金协会还创建了一个脸书网页叫作"保险怪才"（Forsikringsnørden），通过海报和视频提供一般性的保险信息。

（四）爱尔兰

爱尔兰保险协会经营的保险信息服务（Insurance Information Service，IIS）网站从 1990 年开始运营，主要为消费者提供一般性的、通俗的保险信息。IIS 网站是应公众对于投保、理赔、投诉处理等方面的咨询需求而建立的。IIS 网站通过电话和电子邮件为消费者提供信息，它的服务还包括依据"驳回案例协议"处理案件。根据这项法律规定，一个人如果之前被 3 家保险人拒保，第 4 家保险人应当为其提供一个车险报价。

IIS 网站很受人们的欢迎。2015 年，IIS 网站共收到 12589 条咨询，其中 1303 条是投诉。除来自消费者的咨询之外，IIS 还会处理来自一些组织（如全国消费者协会、市民信息委员会、政府部门以及中央银行）关于消费者问题的咨询。

爱尔兰保险的网站还通过"常见问题"栏目为各种寿险和非寿险业务的消费者提供信息，并提供保险术语表。

（五）荷兰

Van A tot Zekerheid（从 A 到安全）网站是荷兰保险协会于 2014 年建

立的，目的是用通俗易懂的语言为消费者提供客观中立的信息。这些信息是基于生活事件（如结婚、买房和出国旅游）整理的，让消费者更容易找到他们想要的信息。

"四步保险"版块鼓励消费者在购买保险前要仔细考虑并进行充分比较。这"四步"分别是多方比较、买保险时要考虑哪些问题、理赔以及修改或终止合同。网站还设计了专业术语表，并提供在线咨询。

（六）瑞典

瑞典消费者保险局（The Konsumenternas Försäkringsbyrå，KFB）提供的是关于寿险、非寿险和养老金产品的信息。消费者保险局在其网站上提供了一些有独立来源的产品比较信息。2015 年该网站的访客超过 100 万人，并得到瑞典消费者协会、瑞典金融监管局和瑞典保险协会的支持。消费者可以通过电话或电子邮件联系消费者保险局，也可以通过社交媒体获得独立的比较信息，或者处理投诉以及其他与保险相关的问题。

二 比价网站

各国保险协会运营的比价网站在向消费者提供公正、独立的保险产品信息方面起着关键作用，可以帮助人们购买最适合自己的保险。丹麦、匈牙利和瑞典的保险业都开发了非商业独立运作的比较工具，使得消费者能够比较产品，并做出更明智的购买选择。

（一）丹麦

丹麦保险与养老金协会在 2016 年与消费者组织 Tænk 合作开发了"保险指引"网（Forsikringsguiden），针对常见的险种向消费者提供快捷的保险条款与价格比较，帮助消费者选择合适的保险产品。该网站还致力于促进保险市场的透明化。目前已有 23 家公司加入了该网站，保费合计占丹麦整体市场的 90% 以上。

丹麦保险与养老金协会还运营"关于养老金的事实"（Fakta om pension）网站，帮助消费者选择最适合的产品类型以及供应方。它使得消费者能够了解各种养老金产品供应方及其提供的服务，并对最常见的产品元素进行比较。用户可以比较所有养老金公司的产品元素，包括收益与成本、保险保障、投资选项、咨询服务水平等。2015 年该网站进行了升级，新增了关于净回报和费用的内容，提高了网站的可用性。

（二）匈牙利

匈牙利保险协会（MABISZ）从 2010 年就开始运营"Díjnavigátor"网站，这是一个免费的汽车第三者责任保险的聚合网站。消费者可通过透明的方式，计算和比较匈牙利市场上所有保险公司提供的第三者责任保险的条款和费率，从而做出明智的选择。

（三）挪威

Finansportalen 网站是一个门户网站，允许消费者对最常见的保险以及其他金融产品的条款和价格进行比较。该网站是由挪威消费者调查委员会、瑞典消费者协会、瑞典财政部以及瑞典儿童、平等与社会融合部等部门联合开发。该网站于 2008 年推出，自 2010 年起正式成为消费者协会的一部分。保险公司也要为该门户网站提供数据。

（四）瑞典

瑞典消费者保险局（Konsumenternas Försäkringsbyrå，KFB）在其网站上提供公正的产品比较信息，包括对最常见类型的保险和成本的分级。这项免费的指引旨在帮助消费者在签订合同之前对产品进行比较和评估。该网站得到了瑞典消费者协会、瑞典金融监管局和瑞典保险协会的共同支持。

三 在线计算器

在线计算器是一个有用的工具，它可以告诉人们，他们的保险单是否有足够的保障，他们有权得到什么样的赔偿，或者他们是否为退休存够了钱。这种透明性能够提升个人意识，增强他们做出明智决策的能力，并为他们的金融决定承担更多责任。计算器还有助于人们关注长远问题，并提前做好规划。

（一）捷克

捷克保险协会开发了在线计算器，让消费者可以计算出他们的建筑和房屋保单的最低保险价值，看他们是否得到了足够的保险保障。他们会计算以同样的类型、大小和质量重建或回购设备和个人物品需要多少费用。如果计算出来的金额低于保险价值，那么消费者很可能投保不足，在发生索赔时得不到全额赔偿。

（二）德国

与其他欧洲国家不同，德国没有由联邦政府或其下级部门进行监管的养老金跟踪系统。因此，为了说明为退休进行储蓄的必要性，德国保险协会（German Insurance Association，GDV）于 2014 年开发了一款养老金计算器（pension calculator）。人们可以使用计算器计算出他们未来通过养老金能够得到的收益。他们输入的信息是匿名的，也不会被保存。

（三）瑞典

瑞典保险协会自 2014 年开始运营"补偿检查"（Ersättningskollen）网站。该网站是由疾病补助公共机构（Forsakringskassan）和劳工市场代表拥有的 AFA 保险公司共同建立的。

消费者可在网站上计算其发生疾病、意外事故或工伤时能从公共计划和私人计划获得多少赔偿。它不用登录就能操作，让人首先检查自己的经济状况，并指导他们如何申请赔偿和待遇。2014 年以来已有将近百万人访问该网站。

四 手机应用程序

手机的普及为人们提供了实时的金融信息，通过手机应用程序进行金融教育的项目也越来越多。欧洲保险业将移动手机应用作为获取新客户的途径之一，这是对已有金融教育工具的补充。西班牙的 Baremo 应用就是一个典型的例子。

西班牙保险协会（Spanish Insurers Association，UNESPA）和 Tirea（一家保险 IT 公司）于 2015 年开发了一款免费应用程序，让消费者和其他相关方可以根据西班牙道路交通事故伤害评估系统（Baremo），了解他们能获得多少伤害赔偿。它的目标使用者是道路交通事故的受害者、法官、律师、医生和其他参与处理交通事故的人员。

该程序与移动设备和个人电脑兼容，第一年该软件的下载量就达到了 1.1 万次。该应用程序可以从谷歌 Play、Apple 商店、Chrome 应用商店和西班牙保险协会的网站上下载。

五 养老金跟踪工具

到 2060 年,欧洲 65 岁以上的人口将达到 15—64 岁人口的两倍[①]。因此,许多欧洲国家开始改革养老金制度,但是改革力度还不够。

正如 OECD 于 2016 年 12 月[②]反复强调的,如果人们希望在退休之时拥有足够的收入,那么他们就必须承担个人责任,为退休时进行更多储蓄。随着个人责任变得越来越重要,应当提升为退休做好足够准备的意识。

跟踪服务能够显示个人的养老金在不同时期积累的数额,可以作为促进人们储蓄的一个重要工具。告诉人们在退休时能够有多少收入,因此,可明确显示他们可能面临的养老金缺口,进而鼓励人们为退休储蓄更多的钱。

在欧洲保险业与各国政府的提醒下,人们意识到应当为他们的退休做好储蓄准备,为养老融资承担责任。

(一)丹麦

丹麦保险与养老金协会从 1999 年成立以来就一直负责 PensionsInfo 网站秘书处的运作。这是一个综合性的在线跟踪工具,每个丹麦人都可以了解自己能够从养老金公司获得多少养老金以及能够享受哪些保险权益。

"PensionsInfo"让消费者在退休或提前退休(丧失劳动能力)、遭遇重大疾病或死亡的情况下了解自己的状况。通过这项服务,养老金提供者还可以为他们个人标识出处于休眠状态的养老金权利,并提示他们检查是否应当将资金转移至新计划。"PensionsInfo"涵盖了养老金制度的 3 个支柱。

咨询公司韬睿惠悦(Towers Watson)[③] 认为,PensionInfor 是丹麦养老金行业合作与开放的成果,能增加消费者对丹麦养老金市场的信任。

---

① European Commission,"2015 Ageing Report".
② OECD,2016,"Pensions Outlook 2016".
③ Towers Watson,2013,"Evaluation of Openness and Transparency Initiatives of the Danish Insurance Association".

（二）挪威

"挪威养老金"（Norsk Pensjon）是一个在线跟踪工具，让消费者了解各种养老金计划在退休时的预计价值。该工具于 2006 年推出，收集了来自私人养老金、职业养老金和公共养老金计划的信息。

挪威金融服务协会"挪威金融"是该跟踪工具的主要发起者。"挪威养老金"工具由 7 家保险公司共同所有，与社会保障系统（Social Security System，NAV）合作开发。事实证明，这个网站很受消费者欢迎，每年的养老金计算量达到了 340 万次。

（三）瑞典

瑞典养老金跟踪系统"我的养老金"（Min Pension）创始于 2004 年，当时是作为瑞典保险协会（"瑞典保险"）的附属机构。该系统能够让个人全面地了解他们目前所有 3 个养老金支柱的养老金权利和储蓄总额。他们还可以免费获得未来养老金的估值。这项服务的运营和资金一半由国家提供，另一半由养老金提供者提供。该系统覆盖的养老金达到了瑞典全部养老金的 98%，90% 以上的养老金储蓄者可以在"我的养老金"上实时查询他们的养老金状况。

第六节　政策建议

数字时代对消费者的金融素养提出了更高的要求。一方面，不断出现的金融 App 鱼龙混杂，金融消费者需要"火眼金睛"才能甄别出合法合规的金融产品；另一方面，"一键式"操作或灵活退出的"人性化"便捷体验更容易激发消费者的冲动性消费。因此，在数字保险发展步入快车道的今天，提出如下提升消费者金融素养的建议。

一　实施金融教育国家战略

从政策制定目标来看，未来的消费者教育不仅需要普及金融知识，还需要切实改变消费者的预期或行为以保障其长效性。因此，消费者教育不仅是金融监管者的职责，更是国家层面的战略设计，以至将金融知识普及教育纳入国民教育体系。应当发挥多主体力量提升国民的金融素养。金融管理部门、金融机构、相关社会组织应当加强研究，综合运用多种方式，推动金融消费者宣传教育工作深入开展。

二 加强金融教育的国际交流合作

在数字时代，各国政府都有改革金融消费者教育的需要。虽然各国政府在政策制定上大多遵循数字友好、技术中立和与时俱进的基本原则，但是由于各国资源禀赋和文化背景的差异，各国政府会基于本国国情来设计金融教育实践以及探索新的解决思路。因此，国际层面的最佳实践交流可能给各国的金融教育工作带来一定的启发，尤其是数字化教育这一新兴领域的交流有助于各国政府适应数字金融时代的发展要求。可以借鉴OECD的交流经验，例如，为各国提供金融教育知识和专业指导，协助设计国家层面的各类金融教育措施。

三 开展普及保险知识的社会宣传活动

通过定期的大规模社会宣传活动向民众普及金融理论和金融风险知识是一种常用做法，如欧洲的"金融教育日"。秉持避免信息超载和重复要求的原则，建议在当前的"金融教育月"活动中增加普及保险知识的宣传工作。随着国家层面的金融教育战略逐步推进，更多主体（如政府部门、社会教育机构、媒体组织、社区服务中心等）与金融监管者和金融机构一同推进金融消费者教育活动，才能实现更高的社会认可度和更好的普及效果。

四 设置可持续的金融教育计划

金融教育不是一蹴而就的，而是一项持续终生的工作。建议把金融素养的内容融入学校的相关课程，以构建金融知识普及教育的长效机制。从"娃娃"抓起，不仅能够触及最广泛的受众，还能通过"潜移默化"的储蓄意愿和风险意识培育，逐渐改变民众的金融行为。对于保险教育，一个理想的做法是，让年轻人意识到日常生活中"风险无处不在"，尤其是要关注意外事故和疾病等突发风险以及退休准备等中长期问题，了解这些问题的综合解决方案。

五 鼓励数字化教育领域的探索与实践

在数字全面赋能时代,依赖数字技术应对消费者挑战是解决问题的一个重要思路。技术工具让人们能够更快捷方便地将信息传递给潜在客户,有助于提升客户的金融素养。随着技术的进一步发展,在线互动工具还会不断增多,从而催生出更多吸引公众的创新方式。例如,在某些交互式的消费者接触界面中嵌入"高频""简短""有趣"的教育类游戏或短视频,不仅能"见缝插针"地增加"可教育时刻"(teachable moments),而且还能依靠网上的"自发传播"增加教育受众,尤其是吸引青少年一代的广泛参与,实现更好的教育效果。因此,对于所有参与金融教育的利益相关方,至关重要的一点是,拥抱并利用日益加深的数字化趋势,最大限度地发挥这些举措的影响力。

第十二章

保单持有人保障计划[*]

第一节 引言

如果保险人因破产等原因而无法支付赔款，法律上有很多方式保护保单持有人。

保险核心原则要求各个司法管辖区制定完善的监管框架，减少对消费者损害的风险，保护保单持有人的权益，维护公平、安全及稳定的保险市场，从而为金融系统的稳定做出贡献[①]。

作为框架的一部分，大多数司法管辖区会在权力范围内对保险公司实行严格的破产制度，用技术准备金和附加资产承担责任。当保险人遇到困难时，偿付能力制度会根据情况的严重程度启动干预程序。监管工作的目的是将保险人破产的可能性降到最低。有些国家或地区为保单持有人提供附加的保护，例如在保险人破产时，通过监管框架内的附加机制（如"绑定资产"等资产隔离计划）来保证保单持有人有优先获得赔偿的权利，提升对保险负债的保障能力[②]。这与保险核心原则12（市场准入）是一致的，其强调了以下监管目的：在保险主体进入破产清算程序时，保护保单持有人；及时制定相关规定以便最大限度地减少保单持有人的损失。

---

[*] 编译者注：本章内容来自国际保险监督官协会发布的探讨型论文"Policyholder Protection Schemes"（2013年10月）。

[①] 见保险核心原则，"引言"第1部分，2011年10月。

[②] 监管框架内的其他方法见附录1。

与其他金融服务业相比,保险业已经相对平稳地从 2007 年的危机中走出来了。虽然在监管严格的国家和地区,承保传统保险业务的保险人破产的可能性不大,但是,过去也有保险人经营失败的案例,其中一些是由于非保险业务引发的。这种情况对保单持有人的影响可能很严重,可能对金融服务业造成更大的损害,从而损害消费者权益。为了减少对保单持有人和整体经济的影响,各国都应当对此类事件做好应对准备。

偿付能力制度并不能创造一个零风险的环境,在灾难发生时也不一定能让消费者免遭损失。当出现破产问题时,政府可能会迫于强大的压力而提供一个安全网。鉴于此,许多国家和地区都建立了一个或多个保单持有人的保障计划[1](Policyholder Protection Schemes,PPSs),以便在监管计划不充足时为保单持有人提供最低程度的保护。

保单持有人保障计划通常是团体形式的行业基金计划[2],是在其他所有的矫正性或预防性措施都失效时,为保单持有人提供基本水平的保障(有些模式可能更综合),所以它被看作最后的保障机制。保单持有人保障计划是一种在保险人破产时给保单持有人和受益人止损的一种机制。虽然保单持有人保障计划的主要目的是为保单持有人提供最低程度的保障,但是也有其他方面的作用:有助于保险业的可持续性;为破产的保险人和/或准备收购破产保险人的主体或将从破产保险人手上接受保单转让的主体提供财务支持;支持业务组合转移;在尚未找到破产保险人的收购方时,充当过桥机构。

虽说本章讨论了以上提到的保单持有人保障计划的作用,也承认这些功能有助于解决保险人的问题,但是本章的目的并不是讨论解决方案(如相关当局的角色和责任)。

不管是通过保单持有人保障计划还是其他方式,如绑定资产或优先理赔,在保障机制健全的情形下,保单持有人获得的保障程度就高。这

---

[1] 它又称保险保障计划(Insurance Guarantee Schemes,IGS)、保障基金或保单持有人保护基金。

[2] 在少数情况下,部分或全部保单持有人保障计划的资金是由投保人承担,如希腊和西班牙的保单持有人保障计划。

样一来，保单持有人保障计划在保险业和金融系统就具有了公信力[①]和稳定性，保障透明性也会加强。保单持有人保障计划也明确了政府以及其他安全网络参与者的责任，限制了可能导致诉讼的随意决定，从而增强了消费者的信心。

如果保障机制不健全，政府可能采取一些临时性策略或者制定一些简单而有限的保障措施。然而，不管他们是不是保单持有人，这都不是最佳解决方案，还可能给所有纳税人增加负担。

保险监管者需要了解他们所在国家和地区适用于保险人和保单持有人的保障计划。凡是有保单持有人保障计划的地方，都需要通过加强保单持有人保障计划和保险监管者的合作来增强效果，有的是以合作协议的方式。虽然保单持有人保障计划需要独立运作，但是保险监管者参与到保单持有人保障计划的治理，有助于让两者的目标达成一致。如果保险监管者将某保险公司评估为高风险，那么在对陷入困境的保险公司采取行动时，两者之间的合作与协调就尤为重要。这些问题将于后文做进一步讨论。

本章简要介绍保单持有人保障计划的特征和功能，旨在为保险监管者提供信息，包括正在考虑设立保单持有人保障计划或正在对现有计划进行修订的国家和地区。本章还讨论了与该计划相关的必要条件和可能遇到的挑战，以确保它们与保险核心原则的目标一致。此外，本章还对以下问题进行了讨论：金融集团存在的一些问题、在多个司法管辖区经营的保险公司的问题、保单持有人保障计划之间存在的互相影响的问题以及保单持有人保障计划和其他保护计划（如存款类机构和证券公司）、与保险监管者之间关系的问题等。附录12—1简要介绍了监管框架机制，可有效保障保单持有人的绑定资产；附录12—2是案例研究以及保单持有人保障计划运作中各方面的案例；附录12—3总结了保单持有人保障计划在某些国家和地区的作用；附录12—4是参考资料。

---

① 假设公众充分了解保单持有人保障计划。

第二节 保单持有人保障计划

在考虑保单持有人保障计划的建立或设计时,应当考虑到不同国家和地区保险业的特征,包括确定是否需要制订计划、该计划旨在保障哪些人以及保险市场的规模和集中度(包括性质、规模和市场经营主体的复杂性)。还应当考虑到不同国家和地区的传统,如文化和法律制度等。

一旦加入保单持有人保障计划,该保险人的保单持有人应当受益于保单持有人保障计划提供的保障。保险人为保单持有人保障计划提供成本支持,而在保险人遇到问题时,其成本由保险业直接承担,由保单持有人间接承担。

在设计保单持有人保障计划时,司法管辖区应当考虑以下因素:组织和治理结构;成员是强制性的(如作为发放牌照的要求)还是自愿性的;其成员采用的是母国法还是东道国法;保障是依据风险所在地还是业务/合同签订地;筹资基础(如事前还是事后);如何评估贡献(如使用固定费率制还是风险基础费率制);包括哪些保险种类,特定保险种类或保险产品(包括再保险)是否除外;在筹资、理赔和治理方面,强制性保险和其他形式有何区别;保障的对象是否只包括个人消费者(包括那些参与团体保险计划的个人),还是会延伸到小微企业或其他商业消费者;是否应当有除外情形(如破产保险公司的董事);提供什么类型的保障(如隐性保障/充分保障,还是明确保障/有限保障)[1];该计划提供的保障是否具有持续性,还是只是支付一次性赔款,或两者兼而有之;保单持有人能获得的理赔权利与免赔额的大小,保险人和保单持有人如何分担损失;索赔处理;出现争议时,如何解决;保单持有人保障计划与具有相应监管权力的行政管理机构之间的合作框架,包括敏感信息的分享;预警机制,即让保单持有人保障计划意识到保险人的潜在问题;该计划是否以及在什么情况下有权干预(如在保险人仍能正常运营时,为

---

[1] "隐性"保障是指没有保障限制,可以认为是,所有的损失都得到充分的保障;"显性"保障中的保单持有人保障计划最多承担规定限额的损失(即保障是有限的)。

了尽量减少赔偿金的风险时）；保单持有人保障计划如何与利益相关方沟通；保单持有人保障计划是否会在保险人破产前后公开信息；在清算/接管情况下的一些安排，包括保单持有人保障计划的优先索赔权，与清算人的关系等；保单持有人保障计划是否可以作为破产企业遗产的债权人而收回资金，或从第三方收回资金。

保单持有人保障计划可以在单一计划或不同的计划中承保寿险和非寿险。在某些司法管辖区，健康保险适用于单独的计划。

在许多国家和地区有一些为特定的保险种类而设计的小计划。这些计划可能涉及强制保险（如汽车保险）和/或包含社会保险的重要元素（如工伤保险）。有时，这些计划也在第三方没有保险的情况下提供适当的保障。尽管有时被视为履行了类似本章所描述的保单持有人保障计划的作用[1]，但是本章的目的并不是具体讨论这类计划，而是只涉及覆盖寿险、非寿险和健康保险的保单持有人保障计划。

一　设立保单持有人保障计划的决定性因素

设立保单持有人保障计划之前，司法管辖区不仅应当考虑其好处[2]，还应当考虑到相关的风险和问题。

（一）道德风险

保单持有人保障计划的存在可能导致以下形式的市场扭曲：因为保险公司知道自己破产时保单持有人会得到保障，所以可能过度承担风险（这是保险人的道德风险）；因为保单持有人知道保险公司破产后，他们也不会蒙受损失（或只有有限的损失）（这是保单持有人的道德风险），所以保单持有人可能在选择和监控保险人的财务状况时放松警惕；因为监管者和/或政策制定者知道，在保险公司破产时还有一个挽救机制，所以可能放松要求。

保单持有人保障计划的存在不能代替消费者在选择保单时应当基于充分的信息做出决策，也不能代替保险人建立稳健的风险管理框架。

---

[1] 这些计划往往是公共的，有时被视为一个国家或地区的社会保障体系的组成部分。
[2] 本章"第一节　引言"部分已有介绍。

（二）套利的可能性

假设保单持有人知悉有关保单持有人保障计划提供的保障范围，并且是对于保单持有人保障计划中没有做强制性要求的险种。那么，消费者可能选择从那些有保单持有人保障计划保障的保险人那里购买产品，而不从那些没有加入保单持有人保障计划的保险人或其他金融机构购买产品，从而造成不公平竞争环境下的套利问题①。

如果所有金融服务部门都有保障计划，会有助于促进整个行业的公平竞争，同类产品被同等对待（如投资者保护计划下的共同基金；由保单持有人保障计划承保的与投资相关的保险产品）。虽然在某些情况下，保障对各类产品均是适用的。

（三）市场集中度

凡是市场集中度高的地方，保单持有人保障计划就可能无法履行其承诺——例如，如果主要保险人破产或几家大型保险人同时破产，会导致人们对金融系统失去信心。在这种情况下，政府可能需要给保单持有人保障计划提供贷款，帮助其恢复。实际上，保单持有人保障计划获得了政府/纳税人的隐性担保。

（四）成本与收益

司法管辖区也应当考虑保单持有人保障计划的成本与收益，要考虑到这些成本最终可能转嫁到保单持有人身上，还可能影响其成员保险人的竞争力和提供价格合理的产品的能力。

（五）其他因素

保单持有人保障计划有时是在保险人破产时应运而生的。倘若某个国家或地区在保险公司刚刚破产时，才考虑要设立保单持有人保障计划，那就有一些潜在风险需要斟酌。举例来说，如果保险公司的破产意味着该行业的整体财务状况出现了问题，那么会在该行业缺乏承受能力的时候带来流动性压力。

---

① 应当注意，在这种情况下，索赔人不一定参与保险人和保单的选择。

专栏12—1　澳大利亚的情况

HIH保险集团破产后，澳大利亚皇家调查委员会认为，应当设立永久保单持有人保障计划。政府对此的回应是，任何保障计划的设计都应当经过更缜密的考虑。后来财政部在2008年6月设立了一个针对寿险保单持有人的永久保单持有人保障计划，随之设立的还有一个类似的计划，针对的是授权吸收存款的机构（Authorised Deposit-taking Institutions）。

大多数的保单持有人保障计划是强制性的。强制性有利于减少谁将从计划的保障中受益的不确定性。当保单持有人保障计划是自愿性时，保单持有人在购买该产品前就需要明确保单是否有保单持有人保障计划的保障、保障水平等问题。

鉴于保险市场的性质，有些国家和地区决定不在保险业引进保单持有人保障计划。这些地区可能认为，保单持有人保障计划在保障保单持有人方面并没有足够的价值贡献（如认为监管体系内的机制已经足够），认为消费者的权益不会有太大风险（如市场主要是B2B型的业务），或者认为保单持有人保障计划不能在市场中有效地发挥作用（如在集中度高的市场中）。

专栏12—2　芬兰、英国根西岛和西班牙的情况

1. 芬兰

芬兰只在职业年金保险和法定非寿险（如机动车责任和工伤保险）领域有集体保障，这两类保险是社会保险体系的重要组成部分。20世纪90年代，芬兰开始在寿险领域引入保单持有人保障计划，做出这一决定是源于芬兰保险市场的结构特征，以及其他保障机制的存在。高的市场集中度要么导致缴费不足以建立足够的基金，要么由于高缴费水平而增加了保险人陷入财务困境的风险。

2. 英国根西岛

根西岛没有保单持有人保障计划，这主要是因为，该市场主要由专

属保险人组成,他们不具备作为第三方的保单持有人。因为只有少数人是从事商业活动的寿险和非寿险人,所以任何保险人在遭遇破产情形时的成本都会不成比例地落在其余的公司身上,这使得所需的缴费将高到难以承受,进而可能导致公司离开市场。有一些替代性的要求保障寿险保单持有人,其中对应于至少90%的保单负债的资产应当以信托形式持有,以满足保险人对保单持有人的义务。信托的作用就是将资产从保险公司的清偿财产中拿出来,以便不被用于支付公司的其他债务。受托人应当每个季度向监管机构报告受托资产的价值。每次取大额资金都应当向监管机构报告。

3. 西班牙

在西班牙,保险联合赔偿会(Consorcio de Compensación de Seguros, CCS)实施了一个一般性的清算方案,在保险人破产时,保障寿险保险人和非寿险保险人的保单持有人和受益人。严格地说,即使保险联合赔偿会的保障事实上能够满足95%的赔偿需要,但是不能事前承诺预定水平的保障,所以不能算是保单持有人保障计划。该基金的资金来自非寿险合同的保费附加部分,由保险公司收取并转交保险联合赔偿会。

二 组织与设立

通常会通过立法的形式设立保单持有人保障计划,规定:组织和治理;对谁负责;由谁承担资金成本(行业、保单持有人还是联合承担)。法律上可能会(也可能不会)指定操作规程。

该组织可以是公共部门(政府机构、公共实体或政府代理机构),也可以是私营部门(员工非公职人员的独立组织),还可以是一个现有组织或新组织的一部分。通常,私营组织是不以营利为目的的主体。

专栏12—3 加拿大、德国和美国的情况

1. 加拿大

加拿大的两个全国性的私营保单持有人保障计划都是由行业创建的,考虑了消费者和监管者的偏好,一个是1989年为人寿保险而设立的Assuris 保障组织，另一个是1990年为非寿险人而设立的财产意外保险补偿公司（Property and Casualty Insurance Compensation Corporation，PACICC）。所有在加拿大注册的寿险和财产意外保险人都必须加入保单持有人保障计划，除非获得省级法律法规的特别豁免。

2. 德国

德国的寿险保障计划（"Protektor"）成立于2003年，是曼海默人寿保险公司（Mannheimer Lebensversicherungs - AG）破产后成立的私营保障基金（见附录2）。"Protektor"接手了这家寿险公司的业务组合。2004年，德国修订了保险监管法，补充了对寿险及替代性健康保险公司的联邦特别基金（Federal Special Fund）的要求①。这两个联邦特别基金都要求德国的寿险/替代性健康保险公司，以及在非欧洲经济区（non - EEA）的寿险/替代性健康保险公司在德国的分公司加入。通过联邦财政部（Federal Ministry of Finance）的法定命令，这些法定基金的义务和权力都下放给了"Protektor"（人寿保险公司）和"Medicator"（替代性健康保险公司）。

3. 美国

每个州都出台了规范私营保单持有人保障计划的法规——其中一个是为寿险/年金/健康保险公司的破产制度提供配套保障，另一个是在财产保险公司破产时保障消费者。这些州立保障协会的活动与全国性的私立伞状组织——全国人寿和健康保险保障协会（National Organization of Life and Health Insurance Guaranty Associations，NOLHGA）和全国保险保障基金协会（National Conference of Insurance Guaranty Funds，NCIGF）——相一致。这些组织为其成员协会提供程序、设施和工作人员，以配合、协调并支持成员协会的活动，特别是涉及在多个州承保的保险公司破产时。

无论保单持有人保障计划是由公共部门还是私营部门运作，其实施

---

① 替代性健康保险可以描述为"个人医疗费用保险，它替代了本应当由社会保险或政府资助的保险集团或雇主计划提供的保障"。

和运营的成本通常都是由保险公司承担。有些费用是以保费的形式转嫁给了保单持有人。

专栏12—4　美国的情况

在美国，保险人通常不会将成本转嫁给保单持有人，因为很多州的立法者已经给保险人提供了"保费税抵扣"（premium tax offset），以弥补其成员支付给本州的保单持有人保障计划的费用。这些州允许保险人在遇到无法从其他来源获得补偿的实际困难时，使用保费税抵扣政策。

保单持有人保障计划的设立应当遵守当地的法律，除规定保单持有人保障计划的现有用途之外，还要为所有公共或私营用途的资金使用提供充分的法律保护。保单持有人保障计划及其工作人员的善意行为应当受到法律保护。

保单持有人保障计划可以分部门设立也可以是综合性的。保单持有人保障计划可以作为大型金融保障计划的一部分，为不同的金融部门提供不同的补偿计划或方案（可能覆盖存款吸收、证券、共同基金等）。例如，韩国和英国都有保险与存款或投资者保障机制相结合的综合方案。这有利于消费者对整体保障方案的理解，避免因不知道哪家公司保障哪些产品而造成不确定性。综合方案还可以确保一定的规模和效率，如资金和资源的经济性。

如果由不同计划对不同领域提供保障，有些金融机构可能会因为不同的产品需要不同的计划来运行（如有的主体既做保险业务，又吸收存款）。为了促进这些计划有效运行，各保单持有人保障计划的要求应当清晰明确，合作安排要恰如其分。

专栏12—5　加拿大的情况

魁北克省允许寿险公司向客户吸收存款。因此，两个保障计划都可行：一个是针对符合存款条件的金融市场管理局下的存款保险机制，另一个是针对寿险保险人承保保单的 Assuris 保障组织。

如果接受存款的保险人在履行其对保单持有人和存款人的义务时遇到了困难，那么将由金融市场管理局和 Assuris 保障组织在各自的授权范围内联合采取适当的措施和干预方案。

明确各相关方的任务和职责，包括明确监管者的权利和义务，通常有助于解决困难。在信息分享问题上，权力和责任的分配以及干预措施的协作比较复杂，应当以清晰明了的方式来处理，特别是为了及时发现问题机构并使用干预权。

三 治理

保单持有人保障计划的任务和责任应当明确，特别是涉及再生和解决陷入困境的保险人时。

保单持有人保障计划可以采取多种方式运营。但是，通常情况下，一个运行良好的保单持有人保障计划应当治理有效，并考虑对以下几个方面进行独立监管：完善的内部控制功能，有效的管理，积极和综合的风险评估方法，处理利益冲突的政策和流程。

保单持有人保障计划的决策机构通常是董事会和高级管理人员，包括首席执行官[1]。他们负责保单持有人保障计划的治理，对保单持有人保障计划的利益相关方负责。

董事会通常由成员选举产生（通常是获准在该国家或地区开展业务的相关保险人）。董事会的规模和结构随国家和地区而变化。董事会成员包括来自保险业的代表和公众成员和/或保险监管者的代表。许多保单持有人保障计划会雇用日常行政人员管理日常运营。他们有权做出关于保单持有人保障计划的决定。董事会里可以设立委员会负责具体的治理工作。

---

[1] 这可能不适用于所有情况，例如，澳大利亚保单持有人保障计划是由监管者管理的。

专栏12—6　加拿大、英国和美国的情况

1. 加拿大

Assuris 保障组织的董事会由9—12名成员组成（目前是10名），财产意外保险补偿公司（PACICC）不低于5名，不超过15名。他们凭借自己在保险业和偿付能力管理方面的知识和经验当选，并在年度股东大会上选举产生。与财产意外保险补偿公司（PACICC）不同，Assuris 保障组织的所有董事都是独立于保险人的。

两个保单持有人保障计划都有行业顾问委员会对具有战略意义的保险事宜提供咨询。

2. 英国

金融服务补偿计划（Financial Services Compensation Scheme，FSCS）的董事由金融行为监管局和审慎监管局任命，并作为监管实体。非执行董事的任命是出于维护公共利益而独立设置，以维护该计划的最大利益。金融服务补偿计划设有审计委员会和风险委员会。

3. 美国

各州的保单持有人保障计划的运营都是由董事会管理的。董事会是依据授权立法、运营计划和保单持有人保障计划的规章制度选出的。虽然董事会成员都来自保险业，但是有些州规定监管者也可以参与董事会。

保单持有人保障计划的执行董事负责计划的日常运营，有时也被称为"管理员"或"经理"，由董事会聘用并代表保单持有人保障计划。根据保单持有人保障计划的活动水平，管理员/经理可以监管数量不等的人员；管理员/经理通常还要监督法律顾问或其他专业顾问的工作。

董事会成员的选择是依据其在金融领域和技术领域所拥有的对保险和偿付能力管理的重要的知识和经验。他们还需要了解保单持有人保障计划的活动以及保单持有人保障计划所处的行业和环境。在消费者事务或金融等其他方面的技能也同样重要。为了避免利益冲突，通常使用独立的标准。如果某个董事在个别保险公司是拥有利益的，则可能导致一

些矛盾需要处理。

保单持有人保障计划中清晰透明的文书对促进良好治理非常重要。通常保单持有人保障计划会在保险人遭遇危机时制定干预指引性文件，提出干预方案以及其他可以采取的措施。文件明确规定所涉及的主要当事方的主要角色和职责。凡保单持有人保障计划具有的干预权，都应当在保单持有人保障计划的任务和权力中给予公开声明。

保险监管者参与保单持有人保障计划的治理有助于确保保单持有人保障计划目标和监管目标保持充分的一致性。这对于明确保单持有人保障计划的任务同样重要。

保单持有人保障计划应当能在保险人面临破产危机时迅速提供资金，所以保单持有人保障计划的金融风险管理和投资策略往往趋于保守，避免资本被侵蚀。

专栏12—7　英国的情况[①]

金融服务补偿计划的运营中承担了多种风险，包括财务风险以及信用、流动性、利率和汇率风险。主要金融工具包括财政部借款安排、银行透支和贷款融资、现金和短期货币市场存款等。

其他工具（如应收账款和应付账款）直接从运营中产生，但是金融服务补偿计划不持有金融衍生品。相关风险都按照董事会批准的策略严格地管理、严密监控、定期审查，并在适当情况下实行外部基准测评。

在这一年中，资金主要存放于英格兰银行。金融服务补偿计划保证随时可用该资金满足现金流需要，同时在货币市场的存款不超过6个月的期限。

金融服务补偿计划也可以利用财政部借款便利和商业银行透支、贷款融资和融资租赁。因为在金融服务补偿计划的资金安排中，利率风险被普遍认为较小，所以目前没有使用任何工具来减轻利率风险。

[①] 金融服务补偿计划2011—2012年报和账目。

负债是以英镑以外的货币计量，依照由董事会批准的策略存放的等值货币存款承担。金融服务补偿计划规定不允许参与任何形式的投机交易。

四　筹资与缴费

对于保单持有人保障计划的筹资，既可以在事前筹措也可以在事后筹措，还可以采用组合方式。政府可以先提供部分资金。明确筹资的责任（包括政府的作用）是保单持有人保障计划的重要组成部分。然而，保单持有人保障计划对其成员可按照固定金额收取费用，也可按照成员的风险状况收取费用。

筹资应当正规化。有效的筹资安排是维护保险市场公众信心的关键。资金不足可能延迟或危及破产保险人成功解决问题的进程。筹资水平可通过以下方式建立：保单持有人保障计划自身；法律；监管者设定或审核过的规则。对于事后的筹资安排，可根据破产情况所需的具体数额来评估筹资金额。

（一）事前筹资方式

对于事前筹资安排，保险人先支付一笔预估费用，进行积累和维护，以便在其中某位保险人无力偿债时使用。通过这种方式，资金逐步积累，一旦需要即可启用。因为所有相关的保险人（包括破产保险人）都会出资，所以这种方法还有助于减轻道德风险。它也可以减轻由于事后对行业征收费用而带来的冲击（即对其资本的影响）。事前筹资安排有助于保险人在一个商业周期中平衡支付。

事前筹资很难准确预测究竟需要多少资金才能补偿未来某家保险人破产的损失。提前筹集资金可能造成以下问题：占用了可能被用于其他目的的资金；增加了维护长期资金的管理成本。因为所需资金量不可预知——尤其是在金融危机期间，所以事前筹资通常趋于保守。其结果是，在有需要时，保单持有人保障计划可能因为没有足够的资金而应当进行额外的收费评估。这样，保单持有人保障计划可能需要获得紧急流动性，以满足紧急费用（如年金支付）或意外费用的支取。基金维护的一个重要方面是对基金资产进行适当保护，包括"（二）组织与设立"中讨论的法律保护。

（二）事后筹资方式

事后筹资安排是指，在保险人丧失偿付能力后，有偿付能力的保险人交纳资金的一种方式。此方式下，在征收资金之前，有偿付能力的保险人可以运用自己的资金，即这些资金在被征收之前是保险人资产的一部分，用于除资助保单持有人保障计划之外的其他目的（如用来赚取利息或支付其他负债）。因为没有永久性基金，所以在保单持有人保障计划需要时，会发生资金被挪用或不可用的风险。

因为评估支付发生在丧失偿付能力之后，而不是基于一个预先确定的公式，所以对有偿付能力的保险人核定应缴费的额度是难以事先预测的。对于事后筹资安排，丧失偿付能力的保险公司无法对用于救助自己的事后基金缴费。如果丧失偿付能力是由于系统性问题造成的（如股市表现不佳），那么一些保险人也可能因为处境不佳而无力支付他们应当承担的部分或全部缴费。

专栏12—8　西班牙和美国的情况

1. 西班牙

西班牙保险联合赔偿会的破产清算活动采取事前筹资制度。保险联合赔偿会的清偿资源来自向所有的保单持有人（除寿险保单之外）征收的一种纳税附加费，按保费的0.15%收取。保险联合赔偿会管理着一个平衡准备金，尽管其具有公共法律性质，但是它的资产却不是国有资产。

2. 美国

美国的保单持有人保障计划从以下几种资金来源中支付赔款，包括：留在保险公司的资产（通常是大量的，在大多数破产案中作为赔偿消费者的主要来源）；从成员保险公司收取的事后评估费用。这种筹资机制的设计是尽量利用破产公司的剩余现金。在可用资产用完之后再根据情况向其他运营良好的保险公司征收差额部分。这时，保单持有人保障计划会对在本州营业良好的保险公司进行评估，确定最高保障限额（如寿险公司为30万美元）与每年应缴额（通常，财产保险公司是按评估前一年直保费收入净额的2%收取，寿险和健康保险公司则是按评估前3年的年平均保费收入的2%收取）。

（三）组合筹资方式

有些司法管辖区的保单持有人保障计划联合使用事前筹资和事后筹资两种筹资方式。

专栏12—9　韩国和新加坡的情况

1. 韩国

韩国的保单持有人保障计划为金融业提供综合性保障服务，主要以事前筹资方式为基础。保险公司每年按责任准备金和保费收入的算术平均值的0.15%来缴纳费用。保单持有人保障计划的运营商，即韩国存款保险公司（Korea Deposit Insurance Corporation，KDIC）按实收资本或股权资本的具体比例对加入的金融机构征收这笔"特殊贡献"费。

除事前筹资的保单持有人保障计划之外，《韩国保险业法》（*Korea Insurance Business Acts*）要求，非寿险公司确保丧失偿付能力的保险人的强制性保险合同（如汽车保险、环境污染责任保险）的第三方获得赔款。非寿险保险人按照已赚保费和责任准备金的一定比例向非寿险协会（Non-Life Insurance Association，NLIA）缴费，以便在丧失偿付能力的非寿险保险人无法支付时向第三方赔偿。这相当于事后筹资安排。非寿险协会可以在获得金融服务委员会（Financial Services Commission，FSC）批准后从政府、韩国存款保险公司或者其他金融机构贷款。

2. 新加坡

新加坡的寿险保单持有人保障计划（PPF人寿基金）和非寿险保单持有人保障计划（PPF普通基金）都是采用事前筹资的方式，分别按保险人的综合性保障责任（寿险）以及保单的总保费收入（非寿险）的比例进行收取。如果破产的成本超过了基金规模，可启用事后筹资方式。两个基金都会设立一个目标基金规模：PPF人寿基金，按责任保障总额的0.61%收取；PPF普通基金，按总保费收入的1.51%收取。如果某项基金达到或已经超过其目标基金规模，新加坡金融管理局和新加坡存款保险公司会对征收比率进行联合评估。

在核定应缴费金额时，两种筹资方式都应当考虑保险公司的数量和能力。保单持有人保障计划的筹资设计并不是基于系统性金融灾难发生的情景。

（四）评估资金需求

在考虑保单持有人保障计划的能力和/或合适的筹资机制时，应当了解承保产品（寿险与非寿险产品）理赔的性质，以及作为最后手段的形式（通过未满期业务转移的方式支付赔款或保证业务连续性）。

寿险保险人可能需要定期支付待遇（如年金）给客户，所以需要即时的流动性（即可能需要贷款便利）；然而，公司的许多甚至大部分责任都是多年之后才需要履行的，这意味着，索赔评估和偿付要分多年进行，逐步支付。银行对消费者的契约责任主要是，消费者可以随时取回存款。因此，保险人对流动性的要求不如银行那么高。

对于非寿险保险人，保险合同通常是短期合同，也不具有投资成分①。相对于寿险，保单持有人更容易从一家保险人换到另一家保险人。然而，也可能需要一些短期的流动性，解决寿险保单或非寿险保单所遇到的支付困难。

专栏 12—10　美国的情况

根据美国的制度，即使发生前所未有的大型金融危机，涉案保险人的资产负债畸高，也能够通过保单持有人保障计划在破产清算程序启动后几年内的收费予以解决。因为保险人的大部分负债都将在未来几年内到期，所以保单持有人保障计划可以为这些负债提供"分流"（runoff）的解决方案（即用接管企业的资产来履行责任，在责任到期之时由保单

---

① 某些非寿险产品也可能具有履行长期承诺和风险的特征（如续保保证、保费返还）。还有一些产品，如单期保费消费贷款和抵押贷款保险承保的风险历时一年和更长时间，从而给保险人带来长期风险。

持有人保障计划补足或增强）。这样的分流只能在对保单持有人保障计划未来支付能力的年度评估的基础上进行，而不是从接管开始的年度进行。此外，在面临流动性需求时，保单持有人保障计划可以通过借贷来满足未来的偿付要求。

采用基于风险的费率法可以激励保险人降低他们所承担的风险。然而，因为具有高风险特征的保险人会支付较高的费用，所以这种方法会让那些本已处于财务困境的保险人雪上加霜。此外，因为需要评估保险公司的风险，所以这种方法可能增加实施和营运的成本。

（五）筹资问题

保险人除需要给保单持有人保障计划交费之外，还有偿付能力和其他资金的要求。因此，保单持有人保障计划在确保资金充足的同时，应当认识到实施财务评估对保险公司和保险消费者带来的影响。

在有些机制中，如果需要支付的额度超出了保险人履行其合同义务的能力范围，那么保单持有人保障计划有权减轻保险人的责任或推迟责任评估。

如果没有足够的资金同时承担多位保险人的损失，那么保单持有人保障计划有权要求重建事前筹资计划，以应对资金量下降的问题。有时，政府会提供临时援助。保单持有人保障计划通常具备较强的融资能力，并不局限于从政府部门借款。

相反，如果保单持有人保障计划采用事后筹资方式评估缴费，那么如果解决问题的成本（包括赔款总额和费用）低于收取的费用，保单持有人保障计划就可以退还剩余的部分。从保险人遗产中收回的部分也可能产生退款。

有些国家和地区可以修改合同条款，以便在偿付能力不足事件出现时，拿出对保单持有人最公平的解决方案。预定利率可前瞻性地调整到市场利率。因为资金最终来源于其他保险人的保单持有人，所以人们通常认为，类似的合同条款变更是公平合理的，否则，费用将只能由新签发的合同来承担。此外，它还可以显著减少对行业或政府的资金需求，从而有助于大型寿险破产案的有序解决。

专栏12—11　加拿大、德国和英国的情况

1. 加拿大

Assuris保障组织（寿险保单持有人保障计划）和财产意外保险补偿公司（非寿险保单持有人保障计划）都是通过会员费来筹资的，该费用主要来源于在加拿大营业的保险人的监管资本要求以及保费收入。

Assuris保障组织设计了常规的行政性评估，以及3种来源于各保险公司在全国保费收入的评估：对资金和流动性需要的特定评估；在可偿还的基础上进行贷款评估，来满足筹资需要；当其他评估方式不足以满足该公司资金需要时对额外收费进行的评估。

Assuris保障组织始终保持资产的流动性，以便在其成员陷入困境时，为保单持有人提供及时的资金赔付。当董事会授权公司对陷入困境的成员履行财务承诺时，需要为这些费用和责任建立独立的基金。成员缴纳的用来帮助陷入困境成员的资金都作为独立基金的收入。Assuris保障组织还为与破产没有直接关联的收入和管理费用设立了管理基金。

财产意外保险补偿公司通常采用事后评估的方式。但是几年前，它基于事前评估的临时方式，建立了一个赔偿基金。此外，财产意外保险补偿公司还有一个信用额度，在需要时可以快速获得资金。

2. 德国

欧盟范围内保单持有人保障计划的缴费机制各不相同，只有德国采用基于风险的方法——为"Protektor"缴费。根据保险人自有资金和偿付能力，有3类风险因子可以用于计算每年支付给基金的款项。

3. 英国

金融服务补偿计划的资金来源于对金融行为监管局和审慎监管局授权的各企业的收费。金融服务补偿计划的成本由管理费和赔偿金两部分组成。为了支付金融服务补偿计划的赔偿金，金融服务补偿计划征收的资金来自以下8大类：存款、寿险和养老金、非寿险、非寿险中介、寿险和养老金中介、投资中介、投资、住房金融。前3类由审慎监管局监管，后5类则由金融行为监管局监管。

每家企业的缴费均是基于相应类别的费率计算的。每家企业按费率计算缴费。由审慎监管局和金融行为监管局参照某个类别（作为一个整体）每年的承受能力，来设置一个阈值。阈值设定了金融服务补偿计划在任意1年可以征收的最大金额。此模式运行的基础是，每个类别满足该类的默认值到阈值之间的赔偿要求。

每年可以征收的金额取决于资金的类别。只有金融行为监管局监管的机构可以得到其他类别机构的支持；而对于审慎监管局监管的机构，金融服务补偿计划每年可以征收的额度遵守单个类别的限额。对于金融行为监管局监管的机构，金融服务补偿计划每年可以征收的额度遵守零售池（retail pool）的额度。

对于保险中介破产的情形，所有金融行为监管局监管的企业和提供缴费的企业（类似审慎监管局监管的缴费企业）都会为金融行为监管局的零售池出资。这样，金融服务补偿计划每次处理问题金融机构时都可以动用10.5亿英镑的资金。

对于投资服务商破产的情形，可用于金融服务补偿计划的金额为7.9亿英镑（金融行为监管局监管的企业不需要对投资服务商破产进行出资）。

（六）借款权

有些保单持有人保障计划有借款权，使得他们在可用资金不足的情况下也能够继续发挥功能。保单持有人保障计划可以从"内部"或"外部"筹措资金。"内部"借款是指保单持有人保障计划对所承保的不同类型的保险产品有不同的账户。保单持有人保障计划依据有关法律和规则在自己的多个账户之间进行借款。此外，有些保单持有人保障计划还有权从"外部"渠道获得资金，即把未来征收的费用或其他抵押物作为担保向第三方借款。在这两种情形下，由于拓宽了筹资渠道，能有效地增强财务实力。

专栏12—12　日本、韩国、英国和美国的情况

1. 日本

在日本，保单持有人保障计划［寿险保单持有人保障公司（LIPPC）和非寿险保单持有人保障公司（NIPPC）］可从金融机构（包括银行）借款，在必要时可达到法律规定的最高限额，以便在需要他们提供财务援助时能履行自己的角色和义务[①]。借款需要得到金融服务局和财政部的批准。政府可以为不高于议会批准的借款额提供担保。应当说明的是，这种"公共支持"目前仅适用于寿险保单持有人保障计划（见本章附录12—2）。

2. 韩国

在需要给破产的金融机构提供支持时，由韩国存款保险公司运作的保单持有人保障计划可以通过发行债券和借款的方式获得额外资金，他们可以从多种实体（包括政府、韩国银行和承保的金融机构等）获得贷款。

3. 英国

英国的保单持有人保障计划可以从商业机构或其他借贷机构融资（目前额度是7.5亿英镑），也可以从英国国家贷款基金（UK National Loans Fund，该机构可提供大量资金）寻求帮助。本章附录12—1详细介绍了英国金融服务补偿计划的筹资安排。

4. 美国

实践中，很少有在破产案中单独使用一个州的保单持有人保障计划的情形。在偶尔需要的情况下，保单持有人保障计划可以把未来可获得的缴费额作为担保，来满足当前的需要。

五　保障范围

在确定保单持有人保障计划的保障范围时，司法管辖区需要平衡保单持有人的预期和保单持有人保障计划的保障能力。需要考虑的因素包

[①] 所有保险人成员都应当预先缴费给该计划，应缴纳的数额根据技术准备金和保费确定。

括确保保单持有人保障计划为保单持有人提供最低水平的保障,且不会导致保单持有人对保障计划的过度依赖[①]和过高的成本。

在确定保障范围时,保单持有人保障计划可以考虑采取类似保险人与保单持有人之间的损失分担、免赔额之类的措施。

还需要考虑保单持有人保障计划保障了哪些保险产品(包括投资型保险产品),没有保障哪些产品。对于某些类型的产品,保障需要可能更迫切。具有社会元素(如养老保障条款)的产品或投资担保可能就比商业性产品更需要保障。保单持有人保障计划可以规定某些特定产品、特定产品的结构特点以及某些保险种类(如海洋保险和航空保险)的除外条款。

重要的是,保单持有人保障计划的保障范围应当易于让公众理解。不同产品有不同的保障范围,如果有不同的赔偿计划(如寿险产品、非寿险保险产品以及存款、证券等产品),那么保障范围又怎么规定,都应当表述清楚[②]。总的来说,大多数司法管辖区要求保险人披露保单是否由保单持有人保障计划保障,但也有些司法管辖区禁止出于广告和推销目的的披露[③]。公众对保单持有人保障计划保障范围的了解以及司法管辖区的信息披露方法对于解决保单持有人的道德风险问题是至关重要的。

专栏 12—13　美国的情况

为了避免道德风险,大多数州都禁止保险代理人和公司利用广告宣传保单持有人保障计划。其背后的原因是,消费者可能被误导,认为不管保险人出现了什么情况,他们的保单都会得到充分保障。然而,美国并不允许在广告和保险销售中提到保单持有人保障计划的存在,所以在提供给保单持有人的保单文件中,还需要注明可以适用的保单持有人保障计划的信息。

---

① 本章第二节对"道德风险"的描述。
② 保险核心原则 19.13.1。
③ 保险核心原则 19（经营行为）中有论述——见 19.5.15 和 19.13.1。

保单持有人保障计划还需要明确保障范围限制是针对保单还是针对保单持有人。例如，如果保单持有人拥有同一家保险公司的几张保单，那么保单持有人保障计划应当向消费者解释，其保障限制是针对每张保单还是针对整个组合的。本国保险人和外国保险人的保障范围是否一样，或者风险发生地是否会影响其保障范围，保单持有人保障计划都应当告知消费者。

大多数司法管辖区都会明确谁有资格索赔，并决定索赔人是否有优先获得赔偿的权利。

为了防范道德风险，通常要限制赔付水平。除单个保险的保障范围限制之外，保单持有人保障计划可以设置总额限制，或要求保单持有人自付一定比例的损失。每个破产案可以设置一个限额，保障范围可以是绝对数额、百分比或两者的结合。

在确定保单持有人保障计划的保障范围时，政策制定者应当考虑以下因素：限制是否会增强对保险业的信心；所保障风险的重要性［即减少某些险种（如年金保险和雇主责任保险）的风险保障的负面影响程度］；保障范围对被保险人的重要性（如重大疾病保险）；保险是否给第三方的利益提供了保障（如责任保险）；保单持有人是否会被"锁定"在一个保单，在其保险公司财务状况不断恶化而不能做出反应时，将其保单转移到别的公司是否有损失（而不带来过高的成本）；由高水平保障所需要的缴费义务对行业的影响；方法的持久性（即频繁审查/变更保障水平带来的影响）；如何控制运营成本；对于可比较的产品（如储蓄和投资），其他行业提供的保障计划的保障程度；政府提供保障的政治压力的大小。

某些产品或产品种类可能被排除在外。有些国家和地区通常会排除大型商业保单（如船舶保险、航空保险和再保险）。保单持有人保障计划的目的通常是保障个人或者小微企业的保单持有人的利益。大型商业风险很难评估，而且对保单持有人保障计划来说承保的成本太高。

一般情况下，保障范围和限额最能反映保单持有人保障计划的目标，这通常根据相关数据（如保险产品的特征、厂商的市场集中度）设定。当保单持有人保障计划的目标发生变化、通胀率较高或新产品推出时，保障限额都可能需要进行修改。有些保单持有人保障计划对保障的限额设置了自动指数调整机制。

专栏12—14　加拿大、德国和美国的情况

1. 加拿大

理想的情况是，在保险人出现偿付能力不足时，生效的保单将会转移到一家偿付能力充足的保险公司。

Assuris保障组织的寿险保险人的比例保障（proportional protection）至少可以提供保单承诺待遇的85%。如果没有超过规定限额（月收入2000美元，医疗费用6万美元，死亡给付20万美元，现金价值6万美元），则可高达100%。比例保障不适用于寿险保险人发行的存款类产品。只要不超过10万美元，就会获得全额保障。

财产意外保险补偿公司（PACICC）对非寿险保险人提供最高25万美元的保障限额。财产意外保险补偿公司覆盖保险人在清算过程中因单次事故造成的损失而带来的所有未付赔款。财产意外保险补偿公司（PACICC）还可以偿还70%的未到期保费部分，每单最多为700美元。

2. 德国

在德国，风险组合将被转移给一个安全基金，由这个基金支持风险组合的义务或再转移。同时，联邦金融监管局可以根据财务状况减轻保险人对寿险保单的责任。

3. 美国

保单持有人保障计划根据每个州的法律和保单规定的限额支付覆盖范围内的索赔。赔付上限使得系统有足够的钱支付赔款，并确保具备满足所有索赔人的"能力"。保单持有人保障计划不参与设置保障的上限。

对于财产/意外险保障，通常情况下，人身伤害和财产损失的赔付限额为30万美元，而有些州支付50万—100万美元。美国有个司法管辖区则支付高达500万美元。大多数的保单持有人保障计划都会按100%支付法定的工伤待遇。

对于人寿/健康/年金保险的保障范围，州保单持有人保障计划按下列标准为居民保单持有人提供保障，有些州还有更多保障，具体体现在以下几点：固定年金：收益保障最低为10万美元，大多数州提供25万美元的保障；医疗保险：所有州提供最少10万美元的保障，然而大多数州提供50万美元的医疗保险保障、30万美元的残疾保险保障和30万美元长期护理保险保障；寿险：高达30万美元的寿险死亡抚恤金，以及10万美元的净现金退保价值和净现金提款价值。

第三节 保单持有人保障计划的功能

不同司法管辖区的保单持有人保障计划的功能定位有所不同①。在某些国家和地区，保单持有人保障计划的功能比较窄，只是在保险人破产时才支付赔款。在有些国家和地区，保单持有人保障计划还具有减少保险人的损失、让陷入困境的保险人恢复经营等功能，或者还要参与让保险保单继续的解决机制。它具备以下功能：提供财务支持（给陷入困境的保险人，或接管破产保险人的保险业务的其他保险人）；充当过桥机构。

保单的连续性可能是保障保单持有人的重要内容——尤其是对人寿保险，可提供比保单持有人保障计划支付赔款/持续性待遇更合适的解决方案。司法管辖区要求保单持有人保障计划确保合同的连续性（如通过组合转移）。

专栏12—15 英国和美国的情况

1. 英国

保单持有人保障计划有义务确保人寿保险保单的连续性（在满足某些条件的前提下），而对非寿险保单，则通常通过把业务转移到另一家公司或者确保其发行替代保单的形式。

---

① 一些国家和地区的保单持有人保障计划的功能描述见本章附录3。

2. 美国

对失败的保险人无权提前解除的保单（如年金、大多数非定期寿险合同以及某些类型的健康保险合同），保单持有人保障计划应当为存续的保单提供担保、保险或再保险。换句话说，只要消费者支付了所需要的保费，保单持有人保障计划就应当确保保障能够继续。

一 财务支持

财务支持可以通过提供现金、贷款、提供担保、抵押、购买资产和注资等形式提供。

除支付赔款之外，为再生或解救陷入困境的保险人，保单持有人保障计划可以提供以下财务支持：支付给陷入困境的保险人；让其他保险人接管陷入困境的保险人或其保险业务。

某些司法管辖区只允许保单持有人保障计划为寿险保险人提供财务支持，或者只为非寿险保险人提供财务支持，但是有的司法管辖区对两者都可以提供。

专栏12—16 一些国家的情况

在加拿大、法国、日本、韩国等国家或地区，保单持有人保障计划可以为寿险和非寿险保险人提供财务支持，而在英国，保单持有人保障计划可以在满足某些条件的前提下，为陷入财务困境的保险人提供财务支持。在加拿大，丧失偿付能力的保险人及其接管公司均可以获得保单持有人保障计划的财务支持。

在德国，保单持有人保障计划在解救保险人时不能提供任何资金支持。同样，在美国，保单持有人保障计划对陷入财务困境的公司不能提供救助融资。

（一）再生/恢复

有些保单持有人保障计划可以为财务困难或偿付能力出现危机的保险人提供财务支持。如果帮助保险人再生的援助成本小于清算保险人的成本，或者清算保险人会影响金融系统的稳定，通常就会采取这种形式。为了减少赔偿风险，有的保单持有人保障计划会行使特殊权力，与保险人达成财务承诺。通常可能采取的形式，包括贷款、买入资产承诺或其他形式的担保，也可能纳入收购股份、资产或者由保单持有人保障计划或保险人的子公司接管债务等其他形式的承诺。此类援助通常是根据保险人的高管变动或控制权变更的情况做出的。

有时为了实现再生，可能需要调低保单持有人的赔付/待遇的价值；有时，甚至不允许保单持有人退保。即使采取了这样的措施，仍然需要财务支持以重振破产保险人的经营。

（二）业务转移

有些保单持有人保障计划为接收破产保险人的公司提供财务支持，如在澳大利亚、日本、韩国等国。有些司法管辖区对接收公司的财务支持限定于相关附加管理成本，或保单持有人保障计划将要支付的净成本。

二　过桥机构

当保险人丧失偿付能力后，如果没有立即找到收购方，破产保险人要么进入清算，要么被临时接管，直到找到收购方。这种情况下的临时管理者可以充当"过桥机构"（或"桥梁机构"）。过桥机构通常会进行短期操作以保存并出售或转移特许权价值，也可能成立独立的保险人，或由保单持有人保障计划本身接管。作为分流公司（run-off）的保单持有人保障计划可能寻求机会将业务组合转移到另一家保险公司，以提高工作效率。

专栏12—17　保单持有人保障计划作为过桥机构

法国、日本和韩国的保单持有人保障计划都可以作为解决寿险和非寿险保险人困境的过桥机构，但是在加拿大只可以作为解决寿险保险人困境的过桥机构。

过桥机构的功能可以通过保单持有人保障计划本身或由保单持有人保障计划成立的子公司（如加拿大）履行。德国（对于寿险与健康保险）

允许保单持有人保障计划作为过桥机构，而加拿大和韩国只允许保单持有人保障计划的子公司这样做。日本就寿险而言，两种方式都是允许的。

在美国，对不可撤销的保单（如寿险和年金保单），保单持有人保障计划依据保单持有人和（已经营失败的）保险人之间约定的期限继续履行保险功能。通常是先商定一个再保险安排，使得运行良好的承保人同意以转移资产负债为条件，承接破产保险人全部或部分的保单责任。有时，保单持有人保障计划只需承担丧失偿付能力的保险人在分流期间的承保责任。有些情况下则组合使用这两种方法，即保单持有人保障计划在一段时期中承担保单责任，之后再由运行良好的承保人接管保单责任。

三 支付赔款

在有保单持有人保障计划的国家和地区，赔偿①通常直接由保单持有人保障计划支付，或间接通过丧失偿付能力的保险人、接收人（收购方）或清算人支付。保单持有人保障计划能够比通过正式破产程序更有效地实现及时支付赔偿，从而维护保单持有人的权益，否则他们会因为延迟收到赔偿而受到影响。

支付赔款的作用根据保险产品的变化而变化。大多数（并非全部）非寿险产品是短期的，可以迅速完成理赔。有些国家和地区规定在保险人破产后的一定期限内进行理赔。寿险产品的长期性使得理赔可能需要在较长时期中进行，这就可能出现无法找到另一家保险人接手保单的问题。此外，某些非寿险险种（如意外和员工补偿）的理赔可能需要更长时间。

有些保单持有人保障计划直接付款给保单持有人，有些则不是。如果支付期间找到了丧失偿付能力的保险人的收购方，就将保险合同转移给收购方。而合同一旦被转移，就由收购方管理。如果是通过破产清算程序处理保单持有人的赔偿，清算人和保单持有人保障计划各自的职责应当阐述清楚。在理赔过程中，清算人需要协助保单持有人保障计划进行理赔。

如果保单持有人保障计划代位行使保单持有人的权利，其代位权应

---

① 即保险人无力支付的索赔。

当有明确的规定。保单持有人保障计划在为保险人赔偿保单持有人或为其提供保障后，具有代位权。保单持有人保障计划有权获得保单持有人的权利，向保险人收回补偿，或者向造成损失的其他方索赔。这意味着，保单持有人保障计划可以收到保单持有人合同项下有权获得的所有金额。在清算过程中，保险赔款的受偿顺序是优先于其他债权的，这意味着，保单持有人保障计划更容易收回款项，从而降低了向行业收缴费用来弥补缺口的成本。如果根据代位求偿权收回的款项超过所支付的赔款，那么余额可以转给保单持有人。

专栏12—18　一些国家的情况

1. 澳大利亚

在HIH保险集团丧失偿付能力后，保单持有人保障计划管理者负责该计划的日常管理，包括管理呼叫中心和网站、接受申请并评估其资格、协调理赔管理和支付过程、与清算人核对债务证据等。

2. 加拿大和日本

寿险和非寿险理赔通常由丧失偿付能力的保险人间接支付给保单持有人。在加拿大，保单持有人保障计划可以代位行使保单持有人的权利。

3. 韩国

寿险和非寿险赔款都是由保单持有人保障计划直接支付给保单持有人。

4. 西班牙

在清算活动中，保险联合赔偿会有权代位保单持有人，并直接向他们支付。

5. 美国

保单持有人保障计划的功能是按照与保险人没有发生破产时大致相同的方式处理、裁决和支付到期赔款的。从本质上讲，保单持有人保障计划站在破产保险公司的角度，依照州立保险法规的要求支付赔款；依照法律规定，保单持有人处于遗产债权人中的优先位置。保单持有人通过保单持有人保障计划的机制能够及时得到赔付。

四 触发事件

触发保单持有人保障计划介入的因素取决于该保单持有人保障计划履行的职能。通常情况下，对保险人启动破产程序是触发因素之一，保险人陷入财务困境也是触发的指标。重要的是，破产清算制度要承认保单持有人保障计划的作用，触发保单持有人保障计划介入的规定（如授权立法或操作规则）应当清晰明确，以便明确保单持有人保障计划何时能够介入。

（一）破产程序

根据破产（法律）制度的不同，可以触发保险人破产程序的当事人有多种——债务人、债权人、监管者、保单持有人保障计划或破产的保险人。

保单持有人保障计划应当知道什么事、什么人可以触发破产程序——可能是各类保险公司成员，抑或是保险人所在金融集团中的其他实体。

（二）保单持有人保障计划的早期干预

通常在破产程序开始之前，保单持有人保障计划就已经介入陷入困境的保险人的案件中。鉴于监管框架、破产制度和监管者的干预权力等方面的影响，保单持有人保障计划的有效干预有利于减少保险人的破产成本。

在触发破产程序的事件出现之前，保单持有人保障计划通常会与陷入困境的保险人进行长时间的谈判。起初，保单持有人保障计划和监管者可能与保险人一起，试图找到一个解决方案，以维持公司的偿付能力。然而，在此期间，保单持有人保障计划也可能对业务进行分组，着手谈判，以便公司进入清算程序后可以立即将其部分或全部保单转给其他保险人。其目的是制定有序和低成本的解决方案，从而确保保单持有人的索赔得到支付。

专栏12—19　加拿大、德国、西班牙和美国的情况

1. 加拿大

加拿大的两个保单持有人保障计划的触发事件都是签发清算令，由

保障计划保障的保险人启动破产清算程序而引发。保险人的破产清算可以通过不同的当事人（债务人、债权人或监管者）引发的多种事件触发。对于寿险公司，依照与主要监管者达成的协议，干预指引概述了 Assuris 对保险人在破产前各个阶段的介入。

2. 德国

在以下情形中，联邦金融监管局可以命令将全部业务组合（含底层资产）转移到相应的保障计划：对保险人的管理和财务状况的审计结论是，保险人已经不能完全履行其保单责任，而避免破产清算似乎对被保险人最有利；或保险人告知联邦金融监管局他已经丧失偿付能力，其他措施似乎也无能为力。

3. 西班牙

保险联合赔偿会进行清算活动的触发事件来自经济和竞争力部（对于全国性保险人）或自治区政府（对于当地保险人）。

4. 美国

依据法规，一旦州法院认定保险公司资不抵债，命令其进行破产清算，只要破产的保险公司是保单持有人保障计划的成员单位，那么保单持有人保障计划就会触发启动。然而，实际情况是，保单持有人保障计划的介入可能更早，使得一旦开始清算，保单持有人保障计划可立即承担其法定职责。这就要求一旦清算的可能性较高，保单持有人保障计划就应当介入，这个时点可能出现在保险人处于行政监督阶段或处于保障或再生阶段。

第四节　跨境问题

一　保单持有人保障计划之间的合作

许多保险人通过当地分支机构跨境销售产品，或者基于服务销售产品。在这种情况下，保险人若丧失偿付能力会直接影响母国和东道国的保单持有人。根据制度安排，保单持有人保障计划可以保障一个或多个司法管辖区的保单持有人，即保单持有人保障计划的保障范围是基于风险所在的地理位置。保单持有人保障计划、相应的监管者和保单持有人都需要了解跨境业务的保障范围。当保单持有人涉及多个司法管辖区时，保单持有人保障计划之间的合作协议，包括对理赔处理的协议，都是非常重要的。

保单持有人保障计划之间需要合作时，应当明确其合作框架，规定各自具体的权力和责任①。

尽管合作协议的细节会根据不同国家和地区而有所不同，但是通常会包含以下内容：定期更新，如有关保单持有人保障计划的基本信息；在破产案发生时进行专门沟通（如涉及的保险类型、保单持有人数量或赔偿细节）；处理跨境理赔问题的任务分工，如就理赔、理算、赔偿等问题，代表另一个计划为保单持有人在母国指定一个联系人；报销和佣金，包括代表另一个计划进行赔偿而产生的费用；对机密信息的分享和保密的规定；方案之间的纠纷解决机制。

专栏12—20 欧盟的情况

欧洲保险与职业养老金管理局条例的第26条②规定，欧洲保险与职业养老金管理局可以对是否需要建立一个资金充足、协调有效的保单持有人保障计划网络进行评估。欧洲保险与职业养老金管理局于2011年6月发布了关于保单持有人保障计划之间的跨境合作机制的报告。在2012年5月，该局又发布了关于在欧盟/欧洲经济区保单持有人保障计划在丧失偿付能力的承保人的清算程序中所起作用的报告。

在这份报告中，成员国被问到设有分公司的外资承保人（第三国③保险企业，或在成员国设立的企业，或两者兼而有之）是否会成为其司法管辖区内的保单持有人保障计划成员（不管是自愿性还是强制性）。有8个成员国的报告表明，来自非欧洲经济区的第三国保险企业可以（有时

---

① 2013年5月发起的保险保障计划的国际论坛旨在推动和促进保险保障计划与其他利益相关者之间的国际合作。该论坛希望加强世界各地的保险保障计划之间的联系，并为交换意见和讨论共同问题提供一个平台。
② 欧洲议会和理事会条例第1094/2010号。
③ 欧盟/欧洲经济区之外。

需要满足某些条件）自愿或强制地成为保单持有人保障计划的成员。有几个欧盟/欧洲经济区的成员国要求，在这些国家经营的一些外资保险企业的分支机构中要参与本国的保单持有人保障计划，这是因为，外资保险企业母国的保单持有人保障计划没有对东道国的保单持有人提供同等的保障。

二 母国和东道国的司法管辖职责

如果母国司法制度保障所有的保单持有人，不区分保单持有人是来自母国，还是来自东道国（如通过分支机构销售或基于其他服务销售），那么，以下几点对保单持有人保障计划便很重要：将相关信息告知所有的保单持有人，包括那些在东道国司法管辖区的人，提起索赔[①]；启动理赔程序，确保母国和东道国保单持有人获得充分和及时的赔偿。

保单持有人保障计划和东道国的保单持有人之间的理赔工作可以由东道国的保单持有人保障计划处理，后者相当于一位联络人。这并不意味着，东道国一定要进行预赔偿。这些安排应当在双方保单持有人保障计划之间的协议中列明，并考虑到有关司法管辖区法律制度和监管者之间的合作机制。

如果破产保险人母国的保单持有人保障计划不能够保障东道国的保单持有人，那么，母国的保单持有人可以获得当地保单持有人保障计划的保障。

有时会出现母国和东道国两个司法管辖区的保单持有人保障计划都要对跨境保单负责的情况。这时，当地的法律要求保险人同时是两个计划的成员。这可以确保所有跨境销售的保单的持有人都能得到保障。如果是这种情形，需要在协议中明确以下几点：任务如何分配，赔偿如何分摊；谁负责回应东道国保单持有人的索赔；赔偿水平、免赔额怎么规定；如何保证在所有司法管辖区内的保单持有人被公平对待；一位保单持有人保障计划代表其他计划先行赔付后会怎么样，需要什么样的正式协议或担保，以确保还款；当一个计划对保单进行了赔偿，而另一个计

---

① 在欧盟，保单持有人保障计划可通过非正式的方式沟通。

划准备接管破产保险人的组合，会怎么样（主要指长期保险）；由理赔和涉及一位以上保单持有人保障计划的赔偿金支付问题所引发纠纷的解决程序。

筹资机制也可以考虑让外国保险人或分支机构参与到保单持有人保障计划中。如果他们是保单持有人保障计划的成员，那么他们便可能被要求出资。这与选择母国或东道国的监管原则密切相关。按照母国原则，外国公司的分支机构不需要成为母国保单持有人保障计划的成员。该原则可能导致分支机构的保单持有人无法得到保单持有人保障计划的保障，除非其总部采取了母国的保单持有人保障计划的做法。通过给一个司法管辖区中所有运营的保险人自愿或强制的成员资格，便可以改善这种情况。

鉴于不同国家和地区的保单持有人保障计划的设计方法和范围有所差别，开展国际业务的结果就是，相同的保险产品很可能由多个保单持有人保障计划进行保障。这对保险人而言成本很高，这是因为他们可能需要在多个国家和地区缴费。如果发生多重保障的情况，那么国家和地区之间应当合作，以避免产生不必要的成本。

专栏12—21　举例：某保险公司的住所位于 A 司法管辖区，在 B 司法管辖区设有分支机构

如果 A 地区和 B 地区都有保单持有人保障计划保障 B 地区的业务组合，那么会导致 B 地区的业务组合的多重保障和多重成本。

一个解决方案是，如果在 B 地区具有同等效力的保单持有人保障计划提供保障范围，那么可以给予该保险公司一定的豁免权，允许 A 地区不用对 B 地区的保险业务组合提供保单持有人保障计划保障。A 地区和 B 地区都用一致的规则相互对待跨境方面的问题。这样，所有的保单持有人都可获得保单持有人保障计划的保障，消除了多重保障的问题。

第五节　保险集团、金融集团和传染风险

保险集团通常是指，有两个或多个主体，其中至少一个对保险人有

显著的影响①。保险集团的不同主体可能由不同的保单持有人保障计划来保障。如上所述，国际保险集团可能在多个国家和地区加入保单持有人保障计划。

当保险集团内的一家保险人丧失偿付能力时，因为每个产品的保障范围可能不同，所以消费者可能难以知道集团中不同主体所提供的各种产品的保障水平。此外，消费者对不同产品的保障需要的看法不尽相同。保单持有人保障计划和其他保障计划应当采取适当的措施，明确各自的定位。

在适当的时候，保单持有人保障计划应当以文件的形式说明他们将如何与其他保障机制进行合作，从而保障作为金融集团成员的保险人。

如果金融集团②或集团内的任何主体遇到麻烦，那么，所有保障计划可能均会受到牵连。金融集团的一个主体破产可能让集团陷入财务困境，甚至导致集团内的其他主体破产，进而影响其他保障计划。特别是当集团拥有银行或其他金融机构时，非保险业务的动荡可能传染到整个集团，包括保险板块。集团内保险主体的偿付能力可能因集团内其他领域出现问题而受到影响。

在设计保单持有人保障计划时，司法管辖区可以考虑该地区处理金融传染风险的方法。虽然金融稳定问题可能不是保单持有人保障计划的主要目标，但是传染风险的增加却可能给保单持有人保障计划带来更大的压力。

虽然保险产品的保单持有人保障计划和其他金融产品的保障计划都有各自处理问题机构的程序，但是风险传染的冲击可能会打乱正常的程序。集团内某个部分的突发事件可能引发其他部分的震动，削弱其他部分的消费者或利益相关方的信心。在极端情况下，还可能造成保险市场甚至金融系统的混乱。发生这种危机时，问题可能很快就会从保障计划转移到政府部门。为了减少这个问题，保单持有人保障计划应当得到法

---

① 保险核心原则 23 的定义：集团监管（第 23.2.1 段）。
② 根据金融集团监管联席会议的监管原则（2012）的规定，金融集团指"在同一控制权下，完全或主要在银行业、证券业、保险业中至少两个金融行业大规模地提供服务的金融控股公司"。

律保护，采用透明的操作方式来增强消费者的信心，以确保其资金只用于其初创目的。

在危机管理中，境内和跨境合作与协调有助于减少混乱[①]。有效的集团监管有利于促进保单持有人保障计划的有效运作。

第六节　监管考虑

一　保单持有人保障计划与保险监管者的合作

很重要的一点是，当一家保险人陷入财务困境时，所有相关方应明确各自的角色和责任。保单持有人保障计划和相关监管部门应当在跨界问题、应急计划、情景演练等方面充分合作。如果保单持有人保障计划在保险人的破产案中要承担责任，或要发挥损失赔偿之外的功能，这就显得更为重要。保单持有人保障计划在设立时就应当考虑到信息交流机制。有些司法管辖区有预警机制，提醒保单持有人保障计划察觉到保险人可能出现破产清算（或其他形式的监管干预）的情况，从而可能需要调用其资源。这些协调机制可能是正式或非正式的。不管是哪种形式，交换机密信息的主体之间都需要签订保密协议。

在某些国家和地区，保险监管者和保单持有人保障计划可以联合监测高风险等级的保险人。有时，保单持有人保障计划可以在某些方面直接参与对风险较高的保险人的监管。

在有些国家和地区，保单持有人保障计划和保险监管机构之间的合作和协调框架是通过谅解备忘录的形式正式确定的。

专栏12—22　一些国家和地区的情况

1. 加拿大

金融监管框架（OSFI）出版了一个针对联邦监管的人寿保险公司的指引。联邦监管的目的是增强意识，强化干预框架的透明度。该指引列

---

① 见保险核心原则25（监管合作与协调）和26（危机管理的跨境合作与协调）。

举了保险公司可以从金融监管框架获得的支持类型，总结在哪些情形下可以采取哪些干预措施，并描述了预计的干预措施，以及金融监管框架和 Assuris 保障组织及其他有关方面之间的协商机制。

2. 加拿大魁北克

金融市场管理局也发布了针对魁北克特许寿险保险人和成员公司[①]的干预指引。该干预指引指导利益相关方在魁北克的特许寿险保险人和 Assuris 保障组织的成员公司在遇到困难、可能危及对保单持有人和其他受益人或储户[②]履行承诺时，通过金融市场管理局和 Assuris 保障组织选择适当行动和措施。

该指引列举了在魁北克营业的寿险保险人遭遇偿付能力风险时，金融市场管理局和 Assuris 保障组织各自的职责以及两者之间的合作。

3. 欧盟[③]

在《欧盟/欧洲经济区的破产保险企业清算程序中保单持有人保障计划的作用》的报告中，虽然只有法国表示，监管者和保单持有人保障计划之间有法律规定，但是其他的成员国表示：在决定对保险人进行清算之前，监管者和保单持有人保障计划之间（根据需要）会进行非正式沟通（4 个成员国）；强调缺乏此类信息会受到的法律约束，或赋予监管者传递信息的权力（4 个成员国）。

这 8 个成员国均报告本国没有预警机制。有两个成员国要求监管当局提醒保单持有人保障计划关于撤销保险企业经营权的问题。

4. 韩国

金融监管服务局（Financial Supervisory Service, FSS）、韩国银行和韩国存款保险公司在 2004 年 1 月签署了谅解备忘录，加强了互相交流金融信息与其他合作。然而，在应对 2008 年 9 月爆发的国际金融危机的过程中进一步发现，需要在早期找到更好的方法识别和应对风险，加强相关

[①] Autorité des Marchés Financiers, "Intervention Guidelines for Québec-chartered Life Insurers and Assuris Member Companies", 2013, http：//www.lautorite.qc.ca.

[②] 魁北克省寿险保险人被允许接收存款，但应当持有由金融市场管理局的存款保险计划所发行的牌照。

[③] https：//eiopa.europa.eu.

组织之间的合作，尽量减少系统性风险的发生。因此，2009年9月，这份谅解备忘录扩展到战略部与财政部（Ministry of Strategy and Finance, MOSF）和金融服务委员会（Financial Services Commission, FSC），直接或间接负责破产金融机构的问题解决，改进信息分享机制，促使每家组织任务的顺利完成。

为了更有效地应对随着金融市场的发展而出现的风险因素，韩国存款保险公司可以请求与金融监管服务局对经营状况不良的金融机构进行联合检查。联合检查的目的是，建立相关组织之间的协作系统，最大限度地减少被保障的金融机构的行政管理负担，从而提高效率。根据谅解备忘录，韩国存款保险公司可以挑选那些风险评级较高或者需要对其风险管理措施进行审查的金融机构。然后，金融监管服务局和韩国存款保险公司联合起来对这些机构进行检查，并督促他们加强风险管理。

5. 新加坡

存款保险和保单持有人保障计划法（Policy Owners' Protection Scheme Act, DIPPSA）明确要求金融管理局设定缴费比率，并对以下方面做出必要的规定，如何对保单持有人保障计划的成员进行归类、决定分类的标准和程序、保单持有人保障计划的资金规模［与新加坡存款保险公司（Singapore Deposit Insurance Corporation, SDIC）协商］或金融管理局认为必要的其他事项。该法还要求金融管理局在涉及修订或变更任何规定时，也要与新加坡存款保险公司进行协商。

对于保单持有人保障计划，存款保险公司的主要职能是收费、管理计划的资金、赔付以及教育消费者。在保单需要分流的情况下，新加坡存款保险公司会设立一家公司接管这些保单，可以将保单的管理统一外包给第三方。金融管理局对是否启动使用保单持有人保障计划的资金进行赔付具有决定权。

6. 英国

金融行为监管局和金融服务补偿计划签订了谅解备忘录，审慎监管局也和金融服务补偿计划签订了类似的备忘录，让公众都可以看到。备忘录主要包括以下内容：各自的责任、协作、信息交流、磋商、筹资、预算和财务报告。

如果保险监管者认为保险人的困难已恶化到严重损害偿付能力，而且保险人在短期内可能无法履行对保单持有人的承诺时，那么可以采取各种可行的措施以确保保险人的生存能力。在采取这些行动的过程中，保险监管者和保单持有人保障计划应当协调配合。

保险监管者和保单持有人保障计划应当分析每项干预措施的有形和无形成本及其优缺点。应当把这些成本与保险人破产时的清算成本相比较，后者包括保单持有人保障计划和保险监管者需要承担的费用。在决定采取哪一种方案时，保险监管者和保单持有人保障计划应当确保有利于保单持有人的权益。谋求保险合同连续性的方案（如收购与接管或转让业务组合）需要一个或多个健全的机构参与。

如果保险人的资产不足以满足对保单持有人的承诺，那么保险人可能需要破产清算。保险监管者和保单持有人保障计划应当协调参与，而成立一个联合工作组是有效的做法。工作组不仅能够发挥协调和信息交流平台的作用，还能够就有序清算提出建议。工作组应当了解清算成本，以及根据保单持有人保障计划的条款算出需要补偿保单持有人的成本。

如果保险人破产，保单持有人保障计划应当与清算人协作，促成保单尽快转移给偿付能力充足的保险人。在清算过程中，保险监管者和保单持有人保障计划应当协调工作，发挥积极作用。

二　保险监管者的作用

监管者的有效监管和早期干预有助于降低保险人破产的可能性。如果保险人确实破产了，保险监管者会关心保单持有人的权益是否得到了保障，保险人的问题是否可以得到有效解决。保单持有人保障计划可以促进这两个目标的实现。因此，保险监管者高度关注保单持有人保障计划的运营，其会影响在其管辖区的保单持有人和保险人。

正如"引言"中讨论的，保单持有人保障计划有助于实现监管目标。有效的保单持有人保障计划需要一个运作良好的监管体系来支撑，而保单持有人保障计划并不能替代健全的监管体系。

保险监管者需要了解保险合同的保单持有人保障计划，这些合同是由他们所管辖的保险人签发的。在涉及危机管理计划时，这可能涉及与其他司法管辖区的监管者的合作。在跨境业务或监管者联席会议等背景下，这是尤为重要的一点。

虽然保单持有人保障计划通常由董事会监管，但是保险监管者也可以拥有监管权力，包括审查保单持有人保障计划的运营计划、对计划进行审计、审查财务报表和年度报告。

在有些司法管辖区，任命保单持有人保障计划的董事或者改变计划的内部规则和政策都需要得到保险监管者的批准。例如，英国的金融行为监管局和审慎监管局设置了金融服务补偿计划的规则，并任命其董事。

如果保单持有人保障计划独立于监管者，那么他也应当是独立运作的，应当有清晰的责任链和适当的合作。

在有些国家和地区，保单持有人保障计划利用监管者对保险人进行风险评估，如设定对基金的缴费水平中的风险保费部分。

专栏12—23　新加坡和韩国的情况

1. 新加坡

新加坡金融管理局的风险评估结果是计算保单持有人保障计划成员缴费金额的一个重要指标。基于保单持有人保障计划成员的风险状况实施差别费率——低档、中低档、中高档和高档。这些状况取决于金融管理局的通用风险评估框架和技术（Common Risk Assessment Framework and Techniques，CRAFT）[①] 以此对保险人进行的监管评级。

2. 韩国

韩国存款保险公司计划在2014年实施风险基础费率制，以此来激励金融企业完善管理，并确保保费收取的公平性。修订后的《存款人保护法》（Depositor Protection Act，DPA）强制要求采用风险基础费率制，可能考虑由金融监管服务局的保险监管者开展风险评估。

---

① 通用风险评估框架和技术（CRAFT）是由新加坡金融管理局开发，以评估金融机构的风险、内部控制和风险管理。

第七节　结论

保单持有人保障机制是金融安全网的一部分，在保险人丧失偿付能力时为保单持有人提供保障。它不仅对个体保单持有人有益，还能增强人们对保险业乃至对经济社会的信心。保单持有人保障机制有助于实现国际保险监督官协会的目标，即维护保险市场的安全及稳定，从而保障保单持有人的权益，促进全球金融稳定。

保单持有人保障机制的目标是实现公共目标和缓释风险。在设计保单持有人保障机制时，需要考虑筹资方式、所保障的赔付种类和范围等多种因素。保单持有人保障机制的设计还应当考虑司法管辖区内保险业的特性及其文化和法律框架。然而，也应当考虑到因保险人、保单持有人、监管者和政策制定者缺乏纪律约束、存在道德风险等因素引起的风险，例如，保单持有人保障计划的保障范围限制过多或没有限制。计划的成本也是保单持有人保障机制对缴费进行整体评估时要考虑的一个因素。

保单持有人保障机制的功能不仅是支付赔款，还要能促进保单的延续性以及将保单转移给有偿付能力的保险人。这些附加功能（包括协助业务组合转移、提供财务支持、充当过桥机构等）不仅有利于保障保单持有人，而且有利于有效解决保险人的破产问题。

保单持有人保障机制只是一个万不得已时的最终工具，对其不应当过分依赖。其发挥效果需要基于运作良好的监管和清算机制，保险核心原则对此有所论述；保单持有人保障机制不应当定位于这些制度的替代。

保险监管者应当了解保单持有人保障机制的运营情况，这会影响其所管辖的保险人和保单持有人。监管者通常在保单持有人保障机制的治理和监管过程中发挥作用，这有利于确保监管者与保单持有人保障机制的目标一致且能相互支持。保险监管者和保单持有人保障机制之间的密切合作也很重要。对陷入困境的保险人进行早期干预有助于最大限度地减少业务中断，改善对保单持有人的保障，并有效解决保险人的问题。对于跨境业务，很重要的一点是，监管者之间就安排有关司法管辖区的保单持有人保障机制进行密切合作。

附　录

一　附录12—1：监管框架内的保障机制

保单持有人保障计划的主要目的是，在保险人丧失偿付能力时，为保单持有人提供保障。除监管框架内的偿付能力要求之外，许多司法管辖区都建立了在监管制度之外运作的保单持有人保障计划。有些司法管辖区通过监管制度内的机制解决保险人丧失偿付能力的问题，例如，通过资产隔离来支持保险人履行责任，或在破产案中为保单持有人提供有利的理赔方式。这些措施均在监管框架范围之内，可以通过不同的方式提供保障。以下介绍几种监管机制。

附表12—1　　　　　　　　监管框架内外的保障机制

保单持有人保障机制		
监管框架之内		
绑定资产（tied assets） （理赔支付、过桥机构的功能）	优先索赔 （理赔支付功能）	其他 （如分离资金、抵押的功能， 取决于不同的工具）
监管框架之外		
保单持有人保障计划		
（理赔支付＋过桥机构＋某些时候的资金支持功能）		
保单持有人保障计划的一般性保障：寿险、 非寿险和健康保险（本章所指的） 事前/事后资助 不同水平（限制）的保障		第三者责任保险 各类强制保险（如车险）计划或具有社会 保险性质的计划（如员工赔偿险）

（一）绑定资产

有些司法管辖区要求保险公司划拨并单独保留一部分资产，以保障支付保单责任或各类负债。这种在保险人破产时用于保障保单持有人的做法被称为"绑定资产"。因为绑定资产在事前就能提供所需资金，所以当发生经营失败时，不需要专门的筹资。因为没有设立单独的累积基金，所以无须额外向基金缴费。这种保障机制的成本是由各保险人直接承担的。

总的来说，绑定资产计划有如下特征：估算保险人每张保单的潜在责任（技术准备金），并预留或划拨相应数额的资产；监测资产的价值，以确保他们能履行100%的责任；绑定资产只限于几类特定资产，限制集中度和对手风险；如果违背规则，或侵犯保单持有人的权益，监管者可以锁定已经绑定的资产，撤销保险人的牌照或让保险人破产；在发生破产的情况下，该资产可以用于满足保单持有人的索赔要求；在业务组合转移的情况下，绑定资产也会发生转移。

绑定资产为保单持有人提供保障，而且，不需要额外资金；不需要其他的外部管理；与处置方案相互配合；可以与保单一起被转移到另一家保险人，从而保证合同的连续性。

通过这种方法，划出一部分特定资产以便在保险人破产时用于赔偿保单持有人。如果技术准备金不够，或者赖以支撑的资产质量恶化，那么，保单持有人就可能得不到全额赔付。而且，保险人的内部控制以及监管者在这方面发挥的监督作用能够确保维持充足的水平。只有当这两道防线都失效时，才可能残留风险。

对于某些类型的保险，尤其是强制性保险，绑定资产的方法有时会得到保单持有人保障计划的支持，让这些险种的保单得到额外保障。

（二）绑定资产安排的例子

专栏12—24　奥地利和瑞士的情况

1. 奥地利

奥地利有一个保障计划，其中某些保单是"受保障"的。受保障保单的技术性准备金应当由保险人通过绑定资产的形式列出并维护。这些资产由指定的受托人监控，以确保该专项资产确实存在且充足。专项资产的交易只有在受托人同意的前提下才能进行。在保险人丧失偿付能力时，这些标记出来的绑定资产在破产清算的过程中是维护保单持有人权益的一笔专项基金。

2. 瑞士

瑞士的保险公司都应当持有个人保障基金，并绑定资产。如果保险人破产，那么保单持有人有获得这些资产的优先权。绑定资产应当始终保障所有的技术准备金和额外的安全边际——不管是寿险还是非寿险。绑定资产仅投资于某些特定的资产类别，对集中度和对手方风险都有限制性规定。而绑定资产的管理也受到监管者的严格监控。除用于支付赔款之外，绑定资产还可用于业务组合的转移，在这种情况下，资产也会被转移。如果违反了规则或侵犯了保单持有人的权益，监管者可以封存绑定资产，撤销保险人的牌照或者让保险人破产。

在瑞士，保单持有人保障计划也适用于强制保险，包括属于社会保障体系组成部分的法定养老保险和工伤赔偿。

(三) 隔离资产

在有些司法管辖区，某些特定类型的保险业务或保单都要被隔离出来并归入单独账户。这些资金不能用来支付保险人的其他负债。

专栏 12—25　加拿大和英国根西岛的情况

1. 加拿大

隔离基金是由加拿大人寿保险人管理的投资基金。这些基金的资产与保险人的一般性资金分离，专属于基金份额的持有人。此外，在保证死亡给付或满期给付的情况下，公司的一般性资金可作为储备金提供保障。

2. 英国根西岛

根西岛采用保障单元公司（Protected Cell Company，PCC）和合并单元公司（Incorporated Cell Company，ICC）的概念。保障单元公司是一个法人主体，由一个核心单元公司和多个个体单元公司组成，核心单元公司包含所有保险公司的资本，个体单元公司可单独出资，或依赖于核心单元公司的支持。法律规定，每家公司的资产都要隔离，以便任何一家单元公司（或核心单元公司）的赔付都不需要由其他单元公司的资金来保障。独立的单元公司可用于隔离PCC中不同保单持有人的人寿保险基金。因为每个单元公司是独立纳入的，所以PCC也使用"单元"的概念，并提供额外层级的法律保护。

（四）优先索赔权

有些国家依据准备金条款，允许保单持有人对破产保险公司的资产享有优先索赔权。

专栏12—26　欧盟和美国的情况

1. 欧盟

《偿付能力II》框架指令第76条、第275条规定，保险人和再保险人设立技术准备金，为保单持有人和受益人的所有保单责任提供保障，这笔资金约等于他们在应当转让其保险和再保险责任时需要支付的数额。相对于任何其他形式的索赔，由这些技术准备金保障的（再）保险索赔具有绝对优先权。

2. 美国

对于破产保险人的直接保单下的遗产拥有索赔权的债权人，美国各州的破产管理法通常赋予他们优先受偿权。因为破产管理遵循"绝对优先规则"，在全部保单下的赔偿被满足之后，才开始处理低等级的赔偿（如对普通债权人的偿还、对次级债融资或股权的偿还）。

二　附录12—2：案例分析

（一）引发保单持有人保障计划建立的事件

专栏12—27　德国的曼海姆寿险公司

曼海姆人寿保险公司（Mannheimer Lebensversicherungs AG，ML）是曼海姆控股的子公司，是一家具有悠久历史的寿险公司［成立于1922年的克罗诺斯德意志银行（Kronos Deutsche Lebensversicherungs-Bank AG）]。

20世纪90年代初，曼海姆人寿保险公司通过持续为保单持有人提供有吸引力的回报，使得其基于资本的寿险业务大幅增加。1990—2000年，曼海姆人寿保险公司的保费收入从1.67亿欧元上升到11亿欧元，资本资产从4.13亿欧元增至32亿欧元。

为了维持7.5%的年均盈余分红率和高分销成本，曼海姆人寿保险公司所管理的资产每年应当达到19%的报酬率。其结果是，曼海姆人寿保险公司从未到期的产品中收回资金，转而增加股票市场的投资，从1995年的13%增加到2001年的44%。

2000—2003年，由于互联网泡沫破灭、"9·11"事件、安然和世通（Enron and Worldcom）财务报表造假等原因，股票市场持续走低。结果，曼海姆人寿保险公司遭遇了巨额亏损，再也无法提供其保险合同项下的责任保障。

2002年年底，德国保险协会发起成立了一家非强制性的救援公司——寿险保障计划（Protektor）。Protektor由德国保险协会的成员单位所有。2003年10月1日曼海姆人寿保险公司的业务组合被转移到Protektor，延续了保险合同，巩固了业务。

2004年年底，德国立法机构要求对德国寿险保险人和非欧洲经济区寿险保险人的德国分公司设立联邦特别基金（Federal Special Fund）。该基金保障保单持有人、被保险人、受益人和其他当事人有权获取人寿保险合同项下的受偿权。2005年联邦财政部授权Protektor管理寿险保险人的联邦特别基金的任务与权力。

（二）法定保险的保障计划

专栏12—28　德国的交通事故受害者援助协会

汽车保单持有人保障计划在欧洲是强制性的，他们提供第三者责任保险，不少计划还提供保险人破产保护。

德国交通事故受害者援助协会（Association Verkehrsopferhilfe e.

V.，VOH），是一家德国汽车责任保险人机构，为德国境内发生的、由身份不明或未保险的机动车辆造成的事故，以及为那些因故意或非法危险驾驶导致的事故提供保障基金，或在机动车责任保险人破产时提供保障。

此外，交通事故受害者援助协会还作为赔偿机构，依据第4届欧共体汽车保险指引（4th EC Motor Insurance Directive），帮助发生在国外的道路交通事故的受害者。最终索赔处理可通过德国授权的汽车责任保险人代表交通事故受害者援助协会处理最终索赔，也可委托理算代理机构代为办理。该计划的主要目的就是赔偿事故受害者。

（三）保单持有人保障计划的发展——日本经验

专栏12—29　日本的国产相互保险公司

1996年，日本成立了"保单持有人保障基金"。

然而，该计划存在一些缺陷。参与该基金是自愿的，但是只有找到了接手的保险公司才可使用这笔基金。换句话说，该基金不能充当临时转让破产保险人的保单的过桥机构。1997年，一家寿险保险人——日产相互保险（Nissan Mutual）破产时，这个弱点就暴露得很明显了，这是日本首例保险人破产案。

为了克服这个弱点，日本于1998年又成立了寿险保单持有人保障公司（LIPPC）和非寿险保单持有人保障公司（NIPPC），与保单持有人保障基金不同，寿险保单持有人保障公司和非寿险保单持有人保障公司的加入是强制性的。他们还可从金融机构借款，政府也可能为寿险保单持有人保障公司贷款提供担保。此外，寿险保单持有人保障公司和非寿险保单持有人保障公司可以作为在没有找到接手的保险公司时的过桥机构。

尽管如此，1999年东邦生命互助保险公司（Toho Life Mutual）的破产又暴露出该计划的另一个问题。在东邦生命互助保险公司破产时，如果发生另一个破产案，那么寿险保单持有人保障公司的金融资源将可能被耗尽。为了解决这个问题，寿险保单持有人保障公司在 2000 年增加了财务资源（即要求保险公司增加对计划的缴费额度）。

基于 20 世纪 90 年代后期的连续破产案的经验，保单持有人保障计划得到强化。与此同时，保险人的处置机制也得到了改善。从那以后，大多数情况下，寿险保单持有人保障公司没有对人寿保险人破产提供任何财务援助，部分原因是保险合同现在可以在保险人丧失偿付能力的情况下进行修订[①]。

（四）在破产清算中优先考虑保单持有人权益的先例

专栏 12—30　加拿大魁北克的 Les Coopérants 寿险公司[②]

1992 年 1 月 3 日，总部设在蒙特利尔的魁北克特许寿险公司 Les Coopérants 被责令依据清算法进行清算。这起魁北克省首例保险人破产案对魁北克省金融系统的稳定性造成了诸多不良影响。Les Coopérants 的破产清算画出了一条"陡峭的学习曲线"。

Les Coopérants 在宣告破产时，拥有 222000 位个人保单的持有人和 600000 份团体保单的持有人。

为了保障保单持有人的权益，Assuris 保障组织（原 Compcorp 公司）成功确立了一个做法，即保单持有人应当在寿险公司的清算中优先获得受偿权。

Assuris 保障组织的支持还包括确保保单持有人所有的权益都得到充分保障。Assuris 保障组织的最终成本核算表明，提供这种支持大约需要 1.80 亿加元。

Les Coopérants 面临着非常严重的问题，即在破产前几年，其多元化战略大量集中在那些无利可图的投资上，特别是房地产和其他金融行业，而不是保险业。

---

① 在破产的情况下，如果保单利率对市场利率进行前瞻性的调整，那么技术准备金条款原则上可减少高达 90%。

② Assuris 保障组织和金融市场管理局。

金融机构检察长（Inspecteur Général Financières，IGIF）[（2004年被金融市场管理局（Autorité des marchés financiers）取代]认为，这家保险人的资产不足以为保单持有人提供充足的保障。金融机构检察长采取了多种行动纠正这种情况，主要包括：采取重组策略，出售金融集团部分子公司，从而改变现状；为该保险人寻找金融合作伙伴；1992年临时接管该保险人，撤销其牌照，启动清算程序；鼓励第三方收购或控制其资产和负债。

（五）筹资安排实例

专栏12—31　英国的金融服务补偿计划

英国金融服务补偿计划是在金融服务公司无法或可能无法支付索赔时，作为最后措施用来补偿消费者的法定基金。金融服务补偿计划的范畴比保险更广：涵盖了存款、寿险和养老金（供给者和中介）、非寿险（供给者和中介）、投资（供给者和中介）和家庭理财（中介）等方面。

金融服务补偿计划是依据2000年《金融服务与市场法》（Financial Services and Markets Acts，FSMA）成立的一个独立机构。金融服务补偿计划不收取消费者的任何使用费，而是对金融服务业实行现收现付制（pay-as-you-go）。

金融服务补偿计划有两种类型的征收方式——赔偿征税和管理费征税。赔偿征税用于支付符合条件的消费者的索赔。可以对每一类企业在任一年度应当缴纳的费用总额设定一个限制（或门槛）。门槛由监管机构设定（审慎监管局和金融行为监管局），旨在调节承受能力和潜在资金需求之间的平衡。

1. 赔偿成本

如果某一年对保险的赔偿超过了金融服务补偿计划的门槛费，那么金融服务补偿计划还可以从商业或其他贷款机构贷款，包括从英国国民贷款基金账户（National Loans Fund，NLF）补充资金。所有贷款条款将根据具体情况进行协商。

2. 管理成本

征收的管理费主要用于资助金融服务补偿计划每年的运营成本，主要包括以下方面：特定成本要素——目前包括与特定类别相关的成本和将要分配给该类别的成本；基准成本要素——主要指金融服务补偿计划的一般成本（与面临的索赔水平无关），如员工工资、租金等，所有被授权的企业都应当支付。

金融服务补偿计划的年度管理费需要每年磋商，其限额由审慎监管局和金融行为监管局董事会批准。

（六）保单持有人保障计划在跨境破产案中的作用

专栏12—32　北美的联邦人寿保险公司的清算

联邦人寿保险公司的清算是北美最大、最复杂的寿险公司清算案。1994年8月，联邦人寿在全世界拥有约124亿美元的保单负债，其各种基金下管理的资产总额超过100亿美元。除寿险业务之外，联邦人寿还在多个司法管辖区开展其他金融服务业务。超过一百万人从联邦人寿获得了各种类型的待遇给付，包括寿险、健康和失能补贴以及养老金等。联邦人寿在美国和英国既有分公司又有子公司，在百慕大和古巴设有分公司。该公司卖出了数亿美元的英镑和卢森堡法郎次级债券的商业票据。在挽救联邦人寿免于破产的共同努力宣告失败后，对其清算的指令于1994年8月发出。

在美国，1994年8月，密歇根州和佐治亚州对联邦人寿启动了接管，约60亿美元的保单持有人债务在寿险/年金、结构化赔付（支付年金）以及各种定期存款（GICs）中平均分配。

到1999年年底，美国所有的保单持有人都得到了全额赔付，对非流动性资产和独立账户（用于支付年金）的清算信托也解散了。而且，所有美国保障协会也已经连本带息付清了生效的保单义务。此外，其在美国房地产的钱，除需要支付保单持有人和应变的"计划储备金"之外都被转移到加拿大的房地产，用于偿付一般债权人。例如，一家美国的清算人在 2000 年支付了第一笔 8500 万美元，2002 年又支付了 3000 万美元给加拿大。即使在 2004 年以后，在美国的遗产仍留有大量资金，在税收不确定性问题得到解决以及美国的遗产清算结束后，这些遗产可以用于充实在加拿大的遗产。

联邦人寿之所以引人关注，部分原因在于其处置方案的结构。如果发现遗产不足以支撑既定的负债，美国保障协会将面临巨额或有负债。保障协会获准全程参与接管人的管理，并监控资产的有序清算以及将负债转移给运行良好的保险人。保障协会大量的技术和财务投入有助于产生一种结果，即尽管联邦人寿（Confed）账本上的债务巨大，但最终需要保障协会提供的净资金却是微不足道的。换句话说，这个案例表明，早期的有效介入有助于保障系统降低清算的社会成本。

专栏12—33　经济环境变化中的合作与应对——纽约人寿保险公司

1991 年，纽约州保险监督官（Superintendent）对纽约人寿保险公司（Executive Life of New York，ELNY）启动了再生计划。该公司持有结构化清算合同。在过去 20 年中，该计划一直由纽约清算局（New York Liquidation Bureau）代表纽约州保险监督官进行管理。在恢复经营的过程中，纽约人寿持续且 100% 地支付了其年金合同项下所有到期责任。

持续的经济低迷以及爆发于 2007 年的金融危机对纽约人寿的再生造成了不利影响。现行计划难以继续，就需要找到一个让合同继续的解决方案。

纽约州保险监督官与清算局以及全国人寿和健康保险担保协会组织（National Organization of Life and Health Insurance Guaranty Association，NOLHGA）联合创建了一种支付结构（payment structure），为消费者提供最优理赔支付保障。一家名为担保协会待遇公司（Guaranty Association Benefits Company）的新型公司作为待遇提供者出现了，它是一家不以营利为目的的自保公司。从全国人寿和健康保险担保协会组织的成员所收取的资金都将被用于维持对保单持有人的支付。大多数合同将继续按100%支付；然而，也有少数合同的赔付额会有所减少。因此，一个由人寿保险公司构成的组织还成立了一个拥有至少1亿美元的独立的"困难基金"，让纽约人寿的某些受益人（payee）有机会根据需要获得额外的财务支持。

对纽约人寿做出的努力表明，在发生保险人破产案时，为了保障保单持有人的权益，尤其是在应对接管过程中面临的挑战时，所涉及的相关方（包括监管者、保单持有人保障计划等）之间的合作是多么重要。

（七）提高效益和效率

专栏12—34　美国统一数据标准（Uniform Data Standard，UDS）的实施

财产/意外险保障基金诞生于美国20世纪70年代初。到20世纪80年代中期，当保障基金日渐成为破产程序中的一个要件时，大多数账簿和记录还是手工操作的。因为破产案越来越大，牵涉多个州，所以保障基金开始启动系统自动化。这就需要一个统一的系统，用来将理赔的数据从破产保险公司的数据库及时有效地转移到保障基金的数据库，以确保保障基金可以用于理赔。因此，统一数据标准理赔管理格式也被开发出来，于1995年开始实施。

在使用统一数据标准系统一段时间后，人们认识到，保障基金对接管人的财务报告应当与标准的理赔报告相匹配，需要另外的费用信息。这些费用从性质上讲属于管理费用，所以没有包含在基于交易的理赔报告中。

统一数据标准（UDS）名称中的"D"记录是为规范索赔相关费用和管理费的数据，提高效率和一致性，同时方便保证基金和接管人使用。2007年12月，新的统一数据标准财务报告"D"记录获得全美保险监督官协会的批准，具有对历史上未详尽部分的协调能力，以及对未来报告的新功能。

统一数据标准"D"记录的优势包括以下内容：第一，对于保证基金，标准化报告：减少各种格式要求；增强程序的自动化；减少编制报告需要的人力；加快财务报告的编制和发布。第二，对于破产清算，标准化报告：有利于对来自多个保障基金的财务数据进行汇编；有利于加快"C"记录和税收部分的统筹；有利于审查和分析理赔成本；有利于审查和分析单个保证基金的理赔证据。

三 附录12—3：特定司法管辖区保单持有人保障计划的功能

附表12—2　　特定司法管辖区保单持有人保障计划的功能

	澳大利亚	加拿大	法国	德国	日本	韩国	西班牙	瑞士	英国	美国（大部分州）
针对寿险的保单持有人保障计划	N	Y	Y	Y	Y	Y	Y	Y	Y	Y
针对非寿险的保单持有人保障计划	Y	Y	Y	N	Y	Y	Y	Y	Y	Y
支付赔款[寿险]	N/A	Y（直接/间接地通过接管人）不同类型的产品有具体的限制	Y（直接/间接地通过接管人）	N	Y（间接地经由破产保险人/接管人）	Y（直接）5年	Y（直接—平均95%）	Y	Y	Y（直接/间接地通过接管人）不同类型的产品有具体的限制

续表

	澳大利亚	加拿大	法国	德国	日本	韩国	西班牙	瑞士	英国	美国（大部分州）
支付赔款[非寿险]	Y 1年	Y（直接/间接地通过接管人）不同类型的产品有具体的限制	Y（间接地通过接管人）5年	-	Y（间接地通过破产保险人/接管人）	Y（直接）5年	Y（直接——平均95%）	Y	Y	Y（直接）不同类型的产品有具体的限制
过桥[寿险]	Y（监管者可成立一个过桥寿险公司）	Y	Y	Y（保单持有人保障计划）	Y（保单持有人保障计划/子公司）	Y（子公司）	Y（在业务组合转移的情况下）	Y	N	N
过桥[非寿险]	N	N	Y	-	Y（保单持有人保障计划/子公司）	Y（子公司）	Y（在业务组合转移的情况下）	Y	N	N

续表

	澳大利亚	加拿大	法国	德国	日本	韩国	西班牙	瑞士	英国	美国（大部分州）
财务支持[寿险]	N/A	Y（破产保险人/接管人）	Y（接管人）	N	Y（接管人）	Y（接管人）	N	N	Y（假设成本不会明显超过清算中的支出）	N
财务支持[非寿险]	Y	Y（破产保险人/接管人）	Y（接管人）	–	Y（接管人）	Y（接管人）	N	N	Y（假设成本不会明显超过清算中的支出）	N
财务支持的类型[寿险]	N/A	贷款、担保、抵押、再保险、收购和注资	现金捐款	–	现金捐赠、购买资产	贷款、担保、资产收购和注资	N/A	N/A	N/A	N/A
财务支持的类型[非寿险]	仅管理费用	担保、财务支持	现金捐款	–	现金捐赠、购买资产和抵押	贷款、担保、资产收购和注资	N/A	N/A	N/A	N/A

注：在德国，健康保险的保单持有人保障计划的详细内容与寿险保单持有人保障计划类似；在瑞士，这些信息代表强制机动车保险、法定养老金保险和工伤补偿保险的保单持有人保障计划，通常是通过划拨的资产提供保障。养老金保险被认为是社会保障体系的组成部分。工伤补偿保险被认为是社会保障体系的组成部分。

四　附录12—4：保单持有人保障计划组织的网址

本章提到的保单持有人保障计划组织的更多信息可在以下网站查找：

Assuris（加拿大）：www. assuris. ca

金融服务补偿计划（英国）（FSCS）：www. fscs. org. uk

保险保障计划的国际论坛（IFIGS）：www. ifigs. org

韩国存款保险公司（KDIC）：www. kdic. or. kr

寿险保单持有人保障公司（日本）（LIPPC）：www. seihohogo. jp

保险保障基金的全国会议（美国）（NCIGF）：www. ncigf. org

人寿及健康保险担保协会的全国组织（美国）（NOLHGA）：www. nolhga. com

非寿险保单持有人保障公司（日本）（NIPPC）：www. sonpohogo. or. jp

财产意外保险补偿公司（加拿大）（PACICC）：www. pacicc. com

Protektor（德国）：www. protektor－ag. de/english/protektor/104. aspx

新加坡存款保险公司（SDIC）：www. sdic. org. sg

参考文献

第二章和第六章

A2ii,2016,"Data Protection Challenges in Mobile Insurance：Report of the 19th A2ii－IAIS Consultation Call",https：//a2ii.org/sites/default/files/reports/19.20consultation_call_engl_web.pdf.

ARD/ZDF,2017,"Kern－Ergebnisse der ARD/ZDF－Onlinestudie 2017",www.ard－zdf－onlinestudie.de/files/2017/Artikel/Kern－Ergebnisse_ARDZDF－Onlinestudie_2017.pdf.

Australian Prudential Regulatory Authority,2018,"Industry Supervision：APRA",www.apra.gov.au/supervision.

Australian Securities,and Investments Commission,2018,"Our Role：ASIC－Australian Securities and Investments Commission",https：//asic.gov.au/about－asic/what－we－do/our－role/.

BaFin,2018,"Big Data Meets Artificial Intelligence",www.bafin.de/SharedDocs/Downloads/EN/dl_bdai_studie_en.html；jsessionid＝17D8386C1A00AD740CF23AB405425824.1_cid298.

BBC,2014,"Facebook Emotion Experiment Sparks Criticism",www.bbc.com/news/technology－28051930.

BBC,2017,"Kenya Election 2017：Commission Denies System Was Hacked",www.bbc.com/news/world－africa－40882268.

BBC,2018,"Aadhaar：'Leak' in World's Biggest Database Worries Indians",www.bbc.com/news/world－asia－india－42575443.

Bennett Coleman and Company, "Government Admits to Cases of Fraudulent Withdrawal of Money Through Aadhaar", https://economictimes.indiatimes.com/news/politics – and – nation/government – admits – to – cases – of – fraudulent – withdrawal – of – money – through – aadhaar/articleshow/62807903.cms + &cd = 4&hl = en&ct = clnk&gl = z.

Bhoola, K., Kruger, K., Peick, J. Pio, P., and Tshabalala, N. A., 2014, "Big Data Analytics", https://actuarialsociety.org.za/约定/convention2014/assets/PDF/papers/2014ASSABhoola Kruger.pdf.

California Department of Insurance, 2017, "Investigation of Major Anthem Cyber Breach Reveals Foreign Nation Behind Breach", http://www.insurance.ca.gov/0400 – news/0100 – press – releases/2017/release001 – 17.cfm.

Castro, D., and New, J., 2016, "The Promise of Artificial Intelligence", http://www2.datainnovation.org/2016 – promise – of – ai.pdf.

Chamberlain, D., Bester, H., and Hougaard, C., 2009, "Risk It or Insure It?", https://cenfri.org/wp – content/uploads/2017/12/FN8_Insurance – decision_English.pdf.

Chen, G., and Faz, X., 2014, "Hype or Hope? Implications of Big Data for Financial Inclusion", CGAP, http://www.cgap.org/blog/hype – or – hope – implications – big – data – financial – inclusion.

Chen, G., and Faz, X., 2015, "The Potential of Digital Data: How Far Can it Advance Financial Inclusion?", http://www.cgap.org/sites/default/files/Focus – Note – The – Potential – of – Digital – Data – Jan – 2015_1.pdf.

Cheston, S., Rhyne, E., Silverberg, K., Kelly, S., McGrath, A., French, C., and Ferenzy, D., 2018, "Inclusive Insurance: Closing the Protection Gap for Emerging Customers", www.centerforfinancialinclusion.org/storage/Inclusive_Insurance_Final_2018.01.06.pdf.

Cohn, D., 2013, "Lessons from the German Census", http://www.pewresearch.org/fact – tank/2013/06/20/lessons – from – the – german – census/.

Collet, M., 2018, "Commonwealth Bank: Here's What You Should Know

About the Data Breach if You're A Customer", http://www.abc.net.au/news/2018-05-03/what.

Comisión Nacional de Seguros y Fianzas, 2018, Gob.mx, https://www.gob.mx/cnsf.

Crabree, J., 2018, "Here's How Cambridge Analytica Played a Dominant Role in Kenya's Chaotic 2017 Elections", https://www.cnbc.com/2018/03/23/cambridge-analytica-and-its-role-in-kenya-2017-elections.html.

De Brusk, C., 2018, "The Risk of Machine-learning Bias (and How to Prevent It)", https://sloanreview.mit.edu/article/the-risk-of-machine-learning-bias-and-how-to-prevent-it/.

Desjardins, J., 2017, "Here's Everything that Happens in One Minute on the Internet", https://www.businessinsider.com/everything-that-happens-in-one-minute-on-the-internet-2017-9? IR=T.

Dixon, J., 2018, "Newsletter Issue 77", https://www.iaisweb.org/page/news/newsletter/file/76396/iais-newsletter-august-2018.

DLA Piper, 2017, "DLA Piper Global Data Protection Laws of the World: World Map", https://www.dlapiperdataprotection.com/index.html? t=world-map&c=AO.

FCA, 2018, "Global Financial Innovation Network", https://www.fca.org.uk/publications/consultation-papers/global-financial-innovation-networ.

Flood Re, 2018, "How Flood Re Works", https://www.floodre.co.uk/how-flood-re-works/.

FSCA, 2018, "Treating Customers Fairly", https://www.fscaconsumered.co.za/Consumer/Pages/Treating-Customers-Fairly.aspx.

Gartner, 2018, "Gartner IT Glossary: Big Data", https://www.gartner.com/it-glossary/big-data.

Gemalto, 2018, "Breach Level Index Infographic 2017", https://breachlevelindex.com/assets/Breach-Level-Index-Infographic-2017-

Gemalto – 1500. jpg.

Gramlich, J., 2018, "Five Facts about Americans and Facebook", http：//www. pewresearch. org/fact – tank/2018/04/10/5 – facts – about – americans – and – facebook/.

Gressin, S., 2017, "The EQUIFAX Data Breach：What To Do", https：//www. consumer. ftc. gov/blog/2017/09/equifax – data – breach – what – do.

GSM Association, 2018, "The Data Value Chain", https：//www. gsma. com/publicpolicy/wp – content/uploads/2018/06/GSMA_Data_Value_Chain_June_2018. pdf.

GSMA Intelligence, 2017, "GMEI 2017：Global Mobile Engagement Index", https：//www. gsmaintelligence. com/research/? file = e4549aeda553ac832ff 9126c7d6c0861&download.

Ho, H. S., Francis, H., Sicsic, M., and Thom, M., 2018, "Panel Discussion on the Use of Innovation Facilities as a Regulatory Tool", 11th Annual IAIS Global Seminar, 2018.

Hosein, G., 2011, "Privacy and Developing Countries", https：//www. priv. gc. ca/en/opc – actions – and – decisions/research/explore – privacy – research/2011/hosein_201109/.

Hunter, R., Nordin, K., and Thom, M. "Client Data in Inclusive Insurance".

IAIS, 2016, "Issues Paper on Cyber Risk to the Insurance Sector", https：//www. iaisweb. org/page/supervisory – material/issues – papers.

IAIS, 2017, "Insurance Core Principles", https：//www. iaisweb. org/page/supervisorymaterial/insurance – core – principles/file/70028/all – adopted – icps – updated – november – 2017.

IAIS, 2018, "Issues Paper on the Increasing Use of Digital Technology in Insurance and Its Potential Impact on Consumer Outcomes", Consultation draft.

IAIS, 2018, "Application Paper on the Use of Digital Technology in Inclusive Insurance", Consultation Draft.

Institute of Actuaries of Australia, 2016, "The Impact of Big Data on the Future of Insurance", Green Paper, https://actuaries.asn.au/Library/Opinion/2016/BIGDATAGPWEB.pdf.

Insurance Regulatory Authority, 2018, "The Role of the IRA", https://www.ira.go.ke/.

ITU, 2017, "ICT Development Index 2017", http://www.itu.int/net4/ITU-D/idi/2017/index.html#idi2017rank-tab.

Kolata, G., 2017, "New Gene Tests Pose a Threat to Insurers", https://www.nytimes.com/2017/05/12/health/new-gene-tests-pose-a-threat-to-insurers.html.

Lyko K., Nitzschke, M. and Ngonga Ngomo, A. C., 2016, "Big Data Acquisition", Cavanillas J., Curry E., Wahlster W. (eds.), *New Horizons for a Data-driven Economy*, Springer.

McKee, K., Kaffenberger, M., and Zimmerman, J. M., 2015, "Doing Digital Finance Right: The Case for Stronger Mitigation of Customer Risks", http://www.cgap.org/sites/default/files/Focus-Note-Doing-Digital-Finance-Right-Jun-2015.pdf.

Mondaq, 2013, "Data Protection and the Insurance Market Brazilian Legal Aspects: Data Protection Brazil", http://www.mondaq.com/brazil/x/280724/Data+Protection+Privacy/Data+Protection+Pr+and+The+Insurance+Market+Brazalian+Legal+Astects.

Monetary Authority of Singapore (MAS), 2018, "Understanding and Applying to the Sandbox", http://www.mas.gov.sg/Singapore-Financial-Centre/Smart-Financial-Centre/FinTechRegulatory-Sandbox/Understanding-and-applying-to-the-s.

Niselow, T., 2018, "Regulator Seeks Finer Details of Liberty Data Breach", https://www.fin24.com/Companies/ICT/regulator-Seeks-finer-details-of-liberty-data-breach-20180618.

Noggle, R., 2018, "The Ethics of Manipulation", In Edward N. Zalta (ed.), *The Stanford Encyclopedia of Philosophy*, https://plato.stanford.

edu/archives/sum2018/entries/ethics – manipulation/.

Noiré, M – E, 2018, "Selfies Becoming a Useful Tool for Payments and Insurance?", https: //atelier. bnpparibas/en/fintech/article/selfies – tool – payments – insurance.

Old Mutual, 2018, "Important Customer Notice", https: //www. oldmutual. co. za/about – us/governance/customer – confirmation.

Pew Research Center, 2014, "Global Opinions of U. S. Surveillance", http: //www. pewglobal. org/2014/07/14/nsa – opinion/table/country – citizens/.

Ransbotham, S. , and Kiron, D. , 2018, "Improve Customer Engagement", https: //sloanreview. mit. edu/projects/using – analytics – to – improve – customer – engagement/.

Rothe, M. , Dix, A. , and Ohlenburg on Behalf of GIZ/BMZ, 2018, "Responsible Use of Personal Data and Automated Decision-making in Financial Services", Published by Deutsche Gesellschaft für Internationale Zusammenarbeit (GIZ) GmbH.

Saarinen, M. , Ladousse, J. , and Auvray, E. , 2017, "Data Protection in France: Overview", https: //uk. practicallaw. thomsonreʹuters. com/6 – 502 – 1481.

Sensis, 2018, "Yellow Social Media Report 2018", https: //www. yellow. com. au/wp – content/uploads/2018/06/Yellow – Social – Media – Consumer – Stats. pdf.

Shapshak, T. , 2016, "Facebook Grows 16% in South Africa, 6% in Nigeria, 18% in Kenya", https: //www. forbes. com/sites/tobyshapshak/2016/06/30/facebook – grows – 16 – in – south – africa – 6 – innigeria – 18 – in – kenya/#7cafad7162e7.

Smit, H. , Denoon-Stevens, C. , and Esser, A. , 2017, "Insurtech for Development", https: //cenfri. org/wp – content/uploads/2017/11/InsurTech – Research – Study_March – 2017. pdf.

Spiegel Online, 2011, "The Count: Germany Launches First Census since

Reunification", http://www.spiegel.de/international/germany/the-count-germany-launches-first-census-sincereunification-a-761497.html.

SUSEP, 2013, RESOLUÇÃO CNSP No 297, DE 2013, http://www2.susep.gov.br/bibliotecaweb/docOriginal.aspx?tipo=1&codigo=31579.

Swiss Re Institute, 2017, "World Insurance in 2016: The China Growth Engine Steams Ahead", No 3, https://www.tsb.org.tr/images/Documents/Teknik.

The Economist, 2017, "Genetic Testing threatens the Insurance Industry", https://www.economist.com/finance-and-economics/2017/08/03/genetic-testing-threatens-the-insurance-industry.

The Financial Services Authority, 2007, "Financial Services Authority: Treating Customers Fairly-Culture", https://www.fca.org.uk/publication/archive/fsa-tcf-culture.pdf.

The Smart Campaign, 2016, "Client Protection Certification Standards: Version 2.0", https://www.smartcampaign.org/storage/documents/Tools_and_Resources/Standards_2.0_English_Word_for_Website.pdf.

The World Bank Group, 2017, "Good Practices for Financial Consumer Protection", https://openknowledge.worldbank.org/handle/10986/28996.

The World Bank Group, 2018, "Databank: World Development Indicators", http://databank.worldbank.org/data/source/world-development-indicators/preview/on.

UNCTAD, 2018, "Data Protection and Privacy Legislation Worldwide", http://unctad.org/en/Pages/DTL/STI_and_ICTs/ICT4D-Legislation/eCom-Data-Protection-Laws.aspx.

Venture Scanner, 2018, "Venture Scanner: Insurtech Posts", www.venturescanner.com/blog/tags/insurtech.

Wiedmaier-Pfister, M., and Ncube, S., 2018, "Regulating Mobile Insurance", https://a2ii.org/sites/default/files/reports/2018_05_02_mobile_insurance_regulation_web.pdf.

Zensus, 2011, "Zensus 2011: History", https://www.zensus2011.de/EN/2011Census/History/History_node.html%20（Germany%20census）.

第四章和第八章

Access to Insurance Initiative, 2018, "Regulating Mobile Insurance, Insurance Business via Mobile Phones: Regulatory Challenges and Emerging Approaches", https://a2ii.org/sites/default/fles/reports/2018_05_02_mobile_insurance_regulation_web.pdf.

Access to Insurance Initiative, 2018, "Regulating for Responsible Data Innovation: The Role of Insurance Regulators in Dealing with Risks Relating to Consumer Data Protection and Privacy", https://a2ii.org/sites/default/files/reports/181126_regulating_for_responsible_data_web_end.pdf.

BaFin, 2018, "Big Data Meets Artificial Intelligence", https://www.bafn.de/SharedDocs/Downloads/EN/dl_bdai_studie_en.html;jsessionid=17D8386C1A00AD740CF23AB405425824.1_cid298.

Cenfri, 2018, "Regulating for Innovation", https://cenfri.org/wp-content/uploads/2018/01/Regulating-for-innovation_Cenfri-FSDA_January-2018_updated-15-March-2018.pdf.

CGAP, 2017, "Regulatory Sandboxes and Financial Inclusion", https://www.cgap.org/sites/default/fles/researches/documents/Working-Paper-RegulatorySandboxes-Oct-2017.pdf.

CGAP, 2018, "Data Protection and Financial Inclusion: Why Consent Is Not Enough", https://www.cgap.org/blog/data-protection-and-financial-inclusion-why-consent-not-enough.

CGAP, 2019, "3 Data Protection Approaches That Go Beyond Consent", https://www.cgap.org/blog/3-data-protection-approaches-go-beyond-consent.

European Banking Authority, 2018, "FinTech: Regulatory Sandboxes and Innovation Hubs", www.eba.europa.eu.

IAIS, 2016, "Issues Paper on Cyber Risk to the Insurance Sector", https://www.iaisweb.org/page/supervisory-material/issues-papers/file/61857/issues-paper-oncyber-risk-to-the-insurance-sector.

IAIS, 2018b, "Application Paper on the Use of Digital Technology in Inclusive Insurance", https://www.iaisweb.org/page/supervisory-material/application-papers//fle/77815/application-paper-on-the-use-of-digital-technology-in-inclusive-insurance.

IAIS, 2018b, "Application Paper on Supervision of Insurer Cybersecurity", https://www.iaisweb.org/page/supervisory-material/application-apers/fle/77763/applicationpaper-on-supervision-of-insurer-cybersecurity.

NAIC, 2018, "Building Momentum for Digital Disruption in Insurance. Regulator-led Innovation Activities", presentation by Ekrem M. Sarper.

第十二章

EIOPA, 2011, "Report on the Cross-border Cooperation Mechanisms between Insurance Guarantee Schemes in the EU".

EIOPA, 2012, "Report on the Role of Insurance Guarantee Schemes in the Winding-up Procedures of Insolvent Insurance Undertakings in the EU/EEA".

FSB, 2011, "Key Attributes of Effective Resolution Regimes for Financial Institutions".

IAIS, 2011、2012, "Insurance Core Principles, Standard, Guidance and Assessment Methodology (2011 & 2012)".

IAIS, 2011, "Insurance and Financial Stability".

IAIS, 2011, "Issues Paper on Resolution of Cross-border Insurance Legal Entities and Groups".

OECD, 2013, "Policyholder Protection Schemes: Selected Considerations", OECD Working Papers on Finance, Insurance and Private Pensions, No 31, OECD Publishing.

词汇缩略及译文

全称	缩写	译文
Autorité de Contrôle Prudentiel et de Résolution (France)	ACPR	审慎监管局（法国）
Autoriteit Financiele Markten (Netherlands)	AFM	金融市场管理局（荷兰）
Artificial Intelligence	AI	人工智能
Autorité des Marchés Financiers (Québec)	AMF	金融市场监管局（加拿大魁北克）
Australian Prudential Regulatory Authority	APRA	澳大利亚审慎监管局
Australian Securities and Investments Commission	ASIC	澳大利亚证券投资委员会
Bundesanstalt für Finanzdienstleistungsaufsicht (Germany)	BaFin	联邦金融监管局（德国）
Federal Commissioner for Data Protection and Freedom of Information (Germany)	BfDI	联邦数据保护和信息自由专员（德国）
Bermuda Monetary Authority	BMA	百慕大群岛金融管理局
Bank of England	BoE	英格兰银行
Consultative Group to Assist the Poor	CGAP	扶贫协商小组（联合国）
Inter-African Conference on Insurance Markets	CIMA	非洲保险市场会议
Comisión Nacional de Seguros y Fianzas	CNSF	（墨西哥）全国保险和债券委员会
Distributed Ledger Technology	DLT	分布式账本技术
Financial Advisory and Intermediary Services	FAIS	财务咨询和中介服务
Financial Conduct Authority	FCA	金融行为监管局
Financial Market Supervisory Authority (Switzerland)	FINMA	金融市场监管局（瑞士）
Financial Technology	FinTech	金融科技

续表

全称	缩写	译文
Financial Stability Board	FSB	金融稳定理事会
Financial Sector Conduct Authority (South Africa)	FSCA	金融业行为监管局(南非)
Financial Services Compensation Scheme (UK)	FSCS	金融服务补偿计划(英国)
General Data Protection Regulation	GDPR	通用数据保护条例
Global Financial Innovation Network	GFIN	全球金融创新网络
Global System for Mobile Communications Assembly	GSMA	全球移动电信行业协会
International Association of Insurance Supervisors	IAIS	国际保险监管官协会
Insurance Core Principle	ICP	保险核心原则
Insurance Technology	Insurtech	保险科技
Internet of Things	IoT	物联网
Insurance Regulatory Authority	IRA	(肯尼亚)保险监管局
Insurance Regulatory and Development Authority (India)	IRDA	保险监管与发展局(印度)
Information Technology	IT	信息技术
Korea Deposit Insurance Corporation	KDIC	韩国存款保险公司
Life Insurance Policyholder Protection Corporation (LIPPC)	LIPPC	寿险保单持有人保障公司(日本)
Monetary Authority of Singapore	MAS	新加坡金融管理局
Machine Learning	ML	机器学习
Mobile Network Operator	MNO	移动网络运营商
North American Free Trade Agreement	NAFTA	北美自由贸易协定
National Association of Insurance Commissioners (USA)	NAIC	全美保险监督官协会(美国)
Non-life Insurance Policyholder Protection Corporation	NIPPC	非寿险保单持有人保障公司(日本)
National Organization of Life and Health Insurance Guaranty Associations (USA)	NOLHGA	人寿及健康保险担保协会的全国组织(美国)
Australian Information Commissioner	OAIC	澳大利亚信息专员

全称	缩写	译文
Organisation for Economic Co-operation and Development	OECD	经济合作与发展组织
Property and Casualty Insurance Compensation Corporation (Canada)	PACICC	财产意外保险补偿公司（加拿大）
Price Comparison Website	PCW	比价网站
Singapore Deposit Insurance Corporation	SDIC	新加坡存款保险公司
Superintendência de Seguros Privados (Brazil)	SUSEP	商业保险监管局（巴西）
Treating Customers Fairly	TCF	公平待客
Usage Based Insurance	UBI	基于使用的保险
United Nations Conference on Trade and Development	UNCTAD	联合国贸易和发展会议